BERND SCHMID / ARNOLD MESSMER

SYSTEMISCHE PERSONAL-ORGANISATIONS- UND KULTURENTWICKLUNG

EHP – HANDBUCH SYSTEMISCHE PROFESSIONALITÄT UND BERATUNG

Hg. Bernd Schmid

Die Autoren:

Dr. phil. BERND SCHMID (Jg. 1946) leitet das INSTITUT FÜR SYSTEMISCHE BERATUNG, Wiesloch/Deutschland (seit 1984). Er studierte Wirtschaftswissenschaften und promovierte in Erziehungswissenschaften und Psychologie; seit 1979 Lehrtrainer der europäischen und der internationalen Gesellschaften für Transaktionsanalyse; langjähriger Vorsitzender des Weiterbildungs- und Prüfungsausschusses der Deutschen Gesellschaft für Transaktionsanalyse; Berufenes Mitglied der Systemischen Gesellschaft; Mitbegründer der Gesellschaft für Weiterbildung und Supervision (GWS), des NETZWERKES SYSTEMISCHE PROFESSIONALITÄT und des Deutschen Bundesverbandes Coaching e.V. - DBVC; Lehr- und Vortragstätigkeit im Bereich Psychotherapie, Coaching, Supervision, systemische Beratung sowie Organisations- und Personalentwicklung. Zahlreiche Veröffentlichungen in Schrift und Ton; Mitherausgeber der Zeitschrift *Profile*; gegenwärtiger Arbeitsschwerpunkt: seelische Entwicklung und berufliche Wirklichkeiten. www.systemische-professionalitaet.de

ARNOLD MESSMER (Jg. 1951) leitet seit 2002 das INSTITUT FÜR SYSTEMISCHE BERATUNG IN ZÜRICH. Nach der Ausbildung zum Volksschullehrer studierte er Anthropologische Psychologie; langjährige Tätigkeit in einem schweizerischen Detailhandelskonzern (Marketing, Führungsentwicklung und -coaching, Aufbau des Bereichs »Mobilitätsprozesse« für Konzeptentwicklung und -beratung betreffend personelle Maßnahmen in Reorganisationsprozessen). Weiterbildungen in systemischer Beratung; Master und Lehrtrainer des INSTITUTS FÜR SYSTEMISCHE BERATUNG, Wiesloch/BRD; Veröffentlichungen in den Themengebieten Organisations- und Kulturentwicklung; gegenwärtige Arbeitsschwerpunkte: Inszenierungs- und Kooperationskompetenz von Beratern bezüglich Lern- und Beratungsprozessen; Fach-, Prozessberatung und Qualifizierung für personelle Passungs- und Mobilitätsprozesse; Corporate Coaching als Instrument der Führungs- und Führungskulturentwicklung.

Bernd Schmid / Arnold Messmer

Systemische Personal-, Organisations- und Kulturentwicklung

Konzepte und Perspektiven

EHP
– 2005 –

© 2005 EHP – Verlag Andreas Kohlhage, Bergisch Gladbach
www.ehp.biz

Redaktion: Ingeborg Weidner

Bibliografische Information der Deutschen Bibliothek
Die Deutsche Bibliothek verzeichnet diese Publikation in der
Deutschen Nationalbibliografie; detaillierte Daten sind im Internet
über http://dnb.ddb.de abrufbar

Umschlagentwurf: Gerd Struwe
- unter Verwendung eines Bildes von Peter Schmid (1984-2001): ›o.T. III.‹ -
Satz: MarktTransparenz Uwe Giese, Berlin
Druck und Verarbeitung: LegoPrint, Lavis TN

Alle Rechte vorbehalten
All rights reserved. No part of this book may be reproduced or transmitted in any form or by any means, electronic or mechanical, including photocopying, recording or by any information storage and retrieval system, without permission in writing from the publisher.

ISBN 3-89797-039-2

Inhalt

Vorwort 13

0.	**Navigationshilfe**	**15**
0.1	Orientierungshilfe zu den Kapiteln	15
0.2	Orientierungshilfe zu Schlüsselthemen in Organisationen	22
0.3	Orientierungshilfe durch Strukturelemente	23

TEIL I

1.	**Die Passung von Person und Organisation**	**26**
1.1	Wie entsteht Passung?	27
1.2	Herausforderungen im Passungsprozess	32
1.3	Umgang mit Passungsproblemen	37
1.4	Marktprinzipien und Besitzstandmentalität	38
1.5	Dialogkultur bezüglich Passung	39
1.6	HR-Dienstleistungen im Passungsprozess	40
1.7	HR-Produkte und Leistungen im Passungsprozess	43
1.8	HR-Systeme	44
1.9	HR als Kulturträger	45
1.10	Beispiel: Kernkompetenzorientierte Besetzung der obersten Führungsebenen im Nahrungsmittelproduktionsbetrieb	45
2.	**Auf dem Weg zu einer Verantwortungskultur**	**48**
2.1	Das Verantwortungssystem	48
2.2	Symbiosen als wesentliche Störungen im Verantwortungssystem	52
2.3	Der Verantwortungsdialog	57
2.4	Konfrontation von Verantwortungsstörungen	59
2.5	Die Arbeit an einer Verantwortungskultur	62
2.6	(Berater-) Haltungen zur Förderung einer Verantwortungskultur	62
3.	**Phasen der Krisenentwicklung in Organisationen**	**64**
3.1	Eine Kulturperspektive von Organisationen	64
3.2	Entwicklungs-Phasen-Modell	65
3.3	Dilemma-Zirkel	71

3.4	Erfahrungen und Erläuterungen zu den Phasen aus Sicht der Berater	74
4.	**Fünf Perspektiven von Systemlösungen im Bereich OE/PE**	**81**
4.1	Überprüfung impliziter Annahmen von Maßnahmen	81
4.2	Erstens: Personen- versus Systemqualifikation	83
4.3	Zweitens: Orientieren versus Qualifizieren	85
4.4	Drittens: Führen/Managen versus Bilden/Beraten	86
4.5	Viertens: Programm- versus Marktorientierung	88
4.6	Fünftens: Neue Events versus Neuinszenierung vertrauter Events	90
4.7	Fazit	92
5.	**Perspektiven von Teamentwicklung**	**93**
5.1	Historische Phasen der Teamentwicklung	93
5.2	Definition »Team«	96
5.3	Drei Perspektiven von Teamentwicklung	96
5.4	Perspektive 1: Personen und Beziehungen	97
5.5	Perspektive 2: Kunden, Aufgaben und Leistungen	101
5.6	Perspektive 3: Führung und Kooperation (horizontale und vertikale Steuerung)	103
5.7	Perspektiven in der Metapher des Theaters	108
6.	**Metaperspektiven und Arbeitsformen der Teamentwicklung**	**110**
6.1	Metaperspektive 1: Fragmentarisches Arbeiten mit qualitativem Transfer	110
6.2	Metaperspektive 2: Unternehmerische Haltung	112
6.3	Metaperspektive 3: Teamentwicklung als Kulturentwicklung	117
6.4	Perspektiven für die Entwicklung von Arbeitsformen und Architekturen von Teamentwicklungsprozessen	118
7.	**Dialogische Kommunikation zur Ausbalancierung von Sach- und Beziehungsorientierung**	**124**
7.1	Sensible Konstruktion und fokussierte Selbstorganisation	125
7.2	Dialogmodell der Kommunikation	126
7.3	Ritualisierte und moderierte, fokussierte Dialogformen	127
7.4	ICH-DU- und ICH-ES-Orientierung	130
7.5	Kulturentwicklung durch Dialogische Kommunikation	131
7.6	Fazit	135

8.	**Macht, Politik und Werte**	**136**
8.1	Macht	136
8.2	Das Betreiben von Politik	144
9.	**Die Theatermetapher in der Praxis**	**151**
9.1	Innovationsbeschreibungen mit der Theatermetapher	152
9.2	Theatermetapher für die Neuentwicklung von beruflichen Situationen?	156
9.3	Ein Beispiel aus der Praxis: Entwicklung integrierter Personalarbeit in einem Pharmaunternehmen	157
9.4	Die Implementierung neuer Inszenierungen mithilfe der Theatermetapher	166
10.	**Das Perspektiven-Ereignis-Modell zur gedanklichen Strukturierung von Innovationsprozessen**	**169**
10.1	Nutzen des Perspektiven-Ereignis-Modells	169
10.2	Abstraktes und konkretes Denken in Organisationen	174
10.3	Abstrahierungs- und Konkretisierungsprozess	178
10.4	Sechs Schritte mithilfe des Perspektiven-Ereignis-Modells	180
10.5	Fazit	184

TEIL II

11.	**Coaching als Perspektive – Vom Umgang mit Modellen im Coaching**	**188**
11.1	Einleitende Bemerkungen	188
11.2	Coaching und der Kontext	189
11.3	Drei Kommunikationsmodelle	192
11.4	Coaching-Perspektive »Kultur«	196
12.	**Systemisches Teamcoaching – Was ist das eigentlich?**	**197**
12.1	Team: Face-to-face?	197
12.2	Klassisches Teamverständnis: ein Sonderfall	198
12.3	Definition »Team«	198
12.4	Designdreieck für Teamcoaching	199
12.5	Ein Anwendungsbeispiel	199
12.6	Teamcoaching als Bühne für die Gestaltung von Führung und Kooperation	200

12.7 Vertikale Teamentwicklung 202
12.8 Teamcoaching als Bühne für Passungsdialoge zwischen
     Mensch und Organisation 203
12.9 Passung im Teamcoaching 204
12.10 Schluss 205

**13. Organisationskultur und Professionskultur –
    Überlegungen zu Zeichen am Horizont 206**
13.1 Was kann Kultur und Kulturentwicklung meinen? 206
13.2 Wofür steht Organisationskulturentwicklung? 208
13.3 Komplexität, Dynamik und das menschliche Maß 209
13.4 Entwicklungen auf dem Markt für Professionelle 213
13.5 Persönliche Stimmigkeit für Leistungsträger 215
13.6 Innovationsfallen 216
13.7 Wer bekommt die Besten? 218
13.8 Was also meint Professionskultur? 218
13.9 Die Kulturen begegnen sich 219
13.10 Kulturinfektionen 220
13.11 Schluss 220

**14. Kritische Argumente zur Ethik und zur Professionalität
    in Organisationen 221**
14.1 Privater Anstand reicht nicht 221
14.2 Komplexität und das Dilemma der Zauberlehrlinge 222
14.3 Entmündigung durch Sachzwänge 223
14.4 Keine Zeit für schöpferische Strategien? 224
14.5 Spaltung der Lebenswelten 225
14.6 Beruhigung durch unkonventionelle Nischen 226
14.7 Ethik als Thema in Unternehmen 227
14.8 Spezielle ethische Fragen für Stabsfunktionen und Berater 227
14.9 Vitale Interessen und erweiterte Horizonte 228
14.10 Persönlichkeit und das Zusammenspiel dreier Welten 228
14.11 Professionen als Gegengewicht zur Eigengesetzlichkeit
      von Organisationen 230
14.12 Professionen und Positionen prägen Organisationen oft
      einseitig 231
14.13 Vermischungen von Privat- und Berufswelt 232
14.14 Professionelle Gruppierungen und Ethik 232

15.	**Lifespender Value – oder: Hat die Personalarbeit den Menschen aus den Augen verloren?**	**233**
15.1	Aufbruch zu neuen Horizonten?	233
15.2	Ethisch und ökonomisch sinnvolle Mittelwege	235
15.3	Missbrauch schafft Missbrauch	237
15.4	Ungelöste Steuerungsprobleme in der Unternehmensentwicklung belasten persönliche Entwicklungen und die Unternehmenskultur	239
15.5	Auch bei Beratung ist Qualität entscheidend	240
15.6	Die Neubelebung klassischer Tugenden	241
15.7	Strategisches Management	241
15.8	Strategische Führung	242
15.9	Das Produkt der Personalarbeit ist eine effiziente und lebenswerte Arbeitswelt	244
15.10	Personalarbeit – Unternehmenskultur-Strategen am Werk?	244
15.11	Schlüsselfiguren im Personalressort – Ressourcenmanager oder/und Fachleute für Menschen in Organisationen?!	245
16.	**Dilemmata, Ökonomie und Ökologie im Umfeld unserer Profession**	**246**
17.	**Möglichkeiten der Dynamisierung von Wandel in Organisationen**	**251**
17.1	Die Bedeutung von Theorien der Selbstorganisation	251
17.2	Konsequenzen für die Konzeption von Wandel in Organisationen	254
17.3	Zusammenfassung	255
18.	**Kult oder Kultur? Was geschieht im Coaching?**	**257**
19.	**Wissensmanagement – eine Kulturperspektive**	**267**
19.1	Gedanken und Fragen von Bernd Schmid	267
20.	**Unsere Arbeit in der Zukunft?! – Was ist zu erwarten? Was wäre zu wünschen?**	**272**
20.1	Markt	272
20.2	Zeitperspektiven	273
20.3	Bildung und Beratung – Kompensation oder Fermente?	276
20.4	Aneignung der Verantwortung	277

20.5	Neue Profile im Zuschnitt von Beratung, von Identitäten und Qualifikationen	278
20.6	Schwerpunktverlagerungen und Entwicklungsbedarf in unseren Kundenorganisationen	279
20.7	Stärkung der Führungskräfte in ihrer eigenen Kompetenz und die Renaissance eines darauf ausgerichteten Bildungswesens	280
20.8	Neues Ineinandergreifen von Stabs- und Führungsfunktionen	281
20.9	Leitbilder	282
20.10	Weltoffenheit *und* Identität	283

ANHANG 284

Literatur 284
Veröffentlichungen *Bernd Schmid* 285
Inhalt Bd. I 294
Inhalt Bd. II 301

für Irene

Vorwort

Im seit 2003 vorliegenden Band I der Handbuchreihe *Systemische Professionalität und Beratung* stehen die Systemische Professionalität sowie Konzepte der Persönlichkeit, der Begegnung und Beziehungen sowie Beratung und Supervision aus systemischer Sicht im Vordergrund.
Der seit 2004 vorliegende Band II ist dem Systemischen Coaching gewidmet. Konzepte und Vorgehensweisen aus dem Bereich Persönlichkeitsberatung werden anhand vielfältiger Arbeitsbeispiele erläutert.
Die Inhaltsverzeichnisse beider Bände befinden sich im Anhang dieses Buches.

Wer sich für die ausführliche Darstellung einer systemischen Teamentwicklung und die Diskussion der konkreten Vorgehensweisen und Kommunikationsfiguren interessiert, dem sei begleitend der 2004 in der Reihe EHP-Praxis erschienene Band *Schmid/Fauser: Teamentwicklung aus systemischer Perspektive* empfohlen.

Der hier vorliegende Band III erweitert nun die systemischen Betrachtungen auf Perspektiven der Personal-, Organisations- und Kulturentwicklung. Band IV der Reihe wird die Systemische Lernkultur in Profession und Organisation zum Schwerpunkt haben.
Konsequent wird der systemische Ansatz vertreten, nach dem auch Organisationen lebendige Organismen sind, deren Prozesse zwar durch Modelle und Beschreibungen charakterisiert und mittels Methoden gesteuert werden müssen, die aber als komplexe Systeme in ihrer Eigengesetzlichkeit letztlich nicht vollständig erfasst werden können. Ich bin davon überzeugt, dass Professions- und Organisationskultur nicht nur für die Lebensqualität von Menschen, sondern auch für den Erfolg und die Zukunftsfähigkeit von Organisationen entscheidende Faktoren sind. Hierfür liefert dieser Band reichhaltiges Material.
Es werden hier viele Modelle und Vorgehensweisen beschrieben, die sich in der professionellen Praxis in vielen Bereichen unserer Gesellschaft als besonders nützlich erwiesen haben. Sie in die eigene Arbeit zu integrieren, ist der eine Gewinn. Vielleicht noch wichtiger ist, an diesen Bei-

spielen zu lernen, wie man Prozesse verstehen und steuern kann, wie man Grundfragen immer wieder neu stellen und durch selbstentwickelte Beschreibungen und Methoden beantworten kann. Denn nachhaltig entscheidend ist, dass Professionelle ihre eigenen kreativen Fähigkeiten entwickeln und Modelle, Methoden, Haltungen und Sinn passend zur Persönlichkeit wie auch zur Organisation zusammenbringen. Dann können sie Teil persönlicher Professionalität in heute vielfältigen Anforderungen und Zusammenhängen werden. Dann kann von Professionalität ein Kraftfeld ausgehen, in das andere eintreten und das Organisationskultur fördert. Das Zusammenspiel von Mensch und Organisation ist eben keine nur technisch-geschäftsmäßige Beziehung, sondern ein lebendiger sinnorientierter Dialog.

Ich danke allen MitarbeiterInnen und KollegInnen, die mitgewirkt haben, dass diese Texte entstehen konnten. Arnold Messmer hat mit mir zusammen die Kapitel 1 bis 8 und 10 verfasst; sie sind in geänderter Form als Artikel in der Zeitschrift *Lernende Organisation* erschienen und haben im systemischen Feld positive Resonanz gefunden. Einige Kapitel sind in Zusammenarbeit mit Joachim Hipp entstanden. Viele der Konzepte habe ich im Dialog mit den LehrtrainerInnen des Instituts verfeinert. Ihnen allen danke ich für die anregenden Diskussionen, für ihre Verlässlichkeit und Freundschaft. Für die jahrelange vertrauensvolle Zusammenarbeit gilt mein Dank Sonja Raddatz, der Herausgeberin der *LO* und Leiterin des ISCT, Wien.

Und wieder danke ich unserer Lektorin Ingeborg Weidner für das liebevolle Engagement bei der Bearbeitung des Manuskripts und meinem Verleger Andreas Kohlhage für Flexibilität und Aufgeschlossenheit in unserer Zusammenarbeit.

Mein ganz privater Dank gilt meiner Frau Irene und meiner Tochter Judith, die meinen Lebensweg in Liebe mit mir gehen. Das Titelbild stammt wieder von unserem Sohn Peter Schmid, den wir am 23.11.2001 im Alter von 17 Jahren der Ewigkeit überlassen mussten. Unsere Liebe und der Schmerz werden wohl für immer zu unserem Leben gehören.

Bernd Schmid
Wiesloch im Februar 2005

0. Navigationshilfe

Damit die LeserInnen entsprechend ihren Interessen den Text auch als »Handbuch« nutzen können, geben wir folgende Orientierungshilfen:

- Zusammenfassungen der Kapitel
- Auflistung von Themen von besonderem Interesse, die in den Titeln nicht direkt adressiert sind, mit Verweisen auf Kapitel mit relevanten Informationen dazu
- Strukturelemente zur schnellen Orientierung im Text

0.1 Orientierungshilfe zu den Kapiteln

1. **Die Passung von Mensch und Unternehmen:** Um erfolgreich agieren zu können, müssen Prozesse in Organisationen konsequent auf die Leistung gegenüber den Kunden ausgerichtet werden. Sie müssen sich auf Kernkompetenzen und Kerngeschäfte besinnen und optimal darauf bezogene und integrierte Prozesse gestalten. Dies stellt neue Anforderungen an die Anbindung und Integration der beteiligten Menschen. Der zunehmende Verlust von überschaubaren und vorgegebenen äußeren Orientierungs- und Identifikationsmöglichkeiten (z.B. als Schreiner und Vorgesetzter) stellt neue Anforderungen an die Mitarbeiter, sich positionieren, sich selbst wahrnehmen, reflektieren und definieren zu können. Es sind neue Formen notwendig, den Abstimmungsprozess zwischen Person und Organisation zu gestalten.

2. **Auf dem Weg zu einer Verantwortungskultur:** Die zunehmenden Anforderungen an die Ausrichtung und das Zusammenspiel von Prozessen erfordern heute eine wesentlich intensivere wechselseitige Abstimmung zwischen den handelnden Personen und der Organisation. Die Qualität dieses Zusammenwirkens kann dabei immer weniger allein strukturell durch Zuständigkeiten definiert werden, sondern muss situativ immer wieder neu hergestellt werden. Die dafür notwendigen Klärungen können Verantwortungsdialog genannt werden und finden in einem Verantwortungssystem statt.

3. **Phasen der Krisenentwicklung in Organisationen:** Stabile Entwicklungen von Organisationen zeichnen sich durch Gefügtheit (Integration) und Stimmigkeit der Prozesse (Integrität) aus. In krisenhaften Situationen verändern sich Integration und Integrität typischerweise in einem Verlauf, in dem wir vier Phasen unterscheiden können. Das Modell dient Managementverantwortlichen, Fachleuten aus dem Bereich Humanressourcen sowie internen und externen Beratern dazu, die Situation einschätzen und eigene Beiträge zum konstruktiven Bewältigen dieser Prozesse überprüfen zu können. Es gibt Antworten auf die Frage, welche Dienstleistungen in den verschiedenen Phasen anschlussfähig sind und hilft, sich vor unnötigem Verschleiß zu schützen.

4. **Fünf Perspektiven von Systemlösungen:** Mit diesem Reflexionsmodell können angedachte Konfigurationen von Maßnahmen und Vorgehensweisen im Sinne stimmiger Systemlösungen überprüft werden. Unter Systemlösungen verstehen wir eine strukturierte Vorstellung davon, was alles in einer Organisation zusammenkommen muss, damit eine Innovation gelingt, d.h. in den Regelvollzug einer Organisation integriert werden kann. Gerade angesichts der wachsenden und faszinierenden Vielfalt von Methoden und Architekturvorstellungen im Zusammenhang mit Innovations- und Veränderungsprozessen erscheint es nützlich, diese mittels ein paar einfacher Prinzipien zu überprüfen.

5. **Perspektiven von Teamentwicklung:** Teamentwicklung genießt als Beratungsprodukt und zunehmend auch in der Führungsarbeit hohe Aufmerksamkeit. Dieses Perspektivenmodell eignet sich dazu, traditionelle Vorstellungen von Teamentwicklung zu überprüfen und Teams als Systeme resp. Teilsysteme in ihren unterschiedlichen Dimensionen zu verstehen und in der Praxis Entwicklungsprozesse zu steuern. Dabei sind Fragen zu wechselseitigen Rollen und Verantwortungen von Vorgesetzten, Teams und Beratern von wesentlicher Bedeutung.

6. **Metaperspektiven und Arbeitsformen der Teamentwicklung:** Die Metaperspektiven dienen dazu, Design und Architektur von Teamentwicklung so zu gestalten, dass nicht nur die aktuelle Leistung, sondern die Leistungsfähigkeit des Teams entwickelt und optimiert wird. Die Überlegungen zu den Arbeitsformen befassen sich mit der Maßnahmen- und Ressourcenökonomie und dem Zusammenwirken von Vorgesetzten und Beratern.

7. **Dialogische Kommunikation zur Ausbalancierung von Sach- und Beziehungsorientierung:** Bei der Gestaltung von Innovationsprozes-

sen in Organisationen besteht ein zentrales Spannungsfeld zwischen absichtsvoller Konstruktion (Strukturen, Prozesse, Systeme, etc.) und oft hintergründig wirksamen Kräften der Selbstorganisation. Die Kunst besteht darin, diese Kräfte auszubalancieren und zu integrieren. Kulturentwicklung spielt dabei eine zentrale Rolle. Unterschiedliche Qualitäten dialogischer Kommunikation leisten wertvolle Beiträge zur Ausbalancierung von Sach- und Beziehungsorientierung.

8. **Macht und Politik in Unternehmen:** Mit Macht und Politik verbinden viele Menschen Prozesse und Verhaltensweisen, die sie als anrüchig empfinden. Damit meinen sie jedoch Entartungen bezüglich dieser Begrifflichkeiten und übersehen, dass intelligente und verantwortungsvolle Formen der Gestaltung dieser Wirkungsdimensionen für die Vitalität einer Organisation von eminenter Bedeutung sind. Hier geht es zwar auch darum, Wirkungen von verfehltem Umgang mit Macht und Politik in Unternehmen zu beschreiben, jedoch vor allem darum, Perspektiven und Möglichkeiten verantwortungsvoller Macht- und Politikprozesse darzustellen.

9. **Die Theatermetapher in der Praxis:** Für erfolgreiche Innovationsprozesse müssen vielfältige Zusammenhänge verstanden und gestaltet werden. Die Theatermetapher hilft, Übersicht zu bewahren, die Komplexität angemessen zu reduzieren und situativ die relevanten Zusammenhänge zu verstehen. Die Theatermetapher wird mit ihren Elementen, Anwendungsmöglichkeiten und Nutzenpotenzialen dargestellt und an einem Beispiel deutlich gemacht.

10. **Perspektiven-Ereignis-Modell (PEM):** Wenn bei Innovationsvorhaben Perspektiven nicht genügend herausgearbeitet werden, sondern eher schnell Maßnahmen ergriffen werden, lassen diese oft entscheidende Systemzusammenhänge unbeachtet und die Maßnahmen verpuffen oder belasten die Organisation zusätzlich. Das PEM unterstützt darin, grundlegende rollen- und personenbezogene Perspektiven herauszuarbeiten und in stimmige Inszenierungen auf der Maßnahmen- und Prozessebene zu integrieren. Das hier dargestellte vertikale und horizontale Denken stellt aus Sicht des ISB eine Schlüsselkompetenz für die erfolgreiche Selbst- und Interventionssteuerung von Innovationsprozessen in Organisationen dar. Wegen seiner grundsätzlichen Bedeutung sollte das PEM eigentlich an den Anfang gestellt werden. Doch können erfahrungsgemäß manchem diese Ausführungen zunächst zu abstrakt erscheinen. Wen das nicht schreckt, dem sei frei

nach Poppers Motto »Es ist nichts so praktisch wie eine gute Theorie!« dieses Kapitel vorab empfohlen.

11. **Coaching als Perspektive – Vom Umgang mit Modellen im Coaching:** Wer sich als Coach über bestimmte Modelle, Methoden oder gar Settings definiert, legt sich unnötig auf Arbeitsformen fest, die oft nur wenig passen. Letztlich meint Coaching den Umgang mit Arbeits- und Lebensvollzügen von Menschen im Beruf und in Organisationen. Dieses perspektivische Verständnis gibt dem Coach Identität und lässt ihm gleichzeitig Freiheiten in den Rollen und Arbeitsformen. Exemplarisch werden einige der wichtigsten Coachingperspektiven beschrieben. Dazu passend sollten nicht nur die Vorgehensweisen im Coaching, sondern auch die dabei verwendeten Konzepte und Modelle konstruiert sein.

12. **Systemisches Teamcoaching – Was ist das eigentlich?** Teamcoaching ist eine Beratung von Teams, bei der Coachingperspektiven im Vordergrund stehen. Diese Definition erfordert eine nähere Beschreibung dessen, was mit Team gemeint ist. Hierbei zeigt sich, dass das klassische Verständnis von Team eigentlich ein Sonderfall ist. Allgemeiner ist unter Team eine Gruppe von Menschen zu verstehen, die durch gemeinsame Leistungsanforderungen und Verantwortungen zueinander in Beziehung stehen. Was Teamcoaching jeweils sein kann, muss unter Klärung mehrerer Perspektiven situativ bestimmt werden. Zur Orientierung wird als eine Art Kompass ein Designdreieck für Teamcoaching vorgestellt und an Beispielen erläutert. Solche Klärungen im Vorfeld und unterwegs können entscheidend für Design, Aufwand und Erfolg von Teamcoaching sein.

13. **Organisationskultur und Professionskultur – Überlegungen zu Zeichen am Horizont:** Mit den Begriffen Organisationskultur und Professionskultur sucht man nach Antworten auf wesentliche *Fragen der Leistungs- und Lebenskultur in Organisationen und im Beruf.* Kultur kann man nicht separat entwickeln. Kultur durchdringt und kristallisiert alle Vorgänge in einer Organisation. Mit diesem Begriff holt man wie mit einem Suchscheinwerfer neue Perspektiven auf das Bedürfnis nach Überschaubarkeit, nach Orientierung, nach Sinn und Identität ins Blickfeld.

Dezentrale Leistungserbringung und Entwicklung brauchen mehr und intelligentere Standardisierungen, brauchen mehr und intelligentere Führung, wenn nicht babylonische Verwirrung die Folge sein soll.

Dies ist heute nicht mehr durchorganisierbar, sondern muss durch dezentrale Selbststeuerung geleistet werden. Neben sinnvollen ökonomischen Vorgaben ist Kulturentwicklung entscheidend für Cooperate Identity, Orientierung und Koordination.

14. **Kritische Argumente zur Ethik und zur Professionalität in Organisationen:** Die persönliche Bereitschaft Einzelner, anständig zu handeln, reicht für das Erfassen zentraler Fragen der Ethik in größeren Organisationen nicht aus. Die Komplexität des heutigen Wirtschaftens und der heutigen Großorganisationen ist längst über ein für das private Gemüt fassbares Maß hinausgewachsen. Positionsinhaber in Organisationen verlieren sich leicht in scheinbaren Sachzwängen. Sie funktionieren und erledigen das Tagesgeschäft. Sie orientieren sich eher am Mainstream als an gesellschaftlicher Verantwortung oder eigenen Werten. Dies höhlt bei aller Positionsmacht ihre Würde und Glaubwürdigkeit aus. Dennoch bleibt das Erlangen von Würde eine der mächtigsten Motivationen. Wenn doch nur Wege erkennbar wären, Würde und Ökonomie zu vereinbaren! Die Erweiterung der Zusammenhänge ermöglicht es, ethisch Richtiges mit Argumenten der Vernunft und der langfristigen Ökonomie zu begründen und verbessert damit die Chance, bei wirtschaftlich denkenden Menschen Beachtung zu finden.

15. **Lifespender Value – oder: Hat die Personalarbeit den Menschen aus den Augen verloren?** Vielerorts scheint Personalarbeit noch kaum aus dem Schatten reiner Personalverwaltung herausgetreten zu sein. Dass der Versuch, Rentabilitätsprobleme vorrangig durch Personalabbau und Mehrbelastung der verbleibenden Mitarbeiter lösen zu wollen – gesellschaftlich gesehen – eine Milchmädchenrechnung ist, kann denkenden Mitmenschen kaum verborgen bleiben. Fraglich ist, ob die zuständigen Fachleute und Führungskräfte auf die neuen Anforderungen im Umgang mit den Menschen in ihren Organisationen vorbereitet sind. Sind sie überhaupt ernsthaft motiviert, Leistungsorientierung, Strategieorientierung und Menschenorientierung wertschöpfend zu kombinieren? Möglicherweise wird die Attraktivität von Organisationen und damit ihr Zukunftspotenzial zunehmend davon abhängen. Professionelle bewerten die eingesetzte Lebenskraft und den Nutzen des Engagements bei der Arbeit für die eigene Selbstverwirklichung neu und lassen sich dies nur bedingt durch Ein- und Fortkommen abkaufen. Die durch die Art des Wirtschaftens geschaffene Lebensqualität der Leistungsträger wird zum eigenen Wert.

16. **Dilemmata, Ökonomie und Ökologie im Umfeld unserer Profession:** Menschen werden überall als ein Hauptmittel der Kosteneinsparung entlassen. Doch was für das einzelne Unternehmen unter Kostengesichtspunkten notwendig scheint, zeichnet sich unter volkswirtschaftlichen wie unter politischen und gesellschaftlichen Gesichtspunkten als dramatische Fehlentwicklung ab. Dabei könnte Wohlstand doch meinen: ein Stand, in dem uns und unseren Familien wohl ist und der zum Wohl anderer beiträgt, in dem Arbeit kompetent, maßvoll und familienfreundlich gestaltet werden kann. Um in dieser Richtung voranzukommen, müssen viele Vorstellungen und Gewohnheiten auf den Prüfstand gebracht werden. Berater sind hier allerdings nicht unbedingt ökologische Vorbilder. Viele ihrer Mentalitäten und Kulturvorstellungen können durchaus als geistiger Müll schwer zu entsorgen sein.

17. **Möglichkeiten der Dynamisierung von Wandel in Organisationen:** Die Beziehung zwischen Umweltveränderung und Systemveränderung ist schwer zu fassen. Wesentlich ist die *Nichtlinearität* des Zusammenhangs. Je nach Systemzustand können große Umgebungsveränderungen überhaupt nichts bewirken, während andererseits minimale Einflüsse große Veränderungen auslösen können. Das System kippt an kritischen Punkten spontan von Ordnung in Unordnung oder umgekehrt, bzw. aus einer Ordnung in eine andere.

    Kritische Instabilitäten und damit die Suche nach neuen Ordnungen werden etwa durch Veränderungen der Marktlage, Umstrukturierungen oder personelle Entscheidungen provoziert. Faktoren, die geeignet sind, kritische Instabilitäten zu erzeugen, sind *Treibsätze* für Veränderung.

18. **Kult oder Kultur? Was geschieht im Coaching?** Qualitätssicherung im Coaching ist wichtig, sonst werden der Beliebigkeit und der Scharlatanerie Tür und Tor geöffnet. Doch dürfen Zielorientierung und die Kontrollierbarkeit der Prozesse vorrangige Gütekriterien für Coaching werden?

    Lernen findet meist vielschichtig und nur begrenzt überprüfbar statt, wie zwei sehr »unordentliche Erfahrungen« im Zusammenhang mit einem Lehrseminar bei dem legendären Hypnotherapeuten Milton Erickson belegen. Das entscheidende Lernen scheint oft eher am Rande der offiziellen Ereignisse, oft zu einem ganz anderen Zeitpunkt, anhand eines anderen Themas und an einem anderen Ort als geplant stattzufinden. Eine paradoxe Situation: Man muss Lernen ordentlich und kontrollierbar organisieren und gleichzeitig davon ausgehen, dass das Wesentliche nicht direkt geplant oder methodisch angegangen werden kann. Wie können wir dabei beliebige Kulte von sinnvoller Lernkultur unterscheiden?

19. **Wissensmanagement – eine Kulturperspektive:** Näher betrachtet gibt es kaum Bereiche von Organisationen, in denen (Selbst-) Steuerung nicht mit Wissen und dem Umgang damit zu tun hat. Wissensmanagement ist insofern weniger eine eigene Disziplin als eine Perspektive, aus der auf Arbeits- und Kommunikationsprozesse, Führungsbeziehungen, Identitätsfragen, Lernen, etc. geblickt werden kann. Diese Perspektive darf kein Eigenleben führen, sondern muss mit anderen Perspektiven sinnvoll verknüpft und in Vorstellungen von Organisationskultur eingebunden werden.

Als Anregung zu einem kulturorientierten Verständnis von Wissensmanagement werden einige Beispiele, Fragen und praktische Ideen vorgetragen.

20. **Unsere Arbeit in der Zukunft?! – Was ist zu erwarten? Was wäre zu wünschen?** Die Beraterbranche hat inflationäre Entwicklungen genommen und mancherorts ist die heiße Luft schon mit einer Verpuffung entwichen. Ähnlichkeiten zum Neuen Markt sind durchaus gegeben. Die Modewellen aus Innovationsideen und Beratungsprodukten überschlagen sich und gleichzeitig scheint vieles zu träge und nicht reformierbar. Allerdings finden gesellschaftliche Entwicklungen oft nicht in dem Zeitrahmen statt, der dem Erwartungsbogen von Individuen entspricht.

In diesem Beitrag wird zunächst auf Prognosen von vor zehn Jahren Bezug genommen. Seither hat sich nicht fürchterlich viel erledigt, so dass das meiste weiterhin zu Recht auf der To-expect-Liste und auf der To-do-Liste verbleiben kann. Dennoch ist aus heutiger Sicht vieles deutlicher geworden und daher gibt es auch einiges zu ergänzen. Es hat auch etwas Beruhigendes, dass eine Rückbesinnung auf klassische Tugenden und menschliches Maß vermutlich entscheidend ist.

0.2 Orientierungshilfe zu Schlüsselthemen in Organisationen

Führung

Führung ist ein Schlüsselthema in der erfolgreichen Gestaltung und Entwicklung von Unternehmen. Es ist so bedeutend, dass wir dem nicht einfach in einem Kapitel gerecht werden können, sondern uns in den meisten darauf beziehen. Im Zusammenhang mit Führung gibt es viele Mythenbildungen. Wir versuchen wesentliche Prozesse im Zusammenhang mit Führung in ihren grundlegenden Zusammenhängen und Ordnungen deutlich zu machen.

➤ 2.4 Konfrontation von Verantwortungsstörungen
➤ 4.4 Führen/Managen versus Bilden/Beraten
➤ 5.6 Führung und Kooperation (horizontale und vertikale Steuerung)
➤ 5.1.4 Vertikale Teamentwicklung
➤ 5.6.3 Teilprozesse von Führung
➤ 5.7 Führung in der Metapher des Theaters
➤ 6.2.3 Führungssystem (Passung von Person und Organisation)
➤ 12.4/12.6 Teamcoaching als Rahmen horizontaler und vertikaler Steuerung
➤ 15.7 Strategisches Management
➤ 15.8 Strategische Führung

Kultur und Kulturentwicklung

Angesichts der Dynamik und Komplexität der Entwicklungen sind Organisationen und Innovationen nur noch über Kultur steuerbar. Die Kulturperspektive wird in folgenden Kapiteln ausgeleuchtet.

➤ 1.5 Dialogkultur bezüglich Passung
➤ 1.9 HR als Kulturträger
➤ 2.5 Arbeit an einer Verantwortungskultur
➤ 3.1 Eine Kulturperspektive von Organisationen
➤ 3.2 Krisenphasen von Organisationen aus einer Kultursicht
➤ 5.6.4 Vertikale (Führungs-) Verantwortung für Kooperationskultur
➤ 6.2 Metaperspektive Unternehmertum
➤ 6.3 Metaperspektive Kulturentwicklung
➤ 7.5 Kulturentwicklung durch dialogische Kommunikation
➤ 11.2 Coaching als kontextuelles Gestaltungselement
➤ 11.4 Coachingperspektive Kultur
➤ 13.1 Was meint Kulturentwicklung?
➤ 15.3 Folgen mangelnder oder »beschädigter« Kultur

Theatermetapher	➤ 9. Theatermetapher in der Praxis
Die Theatermetapher ist ein ausgezeichnetes Mittel der Komplexitätsreduktion und -steuerung. Damit können in einfacher Weise grundlegende Ordnungen und Zusammenhänge im Zusammenhang mit Innovationsprozessen deutlich gemacht werden.	(Definition der Metapher und Praxisanwendung) ➤ 4.1 5 Perspektiven von Systemlösungen (alle Definitionen sind mit Theatermetapher erläutert) ➤ 6.4 Perspektiven von Teamentwicklung in der Metapher des Theaters ➤ 13.3 Die Komplexität von OE dargestellt in der Theatermetapher

Abb. 1: Schlüsselthemen in Organisationen

0.3 Orientierungshilfe durch Strukturelemente

Folgende Strukturelement unterstützen die schnelle Orientierung:

Definitionen sind durch Unterlegung hervorgehoben

Beispiele zur Konkretisierung von Zusammenhängen und Anwendung sind kursiv gedruckt

❂ Verdeutlichung eines Sachverhaltes durch Darstellungen in der Theatermetapher

➤ Verweise auf verwandte Kapitel und Publikationen

TEIL I

1. Die Passung von Person und Organisation

In den Organisationen steigt der Anforderungsdruck enorm. Um erfolgreich agieren zu können, müssen die Prozesse konsequent auf die Leistung gegenüber den Kunden ausgerichtet werden. Damit sind Organisationen auch gefordert, von eher beschaulichen oder wildwüchsig aktivistischen Arbeits- und Funktionsteilungen Abschied zu nehmen. Sie müssen sich auf Kernkompetenzen und Kerngeschäfte besinnen und optimal darauf bezogene und integrierte Prozesse gestalten. Dies stellt neue Anforderungen an die Anbindung und Integration der beteiligten Menschen.

Aus Sicht der Personen steigen einerseits die Anzahl der Möglichkeiten, andererseits der Druck, sich optimal zu positionieren und anzupassen. Mit neuen Wahlmöglichkeiten und Freiheiten sind erhebliche Verunsicherungen verbunden.

Die funktional-arbeitsteiligen Organisationen lösen sich zunehmend auf. Dies führt zu einem Verlust an überschaubaren und vorgegebenen äußeren Orientierungs- und Identifikationsmöglichkeiten (z.B. als Schreiner und Vorgesetzter). Mit neuen Möglichkeiten sind neue Anforderungen daran gestellt, sich selbst wahrnehmen, reflektieren und definieren zu können.

Der Frage, wie zwischen Personen und Organisationen optimale Passung hergestellt und laufend gepflegt werden kann, kommt in Zukunft zentrale Bedeutung zu. Es braucht neue Formen, diesen Abstimmungsprozess zu gestalten.

Parallel zu den Darstellungen soll ein für jeden nachvollziehbares Beispiel aus dem Milieu eines Familienunternehmens entwickelt werden.

Die Fa. Adrett ist eine Änderungsschneiderei mit Reinigung. In diesem Familienunternehmen sind Betrieb und Haushalt eng miteinander verflochten. Die Mitarbeiter essen täglich gemeinsam mit der Familie. Frau Flink ist als Putzfrau tätig gewesen. Die junge Frau hatte sich aus einem landwirtschaftlichen Betrieb in der Verwandtschaft, wo sie ohne Bezahlung und ohne geklärten Status mitarbeiten musste, durch die Tätigkeit bei der Fa. Adrett herauslösen können. Geputzt werden musste im Betrieb täglich nach Feierabend und tagsüber im Haushalt. Die Frau des Meisters versorgte den Haushalt und kochte mittags für die Familie und sechs Mitar-

beiter. *Wegen eines Leidens muss sie sich jedoch zunehmend auf das Kochen beschränken und Frau Flink als Haushaltshilfe nutzen. Dieser liegt Haushaltstätigkeit und sie hört es gerne, wenn sie »Haushälterin« genannt wird. Obwohl sie nach Bedarf und Stunden bezahlt wird, ermöglicht ihr das relativ stabile Einkommen, ein selbständiges Leben zu führen.*

> **Kernkompetenzen von Organisationen:** Zentrale Fähigkeiten einer Organisation, die aus ihrer Geschäfts- und Markterfahrung, aus der gewachsenen Kultur, ihren Mitarbeitern und verfügbaren Infrastrukturen abgeleitet werden können.
>
> **Kerngeschäfte:** Geschäftsfelder und Geschäftstätigkeiten, die das wirtschaftliche Überleben entlang entsprechender Entwicklungen sichern. Verständlicherweise sind die Kerngeschäfte mit den Kernkompetenzen meist eng verknüpft.
>
> **Kernprozesse:** Auf Kerngeschäfte ausgerichtete Prozesse der Leistungserstellung und -entwicklung.
>
> **Funktion:** Mit Funktion bezeichnen wir ein Bündel von Verantwortungen und Tätigkeiten, die aus den Prozessen der Organisation heraus definiert sind. Zur Funktion eines Menschen in einer Organisation gehören bestimmte Kern- und Nebentätigkeiten.
>
> **Kerntätigkeiten von Personen:** Tätigkeiten einer Person, die in der Organisation am meisten abgerufen werden bzw. deren Vernachlässigung am meisten fehlen und die Erfüllung der Pflichten aus dem Arbeitsvertrag infrage stellen würde. (Würde diese Person diese Tätigkeiten resp. Leistungen als Dienstleister verkaufen, könnte man auch von »Kerngeschäften« dieses Dienstleisters sprechen.)
>
> **Kernkompetenzen von Personen:** Kompetenzen, die sich aus Eigenarten, Neigungen, besonderem Können und der persönlichen Entwicklung eines Individuums heraus entfalten.

1.1 Wie entsteht Passung?

Gegenstand der Passung ist die Funktion oder Aufgabe (einer Person) im Spannungsfeld zwischen der Organisation (und ihren Kernprozessen) und der Persönlichkeit (und ihren Kernkompetenzen).

> Wir verstehen unter optimaler **Passung**, dass eine Funktion so gestaltet ist, dass sie optimal den Kernprozessen und damit dem Kerngeschäft dient und gleichzeitig darin die Kernkompetenzen der Person wirkungsvoll zum Tragen kommen können.

1.1.1 Dynamisches Passungssystem

Funktionen werden in Stellenbeschreibungen häufig detailliert beschrieben. Heutzutage sind Funktionen jedoch zunehmend dynamische Bündel von Tätigkeiten in unterschiedlichen Rollen und Zusammenhängen, die laufend sich verändernden Prozessen angepasst werden müssen. Unterschiedliche Kräfte müssen dabei ausbalanciert werden, damit ein (wenn auch labiles) Gleichgewicht gehalten werden kann. Alle beteiligten Faktoren und deren Zusammenspiel können sich ändern und Anpassungen erforderlich machen. Zum Beispiel kann die Kernkompetenz »Lust zum radikalen Infragestellen gegenwärtiger Vorgehensweisen« in einer Aufbruchsphase hilfreich und in einer späteren Konsolidierungsphase eher störend sein. Auch können Mitarbeiter in bestimmten Teams, unter bestimmten Vorgesetzten oder bei einem bestimmten Arbeitsrhythmus ihre Kompetenzen entfalten und unter anderen Konstellationen weniger.

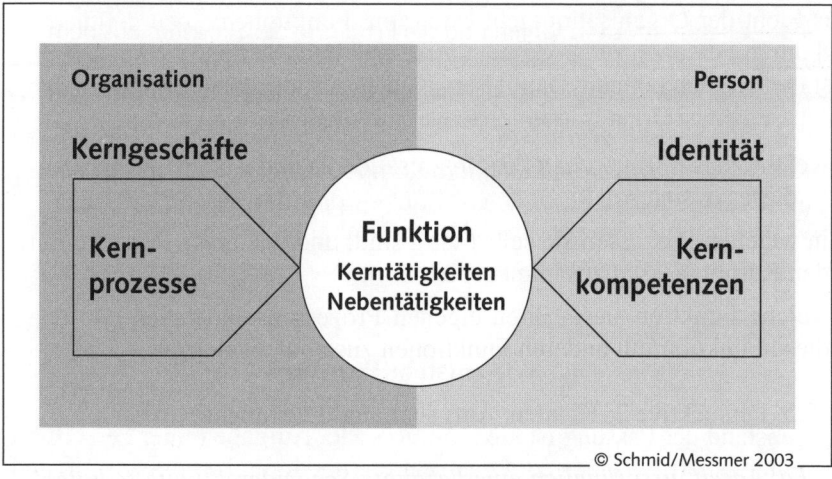

Abb. 2: Der Passungssystemkreis

Der in Abb. 2 dargestellte Passungssystemkreis der Funktion macht deutlich, dass im Alltag

- das Verhalten (gesteuert durch Neigungen),
- die Rollen in den Prozessen,
- das Zusammenspiel mit den relevanten Partnern in Teams und dem Umfeld
- und die Führungsbeziehung

abgestimmt und ausbalanciert werden müssen. Dabei sollte der Vorgesetzte die Rolle des Regisseurs spielen, der für die Ausrichtung und Schlüssigkeit des Ganzen verantwortlich ist.

▶ 5.6.3 Drei Teilprozesse von Führung

Aber auch die Funktionsinhaber selbst und andere Betroffene haben Verantwortung für kompetente Passung. Diese Darstellung macht deutlich, dass sowohl in einer ersten Evaluation anlässlich von Besetzungsprozessen wie in der laufenden Pflege der Besetzung ein komplexes System ausgerichtet und stabilisiert werden muss.

1.1.2 Anforderungen der Organisation und ihrer Kernprozesse

Aus Sicht der Organisation geht es darum, Funktionen so zu definieren und durch Personen zu besetzten, dass Kern- und Nebenprozesse optimal gestaltet werden können. Damit Personen einen optimalen Beitrag zu den Prozessen einer Organisation leisten können, müssen sie verstehen,

- welches das Kerngeschäft der Organisation ist und welche Kernprozesse dieses leisten soll,
- in welchen Prozessen sie selbst tätig sind, und wie diese Prozesse mit den Kernprozessen zusammenspielen,
- welche Funktion sie in ihren eigenen Prozessen einnehmen und wie diese Funktion mit anderen Funktionen zusammenspielt.

▶ 5.5 Perspektive 2: Kunden, Aufgaben und Leistungen

Die Fa. Adrett, ursprünglich eine bekannte Schneiderei, hatte sich nach den Verschiebungen auf dem Textilmarkt auf Änderungen spezialisiert, ihre

Dienstleistungen um hochwertige Reinigung ergänzt und so einen anspruchsvolleren Kundenstamm gewinnen können. Kernprozesse sind dementsprechend das Umschneidern, Nähen und Bügeln von Textilien sowie einzelne Handreinigungen vor und nach maschineller Reinigung, die außer Haus von einer Schnellreinigung gemacht wird. Frau Flink ist klar, dass der Betrieb mit den Reinigungen und der Änderungsschneiderei Geld verdient. Sie ist eher in Nebenprozessen tätig. Ihre Kerntätigkeiten Putzen und Haushalt müssen sich anpassen und zurückstehen, wenn es einmal ungewöhnliche Belastungen in den Kernprozessen gibt.

1.1.3 Anforderungen an Personen und ihre Kernkompetenzen

Aus Sicht der Personen stellen sich Fragen nach den eigenen Kernkompetenzen und nach entsprechenden Kerntätigkeiten, nach Funktionen und Rollen, in denen sie optimal Wirkung erzeugen und gewürdigt werden können. Personen beziehen neben dem Einkommen auch Identität und Befriedigung aus der Ausübung ihrer Funktion. Damit Personen in ihren Aufgaben zu hoher Form auflaufen, ist es wichtig, dass ihre Aufgabe/Funktion gut mit ihren inneren Bildern betreffend der eigenen Identität übereinstimmt und ihre Kernkompetenzen zum erforderlichen unternehmerischen Flair passen.

Kandidaten für oder Inhaber von bestimmten Funktionen müssen deshalb wissen,

- worin ihre Kernkompetenzen (Werte, Neigungen, Qualitäten) bestehen und

- in welchen Rollen, Kontexten und Leistungsbedingungen diese zum Tragen kommen.

Damit die Organisation Funktionen optimal besetzten kann, muss der unternehmerische Verantwortliche von den beteiligten Personen wissen, ob deren Werte, Identitätsvorstellungen, Qualitäten und Neigungen zur Verantwortung und zu den Kerntätigkeiten passen.

Frau Flink hat die Funktion, sowohl im Betrieb wie im Haushalt die Betriebsfähigkeit immer wieder herstellen zu helfen. Wäre sie kräftemäßig eingeschränkt, hätte der Betrieb Vorrang. Sie hat alle einfachen Tätigkeiten im Haushalt gelernt und konnte sich besonders gut an wechselnde Erfordernisse und Aufträge anpassen. Durch ihre Verfügbarkeit und dadurch, dass ihr keine Arbeit zu viel und sie sich für keine Arbeit zu gut war, nährte sie ihr berufliches Selbstwertgefühl. Eigenorganisierte und -verantwortete Tätigkeit traute sie sich weniger zu. Ihre Kerntätigkeiten waren Putzen und Hilfstätigkeiten auf Anweisung der Chefin (Frau des Meisters).

1.1.3.1 Kernkompetenzen

Jeder Mensch ist einzigartig. Diese Eigenart impliziert Neigungen, welche in bestimmten Fähigkeiten zum Ausdruck kommen und nutzbar gemacht werden können. Die zunehmenden Anforderungen lassen es ratsam erscheinen, diese Eigenart sowohl als Ressource zu nutzen als auch als wenig zu beeinflussende Rahmenbedingung in Betracht ziehen zu lernen. Konstruktivisten gehen davon aus, dass jedes lebendige System – und damit jeder Mensch – ein in sich geschlossenes System ist, welches auf »Überleben, Entwicklung und Vermehrung der Eigenart« ausgerichtet ist. Der jeder Persönlichkeit inhärente Drive kann als schöpferische und unternehmerische Kraft verstanden und als Quelle hervorragender Kompetenzpotenziale betrachtet werden. Auch diese Potenziale gehören zu den Kernkompetenzen. Sie sind der Ausdruck eines bestimmten inneren Zugangs zur Wirklichkeit, der sich in bestimmten individuellen und tief verwurzelten Werten, Begabungen, »Berufungen«, Interessen und Verhaltensneigungen äußert. Dieser Drive ist in Entwicklung begriffen. Man kann ihn nicht ohne Nachteile unter Kontrolle bringen oder in beliebige Richtungen lenken, sondern sollte ihm respektvoll wie einem nur unvollkommen bekanntem Naturereignis begegnen. Diese gestaltende Kraft und Kompetenz wirkt in allem, was Menschen tun, entweder in stimmiger und konstruktiver, oder aber in verstrickter und destruktiver Form. Wichtig für Passungsüberlegungen ist es deshalb, die Kernkompetenzen der Beteiligten zu kennen und vor allem zu wissen, unter welchen Rahmenbedingungen sie zum Tragen kommen und unter welchen nicht. Wenn Mitarbeiter scheitern, geschieht dies oft nicht, weil sie zu wenig können, sondern weil sie sich in Situationen befinden, in denen sie ihre Kernkompetenzen nicht genügend nutzbar machen können.

1.1.3.2 Identität und Motivation

Jeder noch seelisch lebendige Mensch will in ein Bild von sich selbst hineinwachsen, in dem er sich gefällt und das bisher noch nicht gelebte Züge der eigenen Persönlichkeit zum Ausdruck bringt. Das Gefühl, dies in einer Umgebung, durch eine Tätigkeit oder in einer Beziehung zu können, wird als eine der mächtigsten Motivationen engagierter Bindung erzeugt. So betrachtet liegt in jeder Kontextwahl, in jeder Handlung und in jeder Beziehungsgestaltung eine Aussage, als wen man sich sieht, wie man sich sehen möchte bzw. befürchtet, gesehen zu werden. Für dieses Verlangen nach Eigenart und Geltung sucht man positive Bestätigung, die in der Wirkung der Handlung oder in den Reaktionen der Umwelt gesucht wird. Wird der Selbstentwurf nicht bestärkt, wird er verworfen oder missbilligt, wird eine Sehnsucht frustriert und ein gesuchter Selbstwert infrage gestellt. Hier kann man mit Motivations-, Beziehungs- und Bindungsproblemen rechnen.

Bei der Betrachtung von Kernkompetenzen ist also auch zu berücksichtigen, ob diese (noch) zu einer bejahten Identität gehören. Vielleicht gehören sie zu einer beseelenden Identität, die erst am Horizont aufgeht. Nach Identität fragt man meist: Wer bin ich? Und meint damit eine Funktions- oder Tätigkeitsbezeichnung bzw. einen Rang. Noch wenig beachtet wird die in Zeiten fließenden Wechsels von Inhalten, Rollen und Funktionen bedeutsamere Identitätsfrage: Wie bin ich? Hier wird nach dem persönlichen und professionellen Stil gefragt, in dessen Wahrung und Entwicklung man sich sieht bzw. sehen möchte. Zum Beispiel möchte ein bislang mehr sachorientierter Einzelkämpfer ein stärker kommunikativer Mensch werden, in dessen Beziehungen die »weicheren Faktoren« wichtig und befriedigend sind. Eine Funktion, in der dieses kommunikative Selbstbild nicht gefragt ist, wird nicht wirklich mit Herzblut ausgefüllt. Auch hier muss also Passung hergestellt werden, wenn sich die ganze persönliche Kraft in der Funktion versammeln soll. Solche Faktoren werden irgendwie in der Personarbeit und in Führungsbeziehungen intuitiv berücksichtigt, doch wäre hier mehr bewusste Kompetenz auf allen Seiten hilfreich. Dies hilft, solche Dimensionen im Gespräch überhaupt zu berücksichtigen und bei krisenhaften Entwicklungen günstige Voraussetzungen für Klärungen zu schaffen.

1.2 Herausforderungen im Passungsprozess

Passung herzustellen ist keine einmalige Aufgabe, sondern ein kontinuierlicher Prozess, in welchem ein dynamisches und labiles System laufend ausbalanciert werden muss. Eine Funktion findet in einem konstanten Spannungsfeld zwischen den Vorstellungen (SOLL) der Organisation (resp. des unternehmerisch Verantwortlichen) und dem tatsächlichen Handeln (IST) des Funktionsträgers (und seiner Partner) statt. Darin, diesen Unterschied wahrzunehmen und die potenziellen Spannungen so fruchtbar zu halten, damit eine optimale Performance entstehen kann, liegt die eigentliche Kunst des Passungsprozesses.

Im soweit entwickelten Beispiel von Frau Flink und dem Familienunternehmen Fa. Adrett ist die Passung zunächst optimal. Die Entwicklungen im Betrieb passen zu ihren Funktionen und diese zu ihren Kompetenzen und Entwicklungswünschen. Wegen der gesundheitlichen Belastungen der Frau des Meisters der Fa. Adrett muss neuerdings auch die Essensversorgung der Belegschaft durch eine andere Person bewerkstelligt werden. Zudem müsste nun der Haushalt viel selbständiger versorgt werden. Die Idee, Frau Flink könnte zusätzlich das Kochen übernehmen, greift bei ihr nach einigem Zögern, ob sie sich das zutrauen könne. Mit ihren ersten Versuchen findet sie Beifall bei der Belegschaft.

Vier Dimensionen sind für die Passung von besonderer Bedeutung und oft Ursachen dafür, dass mit Differenzen zwischen IST und SOLL nicht sinnvoll umgegangen wird.

1.2.1 Individuelle Kernkompetenzen und Funktion

Kernkompetenzen beinhalten eine im weitesten Sinne »unternehmerische, wirklichkeits-konstruierende« Kraft. Mitarbeiter, die nicht ihren Kernkompetenzen entsprechend eingesetzt sind, entwickeln deshalb – meist unbewusst – »Schwarzmärkte«, in welchen ihre Kernkompetenzen, aber auch andere kerngeschäftsferne Interessen ihren Ausdruck finden können. Dies ist eine »ergiebige« Quelle von Effektivitätsverlusten bezogen auf die eigentlichen Geschäftszwecke einer Organisation.

Es liegt in der Natur der Sache, dass die Abstimmung zwischen angedachter und »gelebter« Funktion nie 100-prozentig sein kann. Abweichungen sind natürlich und für die Lebendigkeit und Lernfähigkeit einer Organisation wichtig. So scheint es manchmal sogar, dass Organisationen in Innovationsprozessen, die wenig an die vorhandene Kultur und an verfügbare Ressourcen anschließen, oft nur dank erheblicher »Schwarzmarktaktivitäten« im Sinne des Kerngeschäftsverständnisses der Mitarbeiter überhaupt überleben können. Dennoch sollte zugunsten der offenen Klärung und Steuerbarkeit »Weißmärkten« der Vorzug gegeben werden. »Weißmärkte« meint, dass die Personen ihre Kernkompetenzen in den Dienst der offiziellen Wertschöpfungsprozesse stellen können.

Wenn Mitarbeiter ihre Funktion nicht oder nicht mehr so gut ausfüllen, wie das für die Organisation erforderlich ist, denkt man leicht an fehlende persönliche Motivation, Loyalität oder Kompetenz. Seltener werden Entwicklungen im Passungskreis näher analysiert. Dabei können unbeachtete Veränderungen und deren Wechselwirkungen zu erheblichen Schwierigkeiten und zur Infragestellung der Kompetenz eines Mitarbeiters führen.

Zum Beispiel wurde der Leiter einer Entwicklungsabteilung als »Problemfall« angesehen und vor seiner »Entsorgung« zum Coaching vorgestellt. Schnell stellt sich heraus, dass er gut und für sich stimmig gearbeitet hat, solange er für sehr komplexe Entwicklungen an einem Standort zuständig gewesen war. Durch Umstrukturierung war er nun für Teilentwicklungen, aber an mehreren und weit verstreuten Standorten zuständig. Er teilte die Erwartungen seiner Umwelt, dass ein guter Manager so etwas »problemlos packen« müsste. Der dafür notwendige Führungs- und Lebensstil lag ihm bei näherer Betrachtung nicht oder nur mit zu hohen seelischen Kosten, was auch ein Coaching nicht hätte ändern können. Durch Übernahme einer anderen Verantwortung wieder an einem festen Standort wurde das Problem gelöst.

Um für ein erweitertes Verständnis von Kompetenz Aufmerksamkeit zu erzeugen, könnte man für professionelle Kompetenz im Rahmen einer bestimmten Funktion definieren:

> Mitarbeiterkompetenz =
> Rollenkompetenz x Berufsfeldkompetenz x Passung

Die Multiplikation verweist z.B. darauf hin, dass die Kompetenz gegen null gehen kann, wenn die Passung nicht stimmt, auch wenn die anderen beiden Faktoren hoch sind. Fachliche Weiterbildung würde hier nichts bringen.

Neuerdings macht Frau Flink einen Kochkurs, schaut häufig Kochsendungen im Fernsehen, lässt sich Kochbücher schenken und kocht mit immer mehr Raffinesse. Andere Haushaltstätigkeiten, insbesondere das Putzen, werden weniger sorgsam ausgeführt. Nach einigen Wochen ist zu beobachten, dass sie immer mehr Zeit auf Kochen und Einkaufen verwendet, dass sie für das immer aufwendigere Essen unterschwellig Pünktlichkeit bei Essensbeginn und längere Pausen beansprucht.

1.2.2 Kooperationssystem

Das zweite Spannungsfeld liegt im System des Zusammenspiels in den einzelnen Prozessen begründet. Jede Veränderung oder Entwicklung einer Person, sei es anlässlich einer Neubesetzung oder einer partiellen Neupositionierung einer Person/Funktion, verändert immer das ganze Gefüge. Für die erforderliche Effektivität sind Funktionsveränderungen einer Person mit komplementären Funktionsanpassungen anderer Beteiligter verbunden. Passungsüberlegungen sind somit immer unter Einbezug des relevanten Kooperationssystems zu machen. Vorgesetzte klären jedoch üblicherweise Rollenveränderungen vornehmlich mit direkt betroffenen Mitarbeitern, oft ohne genügend auf die Auswirkungen im Gesamtsystem zu achten und diese entsprechend abzustimmen. Angesichts der wachsenden Anforderungen an ein passgenaues Zusammenspiel in den Prozessen kommt dieser Dimension in Zukunft höhere Bedeutung zu. Kompetenz muss vermehrt als Beziehungsphänomen im Passungssystem und nicht als Eigenschaft von Menschen betrachtet werden.

So erfreulich das Engagement von Frau Flink beim Kochen ist, so sehr bauen sich auch Spannungen mit den sonstigen Mitarbeitern des Betriebs auf. Sie versucht auf die Pausengestaltung so Einfluss zu nehmen, dass das Essen nach ihren Vorstellungen zelebriert werden kann. Sie wird als Gouvernante und »Möchte-Gern-Meisterin« gehänselt.

1.2.3 Führungssystem

Führung spielt im Prozess der Passung von Mitarbeitern und Funktionen eine wesentliche Rolle. Damit die Passung und Ausrichtung der Person in ihrer Funktion optimal geschehen kann, ist es wichtig, dass Führungskraft wie auch Mitarbeiter aus ihrer jeweiligen Verantwortung heraus eine funktionierende Kooperation eingehen.

Der unternehmerisch Verantwortliche ist dabei selbst Persönlichkeit mit Eigenarten (und Kernkompetenzen) und jeweils unterschiedlichen Zugängen und Präferenzen, die meist auch einseitig ausgeprägt sind. Menschen (gerade auch Führungskräfte) neigen leicht dazu, die Aspekte der eigenen Verantwortung, für die sie nicht gut ausgestattet oder motiviert sind, auszublenden. Doch bleibt die Verantwortung bestehen und es wäre sinnvoller, sich mit Funktionen und Personen zu umgeben, die komplementär ergänzen können und so individuelle Unterschiedlichkeiten in ein tragfähiges, komplementäres Zusammenspiel gebracht werden.

Bei Frau Flink fehlt jetzt Führung, insbesondere das tägliche Setzen von Prioritäten. Die zunächst diskreten Hinweise des Meisters, sich doch beim Kochen im Rahmen und für die anderen Pflichten in eigenverantwortlicher Sorgfalt zu halten, nimmt sie leicht gekränkt zur Kenntnis, befolgt sie aber in der täglichen Praxis nur für kurze Zeit. Der Meister nimmt die Schieflage nur unwillig wahr, kümmert sich um das gärende Problem aber nicht, da er Haushalt nicht als seine Sache betrachtet.

1.2.4 Bewertungsdifferenzen

Was für die Organisation von Wert ist, muss nicht unbedingt für die Person von Bedeutung sein und umgekehrt. Die Herausforderung besteht also darin, Funktionen mit Personen so zu besetzen, dass die Kerntätigkeiten von hoher Bedeutung für die Person und ebenso von hohem Wert für die Organisation sind. Probleme können entstehen, wenn Personen ihre Kerntätigkeiten in Nebenprozessen der Organisation finden, die für die Organisation von untergeordneter Bedeutung und damit von geringerem Wert sind. Mit dieser grundlegenden Differenz wird in Organisationen oft nicht bewusst umgegangen. Damit Klärungsprozesse bezüglich Passungsfragen nicht zu Schlachtfeldern der Eitelkeiten und Empfindsamkeiten werden, ist ein sorgfältiger Dialog über die jeweiligen Bewertungsmaßstäbe hilfreich. Wichtig ist hierbei eine Kultur, in der die Achtung und Beachtung eines Mitarbeiters nicht von seiner Wichtigkeit für Kernprozesse allein abhängt. Sonst fühlen sich Menschen in Nebenprozessen nicht gewürdigt, verlieren Motivation und Bindung ans Kerngeschäft und bauen »Schwarzmärkte« und Ersatzwichtigkeiten auf.

Dass gemeinsam gegessen wird, hatte für die Organisation den Wert, dass das Gruppengefühl gepflegt wurde, dass sich privater Austausch auf diese Situation konzentrierte, dass Mitarbeiter im Hause bleiben und sich nicht durch Wege belasten mussten, aber sich auch nicht zu Besorgungen verstreuten etc. Man ging pünktlich und meist gut gelaunt wieder an die Arbeit. Hierfür reichte ein einfach zubereitetes Essen, für das wenig Aufmerksamkeit beansprucht wurde. Durch den in ihrem Agieren vorgetragenen Wichtigkeitsanspruch von Frau Flink entstanden hier eher Spannungen. Statt das Problem zu meiden, müsste der Meister Verantwortung für die Klärung und die dafür notwendigen Inszenierungen übernehmen, auch wenn er sich selbst dazu nicht kompetent fühlt.

1.3 Umgang mit Passungsproblemen

Veränderungen im Passungssystem können an verschiedenen Orten und in verschiedener Weise entstehen:

- beim unternehmerisch Verantwortlichen (Ablösung, Veränderung der Zuständigkeit, etc.),
- in den Prozessen (neue Strategie, Veränderung der Zuständigkeiten und des Zusammenspiels),
- im Team resp. Umfeld (Personenumbesetzungen etc.),
- bei den Personen (Wunsch sich neu zu positionieren, weniger zu arbeiten, etc.).

Alle diese Teilveränderungen verändern auch das subtile Gleichgewicht im Passungssystem und sind somit Anlass für Passungsüberlegungen. Dabei gibt es zwei Ansatzpunkte für Optimierungsmaßnahmen:

- Anpassung der Organisation (Strukturen und Prozesse),
- Anpassung der Person (Positionierung und Qualifikation).

1.3.1 Anpassung von Strukturen und Prozessen

Wenn Prozesse und Funktionen bzw. der Stil, in dem sie ausgefüllt werden müssen, nicht (mehr) zu den (möglichen) Funktionsträgern passen, kann geprüft werden, ob Veränderungen von Organisationsseite her möglich sind. Der Slogan »person follows function« weist jedoch darauf hin, dass Passungsprobleme nur mit Umsicht durch Funktionsänderung beantwortet werden sollten. In jedem Fall sollte sichergestellt werden, dass dadurch nicht Verantwortungslücken oder Passungsprobleme an anderer Stelle entstehen.

1.3.2 Neupositionierung der Personen

Wenn Personen nicht mehr zu den erforderlichen Funktionen oder Funktionen nicht mehr zu veränderten Kernkompetenzen und Entwicklungsinteressen passen, kann geprüft werden, ob andere Funktionen gefunden werden können.

In beiden Fällen bleibt dabei die Möglichkeit, dass innerhalb eines Unternehmens für die Person

- keine passende Funktion gefunden werden kann,
- nur eine passende Funktion mit reduzierter Arbeitszeit gefunden werden kann,
- zwar eine passende Funktion gefunden werden kann, diese aber geringer bezahlt wird.

1.4 Marktprinzipien und Besitzstandmentalität

Um einen sinnvollen Umgang mit solchen Situationen finden zu können, müssen wir uns einer besonderen kulturellen Facette widmen. In den Wachstumszeiten der Nachkriegszeit hat sich eine Versorgungsmentalität entwickelt. Bei Veränderungen wird erwartet, dass der Stand der »Versorgung« (Lohn, Vorsorge, Titel, etc.) durch die Organisation gesichert oder gar ausgebaut wird. In unserer Gesellschaft sind über die Einkommensbindung der Sozialabgaben unternehmerische Wertschöpfung und soziale Sicherung direkt aneinander gekoppelt worden. Dieses System funktioniert, wenn genügend Arbeit vorhanden ist und die dabei erzielten Einkommen tatsächlichen Wertschöpfungsbeiträgen entsprechen. Ist dies nicht mehr gegeben, leiden unternehmerische Entwicklungen an Fehlbelastung und die Sozialsysteme an Unterfinanzierung. Durch Wachstum und/oder Ausbeutung (bestimmter Bevölkerungsgruppen, anderer Länder, natürlicher Ressourcen oder künftiger Generationen) finanziert haben sich Versorgungsanspruchsdenken und Selbstbedienungsmentalitäten ohne Anbindung an wirkliche Produktivleistungen entwickelt. Beides ist mit unternehmerischer Verantwortung für nachhaltiges Wirtschaften schlecht zu vereinbaren. Die Ansprüche an Einkommen, an Flexibilität und Stimmigkeit der Arbeit sind gewachsen, wobei Risikobereitschaft und unternehmerische Verantwortung für die Leistungsentwicklung und deren »Vermarktung« nicht immer mit gewachsen sind. Hier ist ein Mentalitätswandel bei allen angesagt. Den Vorteilen individueller Marktteilnahme muss auch die damit verbundene Eigenverantwortlichkeit gegenübergestellt werden. Fragen der Passung sind ein konkreter Beitrag, die Produktivität, aber auch die Sinnstiftung von Arbeitsverhältnissen zu erhöhen und unternehmerische Verantwortung aller dafür zu stärken. Dabei werden sich Arbeitsverhältnisse wohl eher aus festen Zugehörigkeiten lösen und den Kontraktbeziehungen zwischen selbstverantwortlichen Marktteilnehmern nähern. Wird heute gekündigt, so ist dies meist noch weit davon entfernt, dass Geschäftspartner in gegenseitiger Würdigung auf die Fortsetzung ihrer Vertragsbeziehung verzichten. Verbissene finanzielle Streitereien sind oft der vergebliche Versuch, zu Würdigung zu kommen. Sie sind das unrühmliche Ende von unternehmerisch und menschlich nicht verantwortlich gestalteten Passungsprozessen von allen Seiten.

Frau Flink hat einen Mann kennen gelernt und möchte nicht mehr gerne nach Feierabend putzen. Allerdings will sie auch ihr Einkommen stabil halten. Gleichzeitig soll bei der Fa. Adrett die Betriebszeit sogar weiter in den Abend hinein verlegt werden, weil die Kunden dann wegen der veränderten Ladenschlusszeiten eher mal Zeit hätten. Ein Konkurrenzunternehmen wirbt sogar ausdrücklich damit. Mithilfe eines befreundeten Beraters kommt es zu einem ausführlichen Gespräch zwischen dem Meister und Frau Flink. Darin werden die bislang zufriedenstellende Mitarbeit von Frau Flink und ihr entgegenkommendes Wesen gewürdigt. Frau Flink würdigt, dass die Beschäftigung bei der Fa. Adrett ihr ins bezahlte Arbeitsleben und zu einem neuen Wertgefühl geholfen hat. Der Meister würdigt ihre neue Berufsidentität als Köchin und bedauert, dass sie in seinem Betrieb dafür nur wenig Resonanz finden kann. Da sie aber spürbar aus den anderen Tätigkeiten herausgewachsen sei, müsse dafür eine andere Kraft eingestellt werden. Als Köchin in dem für den Betrieb passenden Rahmen solle Frau Flink gerne halbtags arbeiten, sich für die weiteren Tätigkeits- und Einkommenswünsche nach einem anderen passenden Wirkungskreis umsehen. Nach einiger Zeit findet Frau Flink eine Teilzeittätigkeit als Köchin abends in einem Sportzentrum. Dort erhält sie für ihre Lust, Leute zu verwöhnen auch entsprechende Resonanz und braucht diese Bestätigung nicht mehr von der Fa. Adrett. Dort entspannt sich entsprechend die Situation und sie bekommt für ihre neukonfigurierte Funktion wie auch als Mensch allseits angemessene Anerkennung.

1.5 Dialogkultur bezüglich Passung

Passungsprozesse müssen zwischen unternehmerisch Verantwortlichen, den betroffenen Personen und bezogen auf die relevanten Bezugspersonen (in den Kunden-Lieferanten-Netzwerken) in vielschichtigen Dialogen (SCHMID/MESSMER 2003g) gestaltet werden. Sie zeichnen sich durch folgende Charakteristika aus:

- **Komplementäre Verantwortung:** Für einen gelingenden Passungsprozess müssen die Beteiligten ihre je unterschiedliche Verantwortung aufeinander bezogen wahrnehmen. Die Bedeutung für die Person und der Wert für die Organisation müssen in Bezug gesetzt und nach Möglichkeit in Übereinstimmung gebracht werden.

- **Kontinuierlicher Prozess:** Die Entwicklungen der Geschäftsanforderungen, aber auch innere Entwicklungsprozesse der Personen machen eine laufende Überprüfung der Passung notwendig, ohne die Passungs- und Leistungsqualität kontinuierlich abnehmen.

- **Dialogischer Prozess zwischen Betroffenen:** Passung ist keine bloße Frage der Abstimmung von Prozess-, Funktions- und Leistungsaspekten in der Führungsbeziehung (vertikale Perspektive). Ebenso wichtig ist es, solche Fragen transparent und in Abstimmung mit anderen wichtigen Beteiligten im relevanten Prozess (horizontale Perspektive) untersuchen zu können. Die Dialogkultur, welche in dieser Art von Passungsprozessen entwickelt wird, fördert wechselseitiges Verständnis und Respekt und ist zentral für die Erhaltung der Steuerbarkeit von Organisationen im heutigen Umfeld.

1.6 HR-Dienstleistungen im Passungsprozess

Das hier beschriebene systemische Passungsverständnis erfordert eine neue Sicht auf entsprechende HR-Prozesse. Die zentrale Verantwortung für die

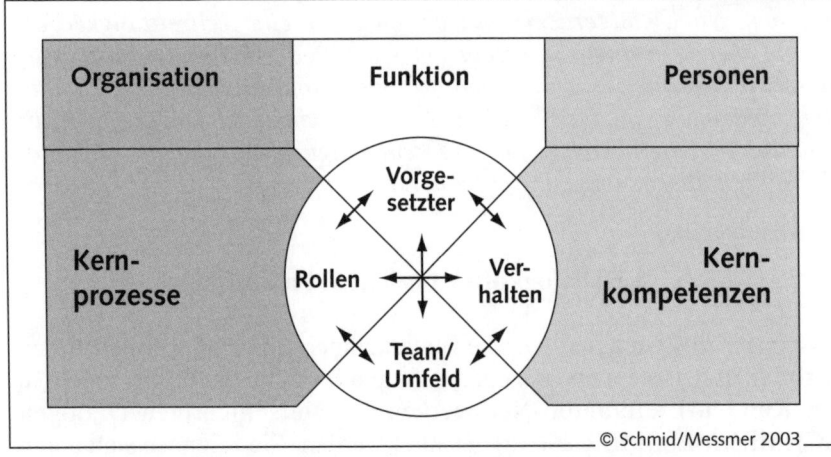

Abb. 3: Perspektiven im Passungssystemkreis

Passung liegt beim unternehmerisch verantwortlichen Vorgesetzten (und dem betroffenen Mitarbeiter). Um diese Verantwortung optimaler wahrnehmen zu können, kann das HR (oder die Berater) für die Beteiligten wertvolle Dienstleistungen erbringen.

Wir unterscheiden hierzu folgende drei Arten von HR-Prozessen:

- **funktions-, stellen- resp. arbeitgeberorientierte Prozesse:** Hier geht es um eine Umfokussierung auf eine unternehmerische und systemische Funktions- und Stellensicht. Statt akribischer Detailanalysen müssen vermehrt unternehmerische Perspektiven in den Vordergrund treten. Was ist der Bezug und Beitrag der jeweiligen Funktion zu den Kernprozessen? Welche Art von Unternehmertum ist in dieser Funktion gefragt? Welche Art von Drive? Wie sollen sich die Funktion und die darin verantworteten Teilprozesse im Laufe z.B. der nächsten zwei Jahre entwickeln? Etc.

- **personen- resp. arbeitnehmerorientierte Prozesse:** Um in Passungsprozessen die eigene Verantwortung gut wahrnehmen zu können, wird die Auseinandersetzung mit eigenen Kernkompetenzen und den optimalen Bedingungen ihrer Verwertbarkeit wichtig. Es wird wichtig, dass Mitarbeiter bezüglich ihrer eigenen Laufbahn vermehrt unternehmerische Verantwortung übernehmen und sich »strategische« Überlegungen machen, mit der Leitfrage: Wie möchte ich mich angesichts sich verändernder Marktanforderungen und eigener Kernkompetenzen in Zukunft positionieren? Wohin möchte ich mich entwickeln?

- **Passungsprozesse:** Eine wesentliche Grundannahme des Passungsprozesses besteht darin, dass die Qualität einer Neubesetzung resp. Umbesetzung nicht nur in der Qualität des Kandidaten, sondern vor allem in derjenigen des Zusammenspiels zwischen Funktion, Vorgesetztem, Kandidat und relevantem Systempartner (in den Kunden-Lieferanten-Beziehungen) besteht. Es geht also im Passungsprozess darum, eigentliche »Kandidaten-System-Szenarios« bezüglich ihrer Passungspotenziale zu evaluieren.

1.6.1 Perspektiven in funktionsorientierten Prozessen

Aus Sicht der Organisation geht es darum,

- das unternehmerische und systemische Urteilsvermögen der unternehmerisch Verantwortlichen (Arbeitgeber) zu stärken,

➤ 6.2.1 Teilperspektiven des Unternehmertums

- das Verständnis und die Kompetenzen der Verantwortlichen als Regisseure und Passungsverantwortliche zu entwickeln.

1.6.2 Perspektiven in personenorientierten Prozessen

Angesicht aktueller Entwicklungen macht es Sinn, Organisationen zunehmend als Märkte (SCHMID/MESSMER 2003e) und bezogen auf die Integration der beteiligten Personen als Arbeitsmärkte zu verstehen. Arbeitsmarktfähigkeit oder »Employability« wird damit ein Schlüsselkriterium für Personalentwicklungsmaßnahmen. Wir unterscheiden vier Bausteine der Arbeitsmarktfähigkeit:

- **Kernkompetenzen erkennen:** Der erste Baustein der Arbeitsmarktfähigkeit besteht darin, dass die eigenen Kernkompetenzen erkannt werden (und nicht im Ansammeln von möglichst vielem, mehr oder weniger aktuellem Wissen).

- **Kontextintelligenz entwickeln:** Der zweite Baustein besteht im Wissen um Situationen, Rollen und Kontexte, in welchen die Kernkompetenzen zum Tragen kommen, resp. zum Misserfolg führen. Es ist wichtig für den Aufbau eigener Arbeitsmarktfähigkeit, die Bedingungen für den eigenen Erfolg zu kennen und entsprechende Selbststeuerungskompetenz zu entwickeln. Dieses Wissen schafft die Voraussetzung zur persönlich stimmigen und für die Organisation effektiven Aufgaben/Stellen-Selektion.

- **Kerntätigkeiten finden:** Der dritte Baustein besteht im kreativen Finden von geeigneten Kerntätigkeiten, von internen »Kunden«, Leistungen und Leistungsbedingungen, in welchen eigene Kernkompetenzen optimal eingesetzt werden können. Wenn wir den Mitarbeiter als Unternehmer in der Organisation betrachten, können wir auch von seinen Kerngeschäften resp. seinem Kerngeschäftsportfolio sprechen.

- **Individuelles Unternehmertum entwickeln:** Als vierter Baustein könnte generell die Entwicklung eines persönlichen, auf ein optimales Gestalten der unterschiedlichen »Lebensbühnen« gerichtetes Unternehmertum und das Verfolgen einer »strategischen« Entwicklungsperspektive genannt werden.

➤ 6.2 Unternehmerische Haltung als Metaperspektive

Maßnahmen, die auf den obigen Bausteinen basieren, fördern das Unternehmertum bezogen auf die Entwicklung der eigenen beruflichen Laufbahn und entwickeln die persönliche Urteils- und Kontraktfähigkeit in Bezug auf Passungsfragen.

Im Weiteren gilt es auch, das Unternehmertum bezüglich des eigenen Beitrags zum Organisationserfolg zu fördern. Die Auseinandersetzung damit, welches Stück hier gespielt werden soll, was das dazu passende Drehbuch ist und worin die eigene Rolle bestehen könnte, macht jeden Mitarbeiter zum mitverantwortlichen Kooperationspartner in den Führungsprozessen.

1.6.3 Perspektiven in Passungsprozessen

Eine wesentliche Grundannahme des Passungsprozesses besteht darin, dass sich die Qualität einer Neubesetzung resp. einer Umbesetzung nicht nur im Kandidaten, sondern vor allem auch im Zusammenspiel zwischen Funktion, Vorgesetzten, Kandidaten und relevanten Systempartnern (in den entsprechenden Kunden-Lieferanten-Beziehungen) widerspiegelt. Es geht also im Passungsprozess darum, echte Kandidaten-System-Szenarios bezüglich ihrer Passungspotenziale und -risiken zu evaluieren.

1.7 HR-Produkte und Leistungen im Passungsprozess

1.7.1 Beratung und Coaching

Besonders wirksam sind auch hier On- resp. Near-the-Job-Maßnahmen, in denen Passungsfragen in einer neuen Passungsdialogkultur als Beitrag zur Entwicklung der Leistungsfähigkeit der Organisation verstanden werden.

Coaching der Vorgesetzen zur Vorbereitung und Begleitung von Neu- und Umbesetzungsprozessen: darin müssen auch deren Neigungen und Qualitäten als Teile der Szenarios zum Thema werden können.

1.7.2 Teamcoaching von Prozessteams

Besetzung und Passung sind zentrale Perspektiven der Prozessoptimierung und der Entwicklung der Lernfähigkeit von Teams.

➤ 5. Perspektiven von Teamentwicklung

1.7.3 Coaching von Rekrutierungsprozessen

Um Evaluationsprozesse von Kandidaten kennen zu lernen, kann eine direkte beraterische Begleitung nützlich sein. Damit mögliche Wechselwirkungen zwischen Kandidaten, Vorgesetzten und relevanten Partnern bezogen auf den Umgang mit den unternehmerischen Herausforderungen in der Funktion simuliert werden können, ist es wichtig, dass die Personen mit ihren Eigenheiten (und deren »Licht-« und »Schattenseiten«) transparenter Teil eines Szenarios werden. Damit wird eine Kultur angelegt, in welcher über Differenzen, Licht- und Schattenseiten in würdiger und systemischer Weise gesprochen werden kann. Die Kandidaten sind dann eher bereit, eigene Stärken und Schwächen zu benennen und zu Ausgangspunkten einer gemeinsamen Szenarioevaluation zu machen. Diese Szenariotechnik hat zudem einen bedeutsamen Zusatznutzen. Die Beteiligten lernen schon in der Vorausschau mögliche Schwierigkeiten kennen und erleben sich wechselseitig im gedanklichen Umgang damit.

1.7.4 Weiterbildungsangebote

Off-the-Job-Entwicklungsmaßnahmen sind weitere Formen, um den individuellen Selbstreflexionsprozess zu unterstützen,

- indem unternehmerisch Verantwortliche in geeigneten Seminarformen ihr Verständnis und Urteilsvermögen als Regisseure und Passungsverantwortliche entwickeln können,
- indem Mitarbeiter in Seminaren in einer unternehmerischen Auseinandersetzung mit ihren beruflichen Perspektiven, ihren Kernkompetenzen und optimalen Leistungsbedingungen unterstützt werden.

1.8 HR-Systeme

Eine neue Passungskultur, die auf das Zusammenspiel im System angelegt wird, erfordert eine systematische Überprüfung der Beurteilungs- und Entlohnungssysteme. Die impliziten Kulturvorstellungen – z.B. der Anreizsysteme der Organisation – müssen mit der angestrebten Passungskultur in Übereinstimmung gebracht werden.

1.9 HR als Kulturträger

Diese Arbeit erfordert erhebliche Kulturinvestitionen des HR (und der Linie). Durch größere Anfangsinvestitionen in fragmentarische und kristallisierende Arbeitsformen, in Pilotprojekte und deren Multiplikation entwickelt sich Kultur. Mit dem Aufbau gelebten Kulturwissens nimmt der Aufwand dann zunehmend ab, weil Kultur ansteckend ist (im Schlechten ist das leicht zu verifizieren). In den einzelnen Maßnahmen können dabei folgende methodische Zugänge die intuitive Urteilskompetenz für Systemzusammenhänge und Abstimmungsbedürfnisse fördern:

- **szenische und metaphorische Feedbackformen:** Damit kann präzises, intuitives Wissen über Wechselwirkungen im Zusammenspiel der Beteiligten erschlossen werden.

- **Szenariosimulationen** (in der Art:»So, wie ich Dich in Deinen Neigungen erlebe, könnte ich mir vorstellen, dass Du in dieser Funktion und diesem Umfeld folgende Wirkung entfalten wirst: ... Als Vorgesetzter müsste ich dann allerdings darauf achten, dass ..., usw.«): Sie unterstützen die Beteiligten darin, ein gemeinsames aufeinander bezogenes Situationsverständnis zu entwickeln und Eindrücke davon zu gewinnen, was sinnvolle und weniger sinnvolle Varianten sein könnten.

- **Seelische Leitbilder und Metaphern:** Mit Bildern und Metaphern sowohl für Personen als auch für Funktionen und Prozesse können potenzielle Passungsherausforderungen herausgearbeitet und auf den Punkt gebracht werden. Dabei können z.B. auch Fragen in der Theatermetaphorik nützlich sein: Welches Stück soll hier gespielt werden? Was sind die passenden Charaktere der Funktionsinhaber in diesem Stück? Was sind wichtige Mitspieler (Kunden resp. Lieferanten in den Prozessen) und was ist wichtig an deren Zusammenspiel, damit das Stück seine angestrebte Wirkung hat?

1.10 Beispiel: Kernkompetenzorientierte Besetzung der obersten Führungsebenen im Nahrungsmittelproduktionsbetrieb

Ausgangslage: Ein Nahrungsmittelproduktionsbetrieb (ca. 1600 MA) im Besitz eines Detailhandelskonzerns wurde in am Markt selbstständig operierende Teilprozesse umgebaut. Der designierte Prozessleiter des größten Prozesses (ca. 1000 MA) wollte parallel zur Entwicklung von Strukturen und Prozessen des neuen Geschäftsbereiches die oberen und mittleren

Führungskräfte des Unternehmens sorgfältig neu positionieren und hierzu die Aspekte Kernkompetenzen und Passung mit berücksichtigen. Sein Ziel war es, alle Führungskräfte ihren (Kern-)Kompetenzen entsprechend in der neuen Struktur zu positionieren. Angesichts der Tatsache, dass manche altbewährten Fachpersonen, welche Topführungsfunktionen innehatten, ihre hierarchischen Topfunktionen im Laufe des Prozesses verlieren würden, war es dem Prozessleiter besonders wichtig, ein Vorgehen zu gestalten, in welchem transparent entschieden und alle Beteiligten im Veränderungsprozess nach Möglichkeit qualitative Entwicklungen machen können sollten. Zentrale Bedeutung hatte die Würdigung und die optimale Nutzung unterschiedlicher Zugänge und Kompetenzen.

Vorgehen:

- *Der Prozessleiter setzte sich im Coaching mit seinen eigenen Neigungen, seinen Stärken und Schwächen auseinander. Damit war die Voraussetzung gegeben, dass er sich in allen folgenden Maßnahmen immer als Teil der Systeme begreifen und auch kritisch seine eigene Rolle mitbedenken konnte.*
- *Alle 40 Führungskräfte nahmen an einem Workshop teil, in welchem sie sich mit ihren Kernkompetenzen und Leistungsbedingungen auseinander setzten.*
- *Danach führten alle mit dem Prozessleiter ein erstes Laufbahngespräch, in welchem es um Standortbestimmung und um den Austausch darüber ging, wie der Betroffene seine Zukunft und mögliche Funktionen und der Prozessleiter dessen Potenziale und Herausforderungen sah. Dabei wurden auch lebensphasen-gemäße Entwicklungs- und Gestaltungsinteressen in die Überlegungen mit einbezogen.*
- *Die Projektgruppe, welche die neue Prozessorganisation entwickelte, wurde primär nach Prozesskompetenz und Innovationsfähigkeit zusammengestellt.*
- *Gleichzeit wurde dieser Gruppe ein sog. »Weisenrat« zur Seite gestellt, in welchem die erfahrenen, eher fachlich orientierten Führungskräfte versammelt waren. Ein verbindliches Zusammenspiel dieser beiden Gremien hat zu einer wechselseitigen Befruchtung und Würdigung geführt.*

Methodische Zugänge: *Ein auf der Jung'schen Persönlichkeitstypologie basierendes Instrument, mit welchem individuelle Persönlichkeits- und*

Verhaltenspräferenzprofile erstellt wurden, diente als einer der Ausgangspunkte, die es erleichterten, Persönlichkeitsunterschiede als Ressourcen erkennen zu können. Diese Profile wurden als »Hypothesengeneratoren« genutzt, um mögliche Dynamiken und Wechselwirkungen in bestimmten Szenarien in szenischer Weise durchspielen zu können.

Eine bestimmte Form der Szenariotechnik spielte eine zentrale Rolle. Es wurden z.B. bestimmte Szenarien im Rahmen einer Funktion angenommen und dann eigentliche Szenenentwicklungen und mögliche Abläufe und Wechselwirkungen simuliert und gefragt, was dieselben für die Beteiligten (mit deren Neigungen) bedeuten könnten. Dies geschah etwa in der Art: Wie würde es sein, wenn Sie sich in der Situation X, Rolle X entwickeln resp. verhalten würden? Welche Arten von Wirklichkeit würden daraus entstehen, und was wiederum könnte dies für die relevanten Partner bedeuten? Was würde dies insbesondere für den Vorgesetzten bedeuten? Welche Führungsaufgabe wäre damit verbunden und wie würde sich der Vorgesetzte darauf beziehen können resp. wollen? In diesem Szenarioprozess entwickelten die Beteiligten ein gemeinsames, aufeinander bezogenes Situationsverständnis und tauschten Meinungen darüber aus, was sinnvolle und weniger sinnvolle Varianten sein könnten.

Eine zentrale Rolle in dem Prozess spielten szenische Feedbacks. So wurden z.B. erst Computer-Profile abgegeben und zum Thema gemacht, nachdem sich die Beteiligten selbst mit den relevanten Dimensionen auseinander gesetzt und sich wechselseitig zugeordnet hatten (Was erlebe ich als Deine Neigungen? In welchen Situationen habe ich sie wie wirken erlebt? Etc.)

Wirkungen: *Im Rückblick wird die daraus erwachsene Organisation als sehr aufeinander bezogen erlebt mit der ihr eigenen Fähigkeit, auch ohne beraterische Unterstützung sorgfältige Passungsprozesse zu gestalten. Innerhalb von drei Jahren hat nur eine der 40 Führungskräfte die Organisation aus familiären Gründen verlassen (Umzug). Dadurch, dass in der intensiven Szenarioarbeit sowohl Erfolgs- als auch mögliche Crashszenarien vorweggenommen wurden, sind wesentliche Beziehungsthemen enttabuisiert und ansprechbar geworden. Für den Prozessleiter bedeutete der Neubesetzungsprozess eine enorme persönliche Ausbildung als Führungskraft und Regisseur.*

2. Auf dem Weg zu einer Verantwortungskultur

Verantwortung in der Führungskraft-Mitarbeiter-Beziehung und – auf organisationaler Ebene, als Verantwortungskultur – spielen in Zeiten gesteigerter Komplexität und Unüberschaubarkeit eine zentrale Rolle. Oft wird »Verantwortung« im Unternehmen ganz einfach vorausgesetzt und daher nur zu selten bewusst reflektiert und gestaltet. Hierzu definieren wir zentrale Dimensionen und Prozesse von Verantwortung und beschreiben Ansatzpunkte zur Entwicklung einer Verantwortungskultur.

2.1 Das Verantwortungssystem

Die zunehmenden Anforderungen an die Ausrichtung und das Zusammenspiel von Prozessen erfordern heute eine wesentlich intensivere wechselseitige Abstimmung zwischen den handelnden Personen und der Organisation. Die Qualität dieses Zusammenwirkens kann dabei immer weniger allein strukturell durch Zuständigkeiten definiert werden, sondern muss situativ immer wieder neu hergestellt werden. Die dafür notwendigen Klärungen können Verantwortungsdialog genannt werden und finden in einem Verantwortungssystem statt.

2.1.1 Dimensionen im Verantwortungssystem

Wir unterscheiden vier Dimensionen eines Verantwortungssystems

Abb. 4: Vier Dimensionen eines Verantwortungssystems

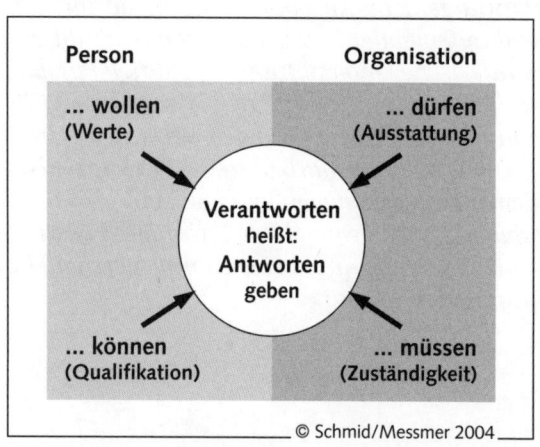

Im Kern von »Ver-Antwort-ung« steht der Begriff »Antwort«. Verantwort-en heißt, dass Personen bezogen auf ihre jeweiligen Funktionen

- **antworten wollen:** Das ist eine Frage der Werteorientierung.
  Will jemand die mit einer Funktion verbundene Verantwortung wahrnehmen? Passt die Rolle und die damit verbundene Verantwortung zu seinem Wertempfinden, zu seinen zentralen Gestaltungsinteressen?
- **antworten können:** Das ist eine Frage der Befähigung durch Qualifikation.
  Verfügt eine Person über passende Qualifikationen, um die erforderlichen Antworten geben zu können? Beherrscht sie die Funktion? Versteht sie den Kontext?
- **antworten dürfen:** Dies ist eine Frage der Befähigung durch Ausstattung.
  Ist die Funktion mit für die erwarteten Antworten notwendigen Gestaltungsmitteln ausgestattet? Stehen den Verantwortlichen Befugnisse und erforderliche Ressourcen zur Verfügung? Sind sie durch Mächtige autorisiert und mit geeigneten Machtmitteln ausgestattet?
- **antworten müssen:** Dies ist eine Frage der Zuständigkeit.
  Auf welche Fragen muss der Funktionsträger wem gegenüber Antwort geben? Sind ihm Antworten freigestellt? Bei welchen Mängeln wem gegenüber werden von wem Konsequenzen gezogen?

Antworten wollen und können sind mit der **Person** verbunden. Identität und Kernkompetenzen der Personen spielen hierbei eine entscheidende Rolle.

➤ 1. Passung von Person und Organisation
➤ 1.2 Herausforderungen in Passungsprozessen

Antworten dürfen und müssen beziehen sich hingegen eher auf die **Organisation**. Die Funktion als Teil der Konstruktion der Organisation (Kernprozesse, Rollen, Verantwortung) muss mit der erforderlichen Ausstattung verbunden sein, und die Organisation muss das Ausfüllen der Zuständigkeit auch einfordern (Führung).

> 8.1.2.1 Hoheitsmacht

Alle vier Verantwortungsdimensionen müssen aufeinander bezogen und abgestimmt werden.

Mit der Darstellung der vier Dimensionen eines Verantwortungssystems und der Bedeutung der sorgfältigen Klärung und Abstimmung postulieren wir kein neues unrealistisches Idealbild. In Wirklichkeit werden wir es immer mit Situationen zu tun haben, in denen Verantwortung eines Funktionsträgers nicht in allen vier Dimensionen optimiert werden kann. So kann es durchaus möglich sein, dass jemandem ein Teil der erforderlichen Qualifikationen fehlt. Systemisch gesehen ist es nicht wichtig, dass alle Anforderungen 100-prozentig durch den Funktionsinhaber erfüllt werden, sondern dass in diesem Fall z.B. fehlende Qualifikationen anderswo im System aktiviert und sinnvoll im entsprechenden Verantwortungssystem integriert werden. Auch kann es vorkommen, dass ein Funktionsträger nicht mit der erforderlichen Autorisierung ausgestattet werden kann. Auch dann kann ein funktionierendes Verantwortungssystem gestaltet werden, indem der autorisierte Verantwortungsträger in relevante Prozesse eingebunden wird.

➤ 1.2.2 Kooperationssystem im Passungsprozess

2.1.2 Verantwortung als komplementäres, aufeinander bezogenes Gesamtsystem

Die vorhergehenden Überlegungen machen deutlich, dass Verantwortung nicht nur bezogen auf die einzelnen Personen und ihre Funktionen betrachtet werden darf, sondern als komplementäres, aufeinander bezogenes Gesamtsystem verstanden und gestaltet werden muss. Nahtlose Prozesse erfordern ein System von sich ergänzenden und aufeinander bezogenen Verantwortungen (SCHMID/CASPARI 1997b).

Wir unterscheiden deshalb zwischen einer

- **Verantwortung für...** z.B. eine bestimmte Funktion mit entsprechenden Aufgaben und Leistungen. Diese Verantwortung impliziert auch formelle Zuständigkeiten, bei deren Vernachlässigung eine Person arbeitsrechtliche Probleme bekommen kann.

- **Verantwortung bezogen auf ...** ein bestimmtes Zusammenwirken mit (internen und externen) »Kunden« und »Lieferanten« in den Wertschöpfungs- und Führungsprozessen. Die »Verantwortung bezogen auf« erfordert auch die Entwicklung und Pflege einer unternehmerischen Ethik und eine (Selbst-) Verpflichtung auf Komplementarität und Integrierbarkeit des eigenen Tuns.

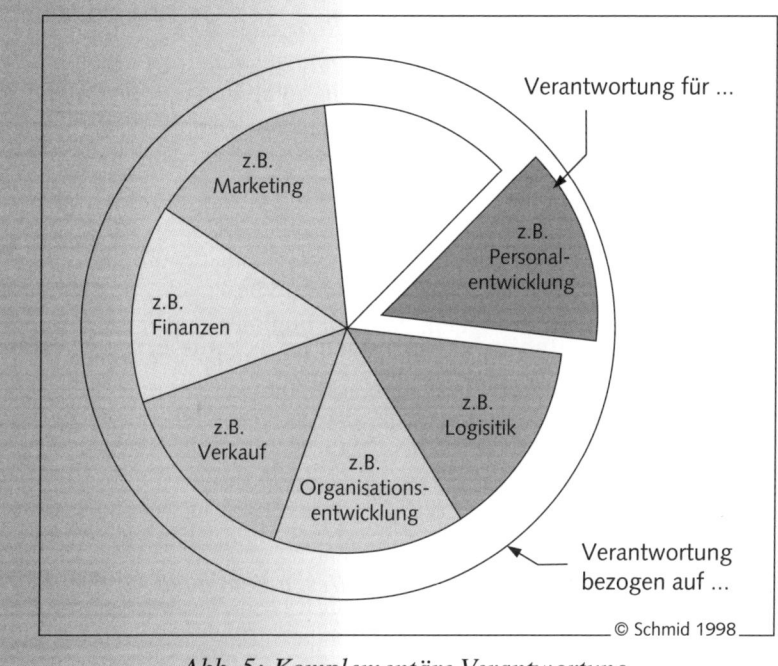

Abb. 5: Komplementäre Verantwortung

2.1.3 Ebenen von Verantwortung

Im Weiteren ist es sinnvoll, folgende zwei Ebenen von Verantwortung zu unterscheiden:

- **Verantwortung bezüglich der Aufgaben:** Ein Funktionsträger trägt Verantwortung für ein bestimmtes Set von Aufgaben, die es schlüssig wahrzunehmen gilt.
  Beispiel: Bei seiner Einstellung übernimmt der Sicherheitsbeauftragte eines Chemieunternehmens die Verantwortung für die Sicherstellung

der Funktionstüchtigkeit von zehn Sicherheitsstufen. Er hat bezüglich jeder Sicherheitsstufe bestimmte Verantwortungen (z.B. Qualitätssicherung für Notfallprozeduren).

- **Verantwortung bezüglich der Schlüssigkeit des Verantwortungssystems:** Ein Funktionsträger ist mitverantwortlich für die Konfiguration des gesamten Verantwortungssystems bezogen auf seine Funktion.

Beispiel: Im Laufe eines mehrjährigen Reorganisationsprozesses werden im Sicherheitskonzept des Unternehmens aus Kostengründen Sicherheitsstufen gestrichen. Dies muss Anlass sein, mit anderen im Unternehmen in einen Verantwortungsdialog einzutreten. Wenn der Sicherheitsverantwortliche seine Verantwortung nicht mehr wahrnehmen kann, ist es seine Pflicht, daraus Konsequenzen zu ziehen. Wenn er dies z.B. aus Existenzängsten nicht tut, gefährdet er sich und die Vitalität seines Unternehmens.

2.2 Symbiosen als wesentliche Störungen im Verantwortungssystem

Wenn Verantwortungen in einem System nicht wahrgenommen werden, entstehen leicht sog. dysfunktionale Symbiosen (SCHIFF u.a. 1975). Während in der Natur auch Symbiosen als natürliche Zweckgemeinschaften bekannt sind, die für alle Beteiligten Nutzen stiften, schädigen dysfunktionale Symbiosen die eigenen Lebensinteressen und/oder das umgebende Lebensmilieu. Für die Beteiligten selbst stellen sie – meist unbewusst – ein scheinbar »gutes Geschäft« dar, führen aber letztlich zu einer Beeinträchtigung von Gesundheit und Wohlbefinden. Zwischen sich und anderen bestehende dysfunktionale Symbiosen zu erkennen und damit sinnvoll umgehen zu können, ist daher ein zentraler Schritt in Richtung des Lebens einer als passend erlebten Verantwortungskultur.

Wir definieren symbiotische Beziehungen in zwei Dimensionen komplementär:
Dysfunktionale symbiotische Beziehungen sind solche,

- in denen **Verantwortung nicht wahrgenommen** oder **verschoben** wird, oder in denen **das daraus entstehende Unbehagen verschoben** wird;

- in denen **Potenziale nicht aktiviert** oder **nicht entwickelt** werden.

2.2.1 Entstehung und Funktion von Symbiosen

1. **Nicht-Übernahme von Verantwortung:** Der Ausgangspunkt des symbiotischen Prozesses besteht darin, dass jemand (Person A) eine mit seiner Funktion verbundene Verantwortung aus irgendwelchen Gründen nicht wahrnimmt. Dadurch wird im System ein Unbehagen erzeugt.

    Die PE-Abteilung des Unternehmens, welches sich im Reorganisationsprozess befindet, müsste sich eigentlich angesichts neuer Anforderungen und knapper Ressourcen neu positionieren. Während der Vorgesetzte den wachsenden (aber noch ungerichteten) Druck von verschiedenen Seiten an die Mitarbeiter weitergibt, ohne sich grundlegenden strategischen Fragen zu stellen (was Teil seiner Führungsverantwortung ist), gerät das Team angesichts knapper werdender Ressourcen zunehmend in Konfliktsituationen und in Streit über die »richtige« PE-Arbeit.

2. **Verschiebung des Unbehagens:** Die Nichtübernahme von Verantwortung bewirkt im System eine Verschiebung des Unbehagens an eine andere Stelle. Eigentlich sollte der Verantwortliche (oder andere Beteiligte) das wachsende Unbehagen als Gelegenheit wahrnehmen, über (seine) Verantwortung (evtl. mit anderen) nachzudenken. Wenn diese Verantwortung nicht wahrgenommen wird, entsteht durch die Verschiebung des Unbehagens folgendes Phänomen:

3. **Einladung in die Symbiose:** Andere beteiligte Personen lassen sich von der unbewussten »Einladung« von A dazu »veranlassen«, selbst ihnen nicht angemessene Verantwortung zu übernehmen. Damit treten sie zusammen mit dem Verantwortlichen in die dysfunktionale Symbiose ein. Ein wirksamer Verantwortungsdialog wird vermieden, um Konfrontation zu vermeiden und/oder um eigene »Vorteile« zu schützen.

    Ein Mitarbeiter aus der PE-Abteilung, der sich schon immer für mehr Zusammenarbeit ausgesprochen hat, nimmt das Unbehagen wahr und versucht verschiedene Formen des strategischen Dialogs anzuregen. Schließlich beauftragt der Vorgesetzte auf sein Drängen hin einen Berater damit, das Team in strategischen Fragen zu beraten. In einem Zwei-Tage-Workshop wird die Situation analysiert, erste Lösungsansätze entwickelt und es werden Arbeitsgruppen vereinbart. Da der Vorgesetzte dafür jedoch keine Beiträge leistet, insbesondere die Spielräume und Anforderungen der Organisationsumwelt nicht vertritt und verantwortet und auch danach wenig Interesse daran zeigt, sich und den Bereich umzusteuern, bleiben die Arbeitsgruppen weitgehend wirkungslos. Da-

bei wird auch wirksam, dass das weitere Team größtenteils nur wenig Interesse an Veränderungen hat, da ihnen wenig einsichtig ist, weshalb sie traditionelle Freiheitsgrade zugunsten gemeinsamer strategischer Absprachen aufgeben sollten. Vielleicht spielen die externen Berater letztlich auch noch mit, wenn sie immer wieder Aufträge abarbeiten, ohne dass sich an den entscheidenden Stellen etwas tut.

Wenn eine Person B Verantwortung übernimmt, die einer Person A zukommt und für die A vielleicht autorisiert oder verpflichtet ist, trägt B damit dazu bei, dass das System in seiner Dysfunktionalität aufrechterhalten und stabilisiert wird. Wenn jemand durch sein Verhalten (im Beispiel der Vorgesetzte) zur Symbiose einlädt, gibt es fast immer jemanden (im Beispiel der interne PE-Berater), der die »heiße Kartoffel« aufnimmt, ohne die Passivität zu konfrontieren.

2.2.2 Hintergründe für symbiotische Prozesse

Folgende Zusammenhänge für die Entstehung und Aufrechterhaltung von Symbiosen können aufgezählt werden:

- **Unklarheit und Veränderung:** Symbiosen entstehen oft einfach, weil jemandem sein Beitrag unklar ist oder seine bewährten Vorstellungen angesichts neuartiger Herausforderungen ihre Gültigkeit verloren haben.

- **Konfliktscheue:** In der Frühphase werden positiv kritische Gespräche verschleppt. In unserem Kulturkreis neigt man entweder dazu, sich gegenseitig aus Furcht vor emotionalen Verwicklungen unangemessen zu schonen, oder (»wenn das Fass voll ist«) übermäßig oder verletzend zu kritisieren.

- **Opportunismus:** Gelegentlich ist in symbiotischen Prozessen auch Opportunismus im Spiel. Die Nicht-Übernahme von Verantwortung oder das Ertragen von Unbehagen ist oftmals mit symbiotischen Kompensationsgeschäften verbunden. Eigene Verantwortung wird auf Kosten von Unbehagen beim Gegenüber oder bei Dritten vernachlässigt. Gemeinsam werden weitere Personen in die Verwaltung von Verantwortungsmängeln oder in das Ertragen der Folgen einbezogen.
  Beispiel: »Ich (als dein Mitarbeiter) verlange von dir als Führungskraft nicht, dass du Prioritäten klar machst, rechtzeitig planst und Stra-

tegien mit deinen Vorgesetzten abstimmst, ... Dafür schaust du mir nicht auf die Finger, ob die Qualität meinen Kunden gegenüber stimmt bzw. duldest, dass ich die fehlende Prioritätenklarheit als Ausrede benutze, wenn ich meine Arbeit nicht effektiv organisiere. Gemeinsam kümmern wir uns nicht um die Probleme, die für andere daraus erwachsen.

- **»Naives« Engagement:** Wenn z.B. Menschen durch Veränderungen überfordert sind und Lücken hinterlassen, sind oft andere da, die in naivem Engagement und Begeisterung solche Lücken unangemessen zu füllen versuchen. Ein Vorstandsassistent könnte z.b. versucht sein, gegenüber einem anderen Vorstand etwas durchzusetzen, weil sein eigener Chef den Konflikt mit dem Kollegen meidet. Dies kann gelingen und durchaus eine Lösung sein, wenn es gewollt ist und im Konfliktfall fair gehandhabt wird. Doch wird es dysfunktional, wenn der Vorstandsassistent einer falsch verstandenen Loyalität folgt, während der Vorstand die Größe der anstehenden Aufgabe nicht erkennt oder an untaugliche Lösungen, Qualifikationen und Zuständigkeiten glaubt. Die Zeche bezahlt dann im Konfliktfall meist der Assistent.

- **Dilemmata:** Ein bei Dienstleistungsunternehmen häufiges Beispiel kann darin bestehen, dass der Unternehmer im Vorfeld Leistungen verkauft oder verspricht, die von den Leistenden konkret nicht oder so nicht erbracht werden können. Wenn dann der Unternehmer nicht neu in Kontraktklärungen gehen möchte, aber auch keine Verantwortung für die Unmöglichkeit des Gelingens übernehmen will, kann dies dilemmahafte Züge annehmen (SCHMID/MESSMER 2004a). Insbesondere dann, wenn Prozesse schon so weit und kostenträchtig vorangeschritten sind, dass aufrichtige Klärung die bisherigen Mängel aufdecken würde. Man will sich »durchstrampeln«, anstatt loszulassen und die Fehlinvestitionen abzuschreiben. Als Folge werden die Verluste immer größer und die Energie im System ist zunehmend damit gebunden, sich Verantwortung (i.S.v. Haftung) nicht zuschreiben lassen zu müssen.

- **Taktische Verantwortungsvermeidung:** Manchmal wird Verantwortungsunklarheit von Anfang an gefördert, um sich Hintertüren offen zu halten, anstatt frühzeitig einen Risiko- und Verantwortungsdialog auch bezüglich des Unabwägbaren zu führen. Angesichts der Undurchschaubarkeit von Prozessen kann auch von symbiotischem Verhalten gesprochen werden, wenn wir von anderen Sicherheit verlangen, wo keine gegeben ist, und wir gleichzeitig nicht entscheiden, was wir angesichts fehlender Sicherheit überhaupt verantworten können.

Diese »pointierten« Bilder sollen niemandem böswilliges Fehlverhalten unterstellen. Symbiotische Verhaltensweisen sind angesichts wachsender, nicht bewältigter Komplexität nur allzu verständlich, aber eben schädlich und/oder entwicklungshemmend, weshalb einer Kultur des Verantwortungsdialoges eminente Bedeutung zukommt.

2.2.3 Formen von symbiotischen Einladungen

Wir unterscheiden vier Formen der Einladung zu dysfunktionalen Symbiosen. Es sind unterschiedliche Formen der Nicht-Übernahme einer Verantwortung, die alle die Wirkung haben, dass andere in unangemessene Verantwortungen gedrängt werden (siehe Abb. 6).

FORM	WIRKUNG
Nichts tun	
Durch das Nicht-Tun einer Person, die etwas tun sollte, …	… werden andere dazu eingeladen, anstelle dieser Person Verantwortung zu übernehmen, die nicht die ihre ist.
Fehlverantwortung übernehmen	
Jemand empfindet das Unbehagen, dass er etwas tun sollte. Anstatt jedoch nachzufragen, was die Anforderungen an seine Verantwortung sein könnten, macht er sich Phantasien darüber und passt sich an diese Phantasien an. Durch sein engagiertes, aber unangemessenes Tun …	… werden andere dazu eingeladen, etwas als Beitrag zu akzeptieren, was sie gar nicht wollen, ihn damit aus der Verantwortung zu entlassen oder zusätzliche Energie aufzubringen, die Überverantwortung zu korrigieren.
Agitation	
Mit Agitation bezeichnen wir so genannten »Aktivitätsrausch«, der sich jedoch nicht auf Aufgaben bezieht, die (im Moment) vordringlich wären. Agitierendes Verhalten …	… lädt ein zum Mitagieren, zur Verschonung des Agitierenden vor zusätzlicher In-Verantwortungsnahme. (Agitation können alle Formen operativer Hektik sein, z.B. auch sein operatives Geschäft zu machen und damit zu vermeiden, sich strategischen Fragen zu stellen; ein häufig in Krisensituationen zu beobachtendes Verhalten.)

Notstand erzeugen	
»Man/ich kann nicht anders.« Der Betroffene demonstriert, dass er absolut in Bedrängnis ist – und unfähig, der Verantwortung gerecht zu werden. Anstatt dies offen zu legen, erzeugt er bei sich selbst oder in seinem Umfeld einen Notstand, der Nichtverantwortung überdeckt. Durch die Notlage ...	... werden andere gezwungen, an seiner Stelle Verantwortung zu übernehmen.

Abb. 6: Formen von symbiotischen Einladungen

2.3 Der Verantwortungsdialog

Angesichts der beschriebenen Zusammenhänge wird plausibel, dass Verantwortungsklärung einen komplexen Vorgang darstellt. Für die sorgfältige und wirksame Gestaltung der Verantwortungsbeziehungen in einem Verantwortungssystem ist ein Verantwortungsdialog erforderlich, welcher weniger als einzelner Akt, sondern als kontinuierlicher Prozess der Entwicklung einer Gesprächskultur rund um Verantwortung verstanden werden sollte.

Wir unterscheiden zwei Ausgangspunkte für den Verantwortungsdialog (siehe dazu 2.3.3).

- Präventive Pflege des Verantwortungssystems
- Situative Korrektur von Verantwortungsstörungen durch Konfrontation

2.3.1 Präventive Pflege des Verantwortungssystems

Verantwortung zu übernehmen ist eigentlich ein natürliches Verhalten aller Menschen, unter der Voraussetzung, dass alles zusammenpasst. Wenn – wie in den aktuellen Veränderungsprozessen in Organisationen – gewohnte Ordnungen sich auflösen und sich neue herausbilden, ist es jedoch sinnvoll, davon auszugehen, dass Verantwortungen zunächst nicht mehr zueinander passen.

Präventive Pflege bedeutet dann beispielsweise:

- Schlüsselfiguren der Unternehmenskultur verpflichten sich und andere zu einem aktiven und engagierten Umgang mit Verantwortung bis hin zur Konfrontation. Fehler beim Lernen bezüglich Verantwortungskultur sind erlaubt. Lernen wird am besten durch vorbildhaftes Verhalten gefördert.

- Entsprechende »Routinen« des Verantwortungsdialogs werden entwickelt und bei Veränderungen (Neueinstellungen, Prozessveränderungen, Beauftragungen etc.) aktiviert. Verantwortlichkeiten werden sorgfältig abgestimmt, sowohl bezogen auf die Schlüssigkeit des Verantwortungssystems in den vier Dimensionen als auch bezogen auf Komplementarität und Integrierbarkeit der Verantwortlichkeiten im Gesamtsystem.

- Beispielhafte beraterische Interventionen können den Beteiligten helfen, die Verantwortungsdimension in Veränderungsprozessen zum Thema zu machen.

- In Workshops können sich Einzelne mit ihrem Verständnis von Verantwortungskultur sowie Kompetenzen bezüglich des Verantwortungsdialogs auseinander setzen. Dem Erlernen von Kommunikationsfiguren des Verantwortungsdialogs sowie rollen- und kontextgemäßen Konfrontationen symbiotischer Verhaltensweisen kommt hier besondere Bedeutung zu.

2.3.2 Korrektur von Verantwortungsstörungen durch Konfrontation

Damit Verantwortungsstörungen und Symbiosen korrigiert werden können, müssen diese deutlich konfrontiert werden. Unter Konfrontation verstehen wir dabei keine Form des Kampfes, sondern ein von Interesse, Respekt und oft auch Mut getragenes Benennen von persönlichen Wahrnehmungen, um einen konstruktiven Umgang mit Unterschiedlichkeiten zu finden. Unterschiedliche Wirklichkeiten sollen einander gegenübergestellt und dabei wechselseitige Erwartungen und Verantwortungen herausgearbeitet werden, damit eine kraftvolle Gemeinschaft und ein effektives Zusammenspiel entstehen kann (siehe auch den Selbstcheck in 2.4.3).

2.3.3 Einladungen in Verantwortung

Einem Ansatz aus der Transaktionsanalyse folgend (SCHIFF u.a. 1975) können folgende Logiken im Umgang mit symbiotischen Einladungen beschrieben werden:

Nichts tun	Den Nichthandelnden aktivieren, indem man ihn in die Verantwortung nimmt.
Fehlanpassung	Dem Fehlangepassten sehr genau definieren, was man von ihm möchte. Das hilft ihm, konkrete und begrenzte Möglichkeiten zu sehen, sein grundsätzliches Bedürfnis sich anzupassen zu befriedigen.
Agitation	Dem Agitierenden klar machen, dass man diese Aktivitäten nicht haben möchte: • indem man sie ihm als Vorgesetzter verbietet oder als Kooperationspartner aufzeigt, dass dadurch fehlende Verantwortung nicht ersetzt werden kann, • oder als Mitarbeiter zum Ausdruck bringt, dass durch immer neue Aktivitäten und Anforderungen Leistung nicht verbessert wird und angemessene Fürsorge für Leistungsträger unterbleibt.
Notstand erzeugen	Zunächst ist meist ein einseitiger Eingriff von außen notwendig und die Verantwortung muss durch Vorgesetzte selbst übernommen werden (außer im Fall kleiner Notstände). Dann muss das Verantwortungssystem geklärt und allenfalls entsprechende Umbesetzungen vorgenommen werden. Erst wenn die Überforderung beseitigt ist, kann die Verantwortung wieder dem ordentlichen Verantwortungsträger übergeben werden.

Abb. 7: Einladungen in Verantwortung

2.4 Konfrontation von Verantwortungsstörungen

2.4.1 Vorgesetzte gegenüber ihren Mitarbeitern

Ein Vorgesetzter kann einen sich fehlanpassenden Mitarbeiter oft wirksam in verantwortliches Handeln einladen, indem er ihm eindeutige Anweisungen gibt und ihm klare Erwartungen mitteilt.

Hindernisse:

- Manchmal verweigern die Vorgesetzten selbst die angemessene Formulierung ihrer Erwartungen, weil solche fehlen (Qualifikation) oder sie glauben, ein autonomer und kompetenter Mitarbeiter müsse selbst wissen, was erwartet wird (Werteorientierung).

- Oft ist in der Leitungsfunktion nicht genügend Kapazität für die Führungsarbeit vorgesehen (Ausstattung) oder sie kann ohne negative Konsequenzen vernachlässigt werden (Zuständigkeit).
- Manchmal wird Klarheit vermieden, um für die Folgen der Anweisung nicht verantwortlich gemacht werden zu können.
- Das Opfer von unguten Beziehungsmanövern kann durchaus auch der Vorgesetzte werden. Beispiele dafür: Der Mitarbeiter setzt die Anweisungen nur oberflächlich um, aber der Geist der Sache wird nicht bedient; der Mitarbeiter berücksichtigt Umstände, die das Vorhaben beeinträchtigen, nicht flexibel und informiert den Vorgesetzten nicht; der Mitarbeiter bestätigt sich und anderen, dass er Recht hatte, gegen eine Sache zu sein; er muss sich nicht eines Besseren belehren lassen.

Die Kompetenz, solche Manöver bei sich selbst und anderen zu durchschauen und zu konfrontieren, hilft Missstände in der Verantwortungskultur zu beseitigen.

2.4.2 Mitarbeiter gegenüber Vorgesetzten

> Auch Vorgesetzten gegenüber braucht es Formen, diese in ihre Verantwortung einzuladen. Vorgesetzten gegenüber braucht es manchmal subtile Formen, das Unbehagen zurückzugeben, da sie mit Macht ausgestattet sind und berechtigte Rückdelegation von Verantwortung evtl. nicht akzeptieren. Mitarbeiter resignieren dann leicht und/oder stellen sich besserwisserisch über den Vorgesetzten. Beides ist wenig hilfreich. Hingegen sind hier durch geschicktes Verhalten vielfach Verbesserungen möglich.

Als Mitarbeiter kann es z.B. gegenüber einem Vorgesetzten nützlich sein,

- freundlich vieles im Kleinen zu tun, anstatt den großen Konflikt zu provozieren;
- sich nicht zu weigern, einer unsinnigen Anweisung Folge zu leisten, sondern das Weisungsrecht zu respektieren, dabei aber deutlich zu ma-

chen, dass man nicht selbst, sondern der Anweisende die Folgen zu verantworten hat. Das hindert viele Vorgesetzte daran, etwas, was sie selbst nicht verantworten wollen, einem anderen zuzumuten. Hier spielt oft eine für Organisationen ungeeignete Vorstellung von Beziehungstreue mit. Statt Loyalität auf Personen unabhängig von ihrem Verhalten zu richten, sollte Loyalität einer bestimmten Verantwortungskultur gelten und jeden einbeziehen, der sich an ihr orientiert.

Man könnte also in der Konfrontation der Vorgesetzten eine Loyalität gegenüber der Führungsbeziehung und dem ganzen Unternehmen sehen, und nicht zuletzt eine Motivationshilfe, die Verantwortliche manchmal brauchen. Angesichts anderer Prioritäten fällt es ihnen oft schwer, aus Einsicht und Selbstdisziplin alle Verantwortlichkeiten zu pflegen oder Verantwortungsdialoge wichtig zu nehmen. Da kann es hilfreich sein, wenn es wegen wiederholter Konfrontationen bequemer wird, sich zu kümmern, als Verantwortung zu vermeiden. Nicht selten stärkt dies im Nachhinein die Würde der Verantwortlichen und die Zufriedenheit in den Beziehungen.

2.4.3 Selbstcheck zur Klärung von Verantwortungsstörungen

- **Anerkennen des Unbehagens:** Zuallererst stellt sich die Frage: Wohin gehört das Unbehagen?
- **Verorten des Unbehagens:** Worin besteht das Unbehagen? Auf welche Unklarheiten und Fragen verweist das Unbehagen? Hat es mit Verantwortungsstörungen zu tun?
- **Verbindung mit Verantwortung herstellen:** Wer hat welche Verantwortung bezogen auf das, was Unbehagen erzeugt? Wer müsste auf ungeklärte Fragen Antworten geben? Das Unbehagen muss in Verantwortungsdefinitionen umgewandelt werden. Um welche Dimensionen von Verantwortung geht es?
- **Reflektieren der Beweggründe:** Was sind möglich Beweggründe für Verantwortungsvermeidung? Worüber sollte mit wem gesprochen werden?
- **Selbsthilfestrategie definieren:** Notfalls müssen auch einseitige Maßnahmen zum Selbstschutz ergriffen werden, damit das Unbehagen nicht bei den Falschen hängen bleibt. Gibt es diese Möglichkeit? Zu welchem Preis?

> - **Die Übertragung von Unbehagen zu Verantwortlichen planen:**
>   Dies klingt ein bisschen vermessen, insbesondere, wenn die Verantwortlichen schwer erreichbar sind und viel mehr Macht haben. Dennoch ist es wichtig, zumindest Drehbücher für solche Inszenierungen schreiben zu können.

2.5 Die Arbeit an einer Verantwortungskultur

Es gilt in Unternehmen letztendlich die Fähigkeit zu entwickeln, durch geeignete Kommunikation angemessen in Verantwortung einzuladen. Dabei kann es in vielen Fällen schon sehr hilfreich sein, einzufordern, dass ein unklarer Auftrag genau definiert wird, resp. bei Fehlverhalten eines Mitarbeiters nachzuprüfen, wie dieser seinen Auftrag verstanden hat. Wie Einladungen, in die Verantwortung zu gehen, wirkungsvoll gestaltet werden können, hängt einerseits von der Form der symbiotischen Einladung und andererseits von der Organisationsbeziehung zwischen den beteiligten Personen ab.

Je nach Organisationsbeziehung muss die Verantwortungsübernahme unterschiedlich inszeniert werden. Verantwortungsdialog ist oft kein herrschaftsfreier Diskurs, sondern findet auch zwischen Vorgesetzten und Mitarbeitern statt. Hier ist dem Unterschied Rechnung zu tragen, dass der Vorgesetzte im Organisationsrahmen Definitionsrecht und -pflicht hat und seine Definitionen auch verantworten muss. Dann geht es nicht um eine gleichberechtigte Konkurrenz der Ideen, sondern um Lenkung und auch um den Schutz eines Mitarbeiters vor Folgen, für die er keine Verantwortung übernehmen kann und will. Dies beinhaltet natürlich wiederum das Recht des Vorgesetzten, einen Mitarbeiter aus der Verantwortung und eben auch aus der Funktion zu nehmen, wenn dieser sich seinen Verantwortungsvorstellungen nicht anschließen kann.

➤ 8.1.2 Machtdimensionen und die Wirkungsweisen von Macht erkennen

2.6 (Berater-) Haltungen zur Förderung einer Verantwortungskultur

Man kann letztlich auch in Sachen Verantwortungskultur nichts erzwingen. Jede Konfrontation sollte von den systemischen Haltungen der Bescheidenheit, der Würdigung anderer sowie der Ressourcen- und Lösungsorientierung getragen werden. Insbesondere für Berater ist es bedeutsam, sich in diesen Dimensionen gut wahrzunehmen. Berater neigen oft dazu, in »Retterpositionen« zu gehen und damit Unbehagen, das bei ihren Klienten vorhanden ist, unbewusst zu ihrem eigenen zu machen.

Die Wahrnehmung von Unbehagen im Beratungsprozess sollte deshalb immer als Indiz dafür geprüft werden,

- ob eigentlich klar ist, worum es gerade geht und
- in welcher Verantwortung Klient und Berater darauf bezogen stehen.

Damit können unterschiedliche Formen der Verantwortungsvermeidung oder Fehlübernahme bei sich und anderen wahrgenommen sowie Rollen und Inszenierungen im Sinne verantwortlichen Handelns gestaltet werden.

Manchmal leben auch Unbehagensträger und Verantwortliche in getrennten Welten (z.B. Treibhausgasproduzenten und Hochwasseropfer). Hier braucht es systemisches Bewusstsein und den Mut, für Nicht-Handlungsfähige einzutreten und in die Sphären derer, die in Verantwortung zu nehmen sind, Einlass zu suchen. Und gelegentlich sind drastische Maßnahmen wie Kündigung, öffentliche Distanzierung, Klage auf Schadenersatz u.ä. notwendig, um Maßstäben zur Durchsetzung zu verhelfen.

3. Phasen der Krisenentwicklung in Organisationen

Stabile Entwicklungen von Organisationen zeichnen sich durch Gefügtheit (Integration) und Stimmigkeit der Prozesse (Integrität) aus. In krisenhaften Situationen verändern sich Integration und Integrität typischerweise in einem Verlauf, in dem wir vier Phasen unterscheiden können. Das Modell dient Managementverantwortlichen, Fachleuten aus dem Bereich Humanressourcen sowie internen und externen Beratern dazu, die Situation einschätzen und eigene Beiträge zum konstruktiven Bewältigen dieser Prozesse überprüfen zu können. Es gibt Antworten auf die Frage, welche Dienstleistungen in den verschiedenen Phasen anschlussfähig sind, und hilft, sich vor unnötigem Verschleiß zu schützen.

3.1 Eine Kulturperspektive von Organisationen

Für die ökonomische und kulturelle Gesundheit von Organisationen ist das Nachdenken über Entwicklungen ihrer Integration und Integrität bedeutsam.

> Im Vordergrund steht der Aspekt der **Integration**, die Frage, wie weit es einer Organisation gelingt, die verschiedenen Aspekte der Organisation (z.B. Strukturen, Prozesse, Rollen der Beteiligten, Systeme) zueinander zu fügen.
>
> ❖ In der Theatermetapher gesprochen geht es darum, das Stück mit allem, was dazu gehört, auf die Bühne zu bringen. Erst bei der Gesamtprobe merkt man, ob die Teilaspekte der Inszenierung ineinander greifen.
>
> Im Hintergrund geht es jedoch auch um **Integrität**, um die Frage, ob identitätsstiftende und damit wiederum integrierende Wirkungen entstehen.

> ❖ Es geht darum, ob das Stück für die beteiligten Schauspieler und die Zuschauer stimmig erscheint, ob der Geist und das Kraftfeld transportiert wird.
>
> Ohne Integration ist Stimmigkeit nicht leicht zu vermitteln und ohne Integrität ist Integration schlecht herstellbar, weil sich wenig Sinnvolles auch nicht fügen lässt.
> Für »Unternehmensgesundheit« könnte man formulieren:
> **Gesundheit = Integration x Integrität.**

In Zeiten schnellen Wachstums schien es weniger entscheidend und angesichts relativ überschaubarer und abgegrenzter Märkte einfacher, Integration und Integrität herzustellen. Demgegenüber gibt es heute wachsenden Bedarf, diesbezüglich bewusst zu steuern. Das aktuelle Interesse an Leitbildern, an Corporate Identity, an der Rückbesinnung auf Kerngeschäfte und -prozesse etc. sind Ausdruck der verstärkten Notwendigkeit, Organisierbarkeit und Sinnhaftigkeit zu erzeugen. Nur wenn Integration und Integrität zusammenkommen, gibt es überzeugende Auftritte resp. eine vitale Organisation. Ähnlich wie bei der Persönlichkeit kommt Stimmigkeit in Organisationen nicht richtig zum Tragen, wenn die Lebensorganisation so ist, dass die verschiedenen Lebensvollzüge auf verschiedenen Lebensbühnen nicht in ein Zeit-Raum-Gefüge zusammenfügbar sind (Integration). Auch wenn man die richtigen Dinge tut, fühlt man sich nicht gut, weil man sie nicht auf die richtige Weise organisiert und daher nicht zusammenbekommt. Umgekehrt hilft optimale Lebensorganisation (Integration) wenig, wenn man nicht die richtigen, zu einem selbst passenden Dinge lebt oder sie für die relevanten Partner nicht stimmig und für Gemeinsamkeit tauglich sind (Integrität).

3.2 Entwicklungs-Phasen-Modell

Wir unterscheiden vier Phasen der Entwicklung von »Unternehmensfitness« und ihrer Krise als Multiplikation von Integration und Integrität.
    Das folgende Schaubild ist eine Illustration und soll keine mögliche Exaktheit signalisieren. Die Größe, die durch den Pfeil dargestellt wird, ist eher ein Ausdruck von »Gesundheit« der Organisation, von Leistungsfähigkeit und nachhaltiger Arbeitskultur als von messbaren Zahlen.

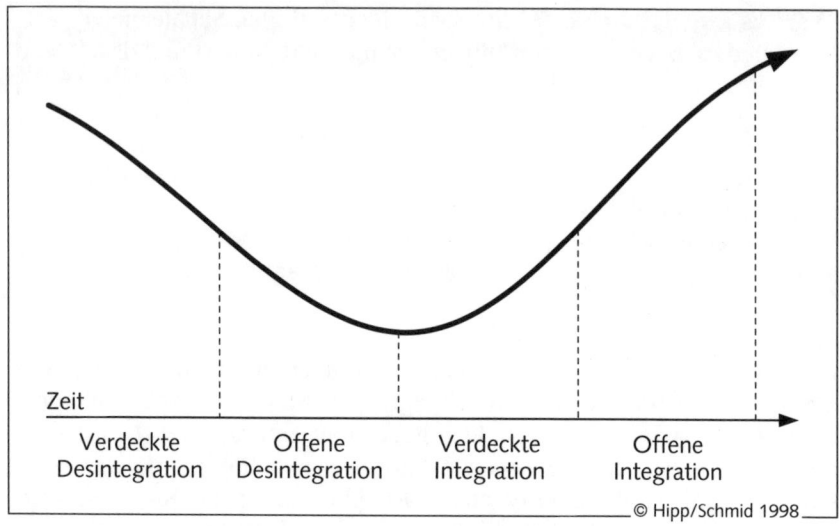

Abb. 8: Vier Entwicklungsphasen

3.2.1 Verdeckte Desintegration

Aufgrund von kontinuierlichen Veränderungen von Innenwelten, Umwelten und Märkten können sich Anforderungen schleichend verändern, was zur Folge haben kann, dass die Dinge auseinander zu driften beginnen und bisherige Vernetzungen und das Ineinandergreifen der Prozesse, aber auch das Gefühl von Identität zunehmend verloren gehen.

Beispiel: Trotz insgesamt guter Ergebnisse mehren sich in einem Detailhandelskonzern die Zeichen, dass der Textilbereich nicht mehr gut positioniert ist. Das Unternehmen war Marktleader in den meisten Angebotsbereichen, geprägt durch eine effiziente Macherkultur und eine enorme Angebotsentwicklung nach dem Prinzip »alles anbieten was der Kunde verlangt«. Die Mitbewerbersituation ist im Textilbereich durch neue Anbieter geprägt, die auf klare Kundensegmente fokussieren und damit wachsenden Erfolg haben. Das unklare Profil und stagnierende Umsätze machen dem Unternehmensbereich zu schaffen. Die hohe Dezentralität, verbunden mit klassischer Funktionsteilung – die Erfolgsfaktoren der Vergangenheit – werden schleichend zu Misserfolgsfaktoren. In einer ersten Phase versucht der zentrale Einkauf vermehrt zu fokussieren und ein schlüssiges jugendliches Sortiment neu zu positionieren und mit einer entspre-

chenden Werbekampagne zu begleiten. Strukturen und Prozesse werden nicht angetastet (da sie 30 Jahre gut funktioniert haben). In der Folge finden traditionelle Kunden einiges nicht mehr und die beworbenen Artikel sind schon am dritten Tag ausverkauft, da die Logistik nicht entsprechend angepasst wurde. Probleme werden erkannt. In Form bewährter Arbeitsgruppen werden diese angegangen, mit dem Effekt, dass Teilprobleme zwar gelöst werden, jedoch zusätzliche neue Probleme aus der Problemlösung heraus entstehen. Das bewährte Bewirtschaftungskonzept ist durch die neue Logik in Schieflage geraten, während die gewohnten Problemlösungsprozesse angesichts wachsender Komplexität durch neue Geschäftslogiken die Desintegration verstärken. Der wachsende Unmut bei Mitarbeitern der Basis, die mit zunehmendem Problembewältigungsaufwand konfrontiert sind, führt zum zunehmenden Verlust des Gefühls von Stimmigkeit, von Identifikation und Motivation.

In einer ersten Phase der verdeckten Desintegration werden Abweichungen als Funktionsmängel und nicht als Systemmängel interpretiert. Im Selbstbild der Organisation (resp. des Bereiches) ist das Ganze nach wie vor schlüssig. Aus Sicht der Führungskräfte weisen Unstimmigkeiten und Probleme darauf hin, dass das bestehende System aufpoliert werden müsse. Probleme werden als lokale Funktionsstörungen verstanden, die mit gezielten lokalen Problemlösungen behoben werden können. Berater werden geholt für KVP-Prozesse, Teamentwicklungen, Weiterbildungen im Bereich »Führungsverhalten« und Projektmanagement. Das Management versteht die Probleme nicht als Herausforderung an sich, die Geschäftsstrategie und -prozesse sowie Führung und Hierarchie auf neue Erfordernisse auszurichten, sondern lanciert Projekte etc. Diese Phase ist von ersten subtilen Desintegrationserscheinungen geprägt. Motivation und Identifikation gehen schleichend verloren. In den Gängen und hinter vorgehaltener Hand wird über Dinge gesprochen, die nicht mehr funktionieren, während auf der offiziellen Tagesordnung gewohnte Zuversicht die Szene beherrscht.

3.2.2 Offene Desintegration

Wenn dann Probleme in Kennzahlen verschärft zum Ausdruck kommen, die für das Unternehmen relevant sind (steigende Kosten, Umsatzprobleme, Personalfluktuation, etc.), wird unübersehbar, dass die Dinge nicht mehr richtig zusammenkommen. Gemeinsame Vorstellungen von Stimmigkeit beginnen zu verschwinden, ohne dass man in Richtung Lösungen zweiter

Ordnung ginge und Probleme neu definiert. Auch werden Verantwortungen nicht neu geklärt und übernommen. Es entsteht zunehmend ein Klima der Verunsicherung und Angst. Zunächst wird nur für Außenstehende deutlich, dass ein grundlegender Handlungsbedarf im Bereich Neuausrichtung von Geschäften und Prozessen besteht. Zunehmend wird offen bis inflationär über alles geklagt. Jeder spricht und urteilt über alles, ohne dass dies mit Substanz gefüllt würde. Die Energie von Problemlösungsmaßnahmen geht ganz auf die Oberflächenebene. So werden Abteilungen zusammengelegt und andere Etikettierungen vergeben (Personalentwicklung statt Ausbildung), ohne dass eine wirkliche Integration von Strukturen und Prozessen stattfinden würde. Für die Führungs- und Leistungsprobleme wird niemand in die Verantwortung genommen (und evtl. entlassen), sondern es werden spektakuläre Projekte als Bypasslösungen an der Linie vorbei initiiert. Man lässt kulturfremde Interventionen zu, wenn sie nur Lösungen versprechen, die nicht die eigene Verantwortung herausfordern. In wachsender Hektik werden mit unterschiedlichsten Erneuerungsansätzen viele verschiedene Projekte (Zentralisierungsprojekte etc.) gleichzeitig beauftragt. Dabei fehlen realistische Zeit- und Machbarkeitsüberlegungen weitgehend – mit der Folge, dass insbesondere das mittlere Management und die Basis völlig überfordert werden. Es erscheint einfacher, viel Geld für Projekte und Berater in die Hand zu nehmen, als sich auf Wesentliches und Machbares zurück zu besinnen. Die Aufmerksamkeit für die Kerngeschäfte und Kernzuständigkeiten geht zunehmend verloren. Die Flucht in Fusionen und radikale Umorganisationen verstärkt die Desintegrationsspirale. Gegen Ende dieser Phase wird erkannt, dass so die Probleme nicht gelöst, sondern oft noch potenziert werden. Es wird klar, dass es Programme braucht, welche die verschiedenen Prozesse zusammenbringen und auf für alle verdaubare Formen reduzieren. Das Bewusstsein wächst, dass Topdown-Beschlüsse und Geld allein nicht genügen, und dass die Führungskräfte und Führungsketten gefordert sind, aktive Verantwortung für Gestaltung und sinnvolle Integration zu übernehmen.

3.2.3 Verdeckte Integration

Ein Zeichen des Beginns dieser Phase ist der wachsende Mut, sich besonnen ein eigenes Urteil zu bilden, was eine gesunde Organisation ausmacht und nicht einfach dort aktiv zu werden, wo es gerade zu brennen scheint. Man beginnt auf die Tugenden des vernünftigen Wirtschaftens und Umgangs mit Menschen zu setzen und weniger auf unmittelbare Ergebnisse.

Leistungen werden an diesen Tugenden gemessen und weniger an direkten Erfolgen. Die Konjunktur für Blender und ökonomisch-ökologische Sünder neigt sich dem Ende zu. Vordergründig erscheint vieles immer noch desintegriert und desolat. Es wird jedoch vermehrt gemeinsam überlegt, wie die unterschiedlichen Dinge auf verschiedenen Ebenen zusammenkommen können. Man besinnt sich auf eigene Verantwortlichkeiten und löst sich vom Aktionismus und von der Fremdbestimmung durch die externen Fachleute. Man findet den Mut, notwendige Sanierungen realistisch aber nicht martialisch ins Auge zu fassen. Man löst sich von »Schaufenstermanagement« und nimmt Kärrnerarbeit auf sich, die sich nicht schnell zu einer guten Presse verarbeiten lässt. Im Hintergrund beginnen sich latent neue stimmige Bilder und erste Ansätze zu schlüssigen Neukonfigurationen zu formieren. Die Stimmung ist nicht sonderlich gut, da von der Desintegrationsphase noch mancher Überhang zu verdauen ist und die wachsenden Integrationsprozesse noch schlecht wahrgenommen werden können. Die Einsicht wächst, dass die Prozesse in der Organisation selbst mit den vorhandenen Ressourcen integrativ verbunden werden müssen. Eine neue Aufrichtigkeit und neue Koalitionen der Vernunft entstehen und aufeinander bezogene Verantwortungen werden geklärt. Dies gedeiht zunächst nur punktuell und eher in informellen Prozessen, während die offiziellen Tagesordnungen und Sprachregelungen noch von den großspurigen Innovationsslogans geprägt sind. Zunehmend wird eine neue Besonnenheit aber auch in den formellen Gremien deutlich. Interne Fachleute und die, welche die tägliche Leistung erbringen, werden wieder mehr gewürdigt. Man schützt sie vor besserwisserischen Einflüssen von außen, wagt Konfrontationen (bis zu Trennungen) und bietet aber auch neue Bindung. Dass die Zahlen noch nicht stimmen, dass viele Dinge erst jetzt offen kritisiert und manche Privilegien gestrichen werden, verdeckt, dass an vielen Orten schon das Richtige getan wird. Diese Phase stellt die Beteiligten vor die Herausforderung, achtsam mit den Keimen des Neuen umzugehen. Da die sich anbahnenden, aufbauenden Prozesse nur schwer wahrnehmbar sind und sich die Presse eher an Sensationen orientiert, laufen die Beteiligten Gefahr, frühreif den Mut zu verlieren und mit spektakulären Maßnahmen wieder alles unterzupflügen.

3.2.4 Offene Integration

Nach und nach lässt der Problemdruck nach. Es gibt immer mehr Anzeichen, dass die Dinge jetzt besser werden. Insbesondere dann, wenn sich die Verbesserungen in schwarze Zahlen durchgearbeitet haben. Es wird für alle offensichtlich, dass der Neuausrichtungsprozess zu greifen beginnt. Dabei ist es auffällig, dass viele Probleme allmählich verschwinden, ohne dass sie ausdrücklich gelöst worden sind. Man beginnt das schon Erreichte zu würdigen. Wie im persönlichen Leben führt die wachsende Integrität dazu, dass sich viele Dinge einfach zu fügen beginnen.

Diese vier Phasen müssen keineswegs für die Gesamtorganisation und die einzelnen Bereiche identisch sein. So kann es sein, dass der Bereich der Humanressourcen schon in der Phase der offenen Desintegration steckt, während das Unternehmen sich erst in der verdeckten Desintegration befindet (und umgekehrt). Je nach Größe der Organisation und den Zeitperspektiven der Märkte können diese Phasen von wenigen Monaten (z.B. Informatik) bis zu vielen Jahren (z.B. Automobilbranche) dauern.

Verdeckte Desintegration

- Zunehmend werden kleine Unstimmigkeiten wahrgenommen, die jedoch als Funktionsmängel und nicht als Systemmängel interpretiert werden. Im Selbstbild der Organisation (resp. des Bereiches) ist das Ganze nach wie vor schlüssig.

- »Hochkonjunktur« für Berater, die Lösungsansätze für die Optimierung von Teilbereichen (KVP-Prozesse, Teamentwicklungen etc.) anbieten.

- Herausfordernde Balanceakte für Berater, welche die beginnenden Desintegrationsprozesse wahrnehmen, sie jedoch nicht direkt spiegeln können.

Offene Desintegration

- Zeichen werden erkannt, dass die Dinge nicht mehr richtig zusammenkommen. Es wird deutlich, dass grundlegender Handlungsbedarf im Bereich Neuausrichtung und Integration von Prozessen besteht.

- Gemeinsame Vorstellungen von Stimmigkeit sind verschwunden.

- Zu Beginn werden eher spektakuläre Maßnahmen getroffen. »Hochkonjunktur« für Berater, die den großen Aufbruch versprechen, aber auch für solche, die Prozesse in Bewegung bringen können.

- Interne Ressourcen (z.B. interne Berater) werden eher abgewertet und das externe »Neue«, »Spektakuläre« und »Verheißungsvolle« gesucht.
- Gegen Ende wird deutlich, dass die Neuausrichtung so nicht gelingen kann und der Bedarf an Beratern wächst, welche interne Ressourcen würdigen und integrativ arbeiten können.

Verdeckte Integration
- Vordergründig erscheint vieles immer noch desintegriert und desolat. Im Hintergrund formieren sich latent neue stimmige Bilder und erste Ansätze zu schlüssigen Neukonfigurationen. Die Stimmung ist nicht sonderlich gut, da die wachsenden Integrationsprozesse noch schlecht wahrgenommen werden können.
- Die Einsicht wächst, dass die Prozesse in der Organisation selbst mit den vorhandenen Ressourcen integriert werden müssen. Das Zusammenspiel zwischen internen und externen Beratern gewinnt an Bedeutung.
- »Hochkonjunktur« für Berater, die sorgfältig und langfristig Perspektiven und vorhandene Ressourcen integrieren können.

Offene Integration
- Es wird für alle offensichtlich, dass der Neuausrichtungsprozess zu greifen beginnt. Man beginnt das schon Erreichte zu würdigen.
- Die internen Berater leisten wichtige Beiträge für die Konsolidierung.

3.3 Dilemma-Zirkel

Der Krisenprozess kann sich insbesondere in Phase 1 und 2 als dilemmahaft darstellen. Wir sprechen von Dilemma, wenn in den impliziten Annahmen der Beteiligten (ihrem Bezugsrahmen) und in der Art, wie sie Probleme beschreiben und angehen, Unlösbarkeiten enthalten sind. Dilemmata sind oft die Folge verschleppter Anpassung. Sie entstehen besonders dann, wenn Komplexität z.B. durch Veränderungsprozesse nicht angemessen und sinnvoll bewältigt wird. Anstrengungen innerhalb der entstandenen Dilemma-Logik führen dann nicht zum Ziel, sondern zu weiterer Verstrickung.

Die Prozessdynamik, die beim Umgang mit Dilemmata zu erwarten ist, lässt sich in den vier Stadien des Dilemma-Zirkels darstellen.

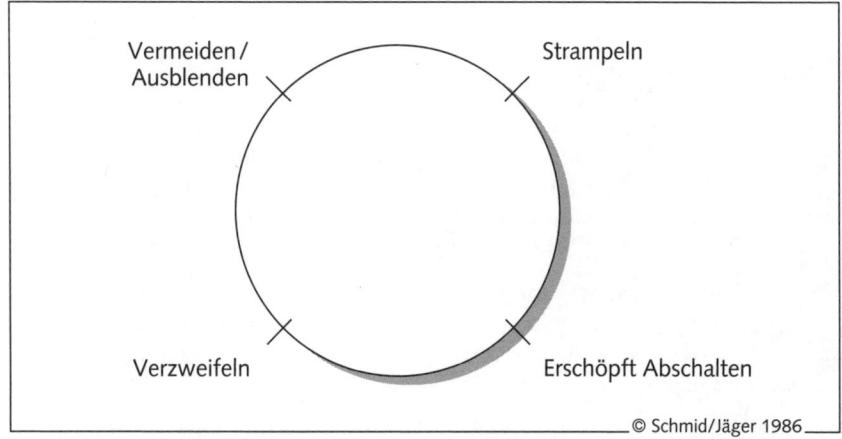

Abb. 9: Dilemma-Zirkel

3.3.1 Phase 1: Vermeiden/Ausblenden

Abweichungen werden als Detailmängel betrachtet. Man kann im Wesentlichen also wie gewohnt weiterfahren. Die implizite Problemwahrnehmungs- und -lösungslogik wird verteidigt. Man richtet die Aufmerksamkeit und Aktivität auf anderes, was eher mit innerer Überzeugung machbar ist und mehr, wenn auch nebensächlichen Glanz bietet. Man versucht durch grandiose Szenarien wesentliche Fragen zu marginalisieren.

3.3.2 Phase 2: Strampeln

Die Probleme lassen sich immer weniger ausblenden, wachsende Bedrängnis führt zu Aktionismus. Radikale Innovationsansätze werden verfolgt, ohne dass die wesentlichen Probleme realistisch erfasst werden. Gern werden Externe geholt, deren Beitrag man aber im Bezugsrahmen des Dilemmas bewertet. Würden Externe auf die Unlösbarkeit hinweisen, ohne in diesem Beurteilungsrahmen Lösungen anzubieten, würden sie dadurch die illusionären Vorstellungen entlarven. Es besteht eine hohe Bereitschaft dafür, viel Geld auszugeben, um doch noch Lösungen zu finden, ohne die eingetretenen Verluste und die Erfahrung des Scheiterns im alten System zuzulassen. Man umgibt sich mit Menschen, die »des Kaisers neue Kleider bestaunen und sich anbieten, noch ein paar dazu zu schneidern«.

3.3.3 Phase 3: Erschöpfung/Abschalten

Der Aktionismus führt zum Ausbrennen, zum zunehmenden Verlust der Kräfte aber auch des Gespürs für die Sinnhaftigkeit dessen, wofür man sich aufreibt. Der »aktiven« Depression (Aktionitis) folgt die passive Depression der Erschöpfung und des Anhaltens (das Wort Depression steht für abgekoppelt sein von realistischer Lebendigkeit). Je mehr die Sinnhaftigkeit verloren geht, umso heftiger sucht man die Lösung, bleibt dabei aber vorerst in der gewohnten Logik. Das Wechselspiel zwischen Aktionismus und Erschöpfung ohne Sinn und Zuversicht ist ein sicheres Zeichen eines Dilemma-Zirkels. Wer nicht dazu neigt, aber in der Beziehung zu einer Person oder einem System unterschwellig selbst zunehmend in Stadien des Dilemma-Zirkels gerät, kann das als diagnostischen Hinweis auf Dilemma-Probleme beim Gegenüber nehmen.

3.3.4 Phase 4: Loslassen/Verzweiflung

Nach einem längeren Wechselspiel zwischen Strampeln und Erschöpfung und gelegentlichen Versuchen, alles wieder auszublenden, gerät das System in eine verzweifelte Lage, aus der es (noch innerhalb der alten Logik) ebenso verzweifelt Auswege sucht. Zunächst loszulassen und sich neu zu besinnen wäre dringend erforderlich. Doch genau dies glaubt man sich nicht leisten zu können. Einerseits ist Loslassen mit existenziellen Ängsten verbunden. Und tatsächlich wird man nicht selten manchem nicht mehr zu korrigierenden Verlust ins Auge blicken müssen. Andererseits ist Aufgeben gerade für Führungskräfte ein kulturelles Tabu, angesichts der nach wie vor lebendigen Anspruchshaltung, die Dinge souverän im Griff haben zu müssen. Je länger dies verschleppt wurde, desto verzweifelter die Lage und schmerzhafter die zu realisierenden Verluste.

Verzweiflung ist ein starkes Wort, meint aber zunächst ein anfänglich schwaches Gefühl, das die Unlösbarkeit und Vergeblichkeit anzeigt. Erst durch Vermeidung wird sie dann zum Schreckgespenst, welches den Dilemma-Zirkel stabilisiert und dem man begegnen muss, um aus dem Zirkel herauszufinden. Subtile Verzweiflung wahrzunehmen und rechtzeitig sich auch aufgestauter, aber ausgeblendeter Verzweiflung zu stellen ist daher eine (manchmal stellen- und unternehmensrettende) Kompetenz. Man könnte rechtzeitig loslassen und eine manchmal unvermeidliche Phase der Desorientierung und Leere mit einer gewissen Gelassenheit und Zuversicht hinter sich bringen und damit die Kräfte vor weiterem Auszehren bewahren. So gereinigt und erholt könnte man dann noch einmal – ausgehend von den Essentials der eigenen Identität – neu herangehen.

Bei allem Engagement loszulassen und, wenn nötig, der Verzweiflung ins Auge zu sehen, hilft, die Unlösbarkeiten zu identifizieren. Erst dadurch kann die Logik der Lösungsanstrengungen grundlegend verändert und den realen Anforderungen angepasst werden. Im Umgang mit diesen Prozessen ist eine Kommunikationskultur erforderlich, die das Sprechen über Verzweiflung möglich macht. Erst dadurch gelingt es, mit sich und der Situation in Kontakt zu kommen und einen sinnvollen Umgang damit zu finden. Angesichts wachsender Komplexitäten können die Gefühle der Beteiligten zu einer wichtigen Quelle von Information werden. Hierbei geht es weniger um Gefühlsausdruck als um orientierende Gefühlswahrnehmung. Gefühle sollten nicht vorschnell als persönliche Sensibilitäten abgewertet, sondern achtsam einbezogen werden.

3.4 Erfahrungen und Erläuterungen zu den Phasen aus Sicht der Berater

Die verschiedenen Phasen werden ganz anders wahrgenommen – je nachdem, ob ein direkt Beteiligter oder unterschiedliche Beobachter die Situation beschreiben. So wird jemand, der in der Phase der offenen Desintegration ganz auf bestimmte radikale Projekte setzt, dies in hoher Überzeugung tun und sich nicht als »Strampelnder« (im Sinne des Dilemma-Zirkels) beschreiben. Er wird sich erst nach weiteren Erfahrungen des Nicht-Gelingens als solcher erkennen. Eine weitere Herausforderung in der Arbeit mit dem Phasenmodell besteht darin, dass unterschiedliche Bereiche in verschiedenen Phasen sein können. Zum Beispiel können kulturbildende Aktivitäten in einem einzelnen Werk schon auf fruchtbaren Boden fallen, während solche Arbeit im Vorstand noch nicht als wertvoll erkannt wird. Aufgrund dieser Komplexität beschränken wir uns hier vornehmlich auf die Beschreibung von Situationen und möglichen Erfahrungen von (systemischen) Beratern.

3.4.1 Unterschiedliche Beratertypen und deren Erfahrungen

Für die Beschreibung von Erfahrungen müssen wir verschiedene Typen von Beratern unterscheiden. Wir können dies entweder aufgrund unterschiedlicher professioneller Zugänge oder aufgrund unterschiedlicher persönlicher Neigungen tun.

Zum Beispiel nehmen klassische Berater, die Problemlösungen in Form von Standardwerkzeugen und Serienprogrammen anbieten, die Phasen ganz anders wahr als systemische Berater, die nicht das Massengeschäft suchen und deren Wirken vielmehr auf maßgeschneiderte Entwicklung der Organisation und ihrer Beteiligten ausgerichtet ist.

Unterschiedliche persönliche Neigungen stellen je nach Phase unterschiedliche Anforderungen an den Umgang mit sich selbst:

- Personen, die eher einer konservativen Modalität zuneigen und Wert darauf legen, Bestehendes zu pflegen und weiterzuentwickeln, tun sich besonders schwer mit der Phase der offenen Desintegration.

- Personen, die eher einer aufbrechenden Modalität zuneigen und Umwälzendes am liebsten in großem Stil ausprobieren wollen, laufen demgegenüber in dieser Phase zu hoher Form auf.

- Personen wiederum, die eher eine integrierende Modalität bevorzugen und Dinge in ihren Zusammenhängen verstehen und aufeinander bezogen gestalten wollen, finden eher in den Phasen 3 und 4 ihre Erfüllung.

- Wir können auch Persönlichkeiten unterscheiden, die zwischen obigen Modalitäten eher flexibel wechseln und solchen, die eher konsequent bestimmten Modalitäten zuneigen können und wollen.

Berater tun gut daran zu reflektieren, in welchen Modalitäten sie gut arbeiten können und womit sie sich eher schwer tun, damit sie über ihr Engagement besser entscheiden und sich gut steuern können. Die folgenden Überlegungen sollen dabei helfen, sich in diesem Sinne zu verorten.

3.4.2 Beratertypen in der Phase der verdeckten Desintegration

In der Phase der verdeckten Desintegration herrscht Hochkonjunktur für Berater (interne wie externe), die Lösungsansätze für Optimierungen von Teilbereichen anbieten. Traditionelle Berater mit ihren Werkzeugkoffern haben in dieser Phase den Eindruck, es gebe zwar viele Probleme, die jedoch mit ihren Werkzeugen leicht gelöst werden könnten. Sie sind zufrieden, weil ihre Leistungen stark nachgefragt werden. Für systemische Berater, die keine Standardlösungen, sondern spezifische Analysen und Lösungsansätze anbieten, wird die Situation zu einem herausfordernden Balanceakt. Sie bekommen den Eindruck, dass etwas nicht stimmt, nehmen die beginnenden Desintegrationsprozesse wahr und können leicht dem Drang verfallen, dies den Beteiligten einsichtig machen zu wollen. Wenn sie relativ unerfahren sind, denken sie, dass ihnen jeder dafür dankbar sein müsse, dass sie diese Dinge endlich aufdecken und beschreiben. Wenn sie dies dann tun (z.B.: »Hier wird der Bordservice auf der Titanic optimiert! Die Probleme sind grundsätzlicher Natur!«), werden sie jedoch als Schwarzmaler und Bedenkenträger angesehen, die sich nicht tatkräftig an die Problemlösung wagen. Das Management bevorzugt in dieser Phase oft Berater, die bisherige Strukturen und Verantwortlichkeiten unangetastet lassen und projektartige Lösungsangebote machen bzw. breitflächig mit externen Dienstleistungen aufwarten. Sie ersparen dem Topmanagement beispielsweise, in eine kritische Diskussion im oberen Bereich der Führungsketten einzutreten. Meist ist trotz dringender Notwendigkeit der Prozess dafür nicht reif.

Berater, die diese Notwendigkeiten nicht ausblenden können, am »Strampeln« aber auch nicht teilnehmen wollen, müssen deshalb ihre Arbeit in dieser Phase eher als Vorbereitung verstehen und sollten nicht erwarten, dass sie integriert und als fruchtbar gewürdigt werden. In dieser Phase ist es wichtig, zunächst eher konservativ bewährte Programme und Maßnahmen zumindest als Mantel beizubehalten und wirklich Innovatives eher diskret und lokal zu entwickeln. Konservatives darf nicht infrage gestellt werden. Innovationen werden als interessante Pilotprojekte besser akzeptiert, wenn sie nicht als künftiger Maßstab erscheinen. Gleichzeitig muss aber schon weitergedacht werden, welche Funktion die Pilotprojekte in künftigen Entwicklungen spielen könnten.

3.4.3 Beratertypen in der Phase der offenen Desintegration

In der Phase der offenen Desintegration werden eher spektakuläre Maßnahmen mit Beratern vereinbart, die viel versprechen, mit ihren Interventionen jedoch meist wenig nachhaltige Veränderungsprozesse bewirken. Für sie herrscht Hochkonjunktur. Aber auch für solche, die Prozesse in Bewegung bringen – vorangig um Verkrustungen aufzubrechen. Ohne unrealistische Versprechungen wären sie gleich aus dem Rennen. Oft werden interne Ressourcen (und damit auch die internen Berater) eher abgewertet und das externe »Neue«, »Spektakuläre« und »Verheißungsvolle« gesucht. In dieser Phase des Aktionismus' (»Strampeln«) lassen sich die Manager von Beratern viel gefallen. Von Riesenmeetings bis zu paradoxen Interventionen (z.B. Entlassung und Neubewerbung des Vorstandes mit ausführlichen Begründungen der eigenen Qualifikation für die anstehenden Herausforderungen) muten sich Manager auch selbst spektakuläre Dinge zu, solange sie exotisch sind und nicht ihr gewachsenes Selbstverständnis infrage stellen. Sie nehmen fast alles hin, was Problemlösungen verspricht, ohne dass sie ihre eigene Verantwortung auf den Prüfstand stellen müssen. In dieser Phase gerät auch der systemische Berater in Versuchung, mit spektakulären Interventionen Eindruck zu schinden und damit selbst unbewusst in die Wirklichkeitslogik des Kundensystems zu gehen. Dennoch ist es in dieser Phase in Ordnung, etwas zu riskieren. Hier kann man ruhig auf spektakulärere Maßnahmen setzen und die Dinge in Bewegung bringen – auch wenn damit noch wenig zu einem verantwortlichen Umgang mit den nachhaltigen Herausforderungen beigetragen wird. Aus systemischer Sicht ist es dann aber wichtig, dies mit wachsamem Blick für entstehende Integrationsansätze zu tun und zu realisieren, wann etwas gepflegt werden muss und nicht mehr umgepflügt werden darf. Persönlichkeiten, die gerne Dinge aufbrechen und Neues ausprobieren, laufen hier zu hoher Form auf. Personen, die anderen Modalitäten zuneigen, müssen in dieser Phase wissen, dass sie weder mit den Aufbrechenden mithalten können, noch dass es Sinn macht, klassische Tugenden oder Mäßigung anzumahnen. Hier ist es wichtig, dass die integrativeren Typen, die besonders an der Stabilisierung einer neuen Kultur interessiert sind, sich nicht frühzeitig auspowern und sich genauso verbrauchen, wie das Unternehmen selbst in seinen aktionistischen Aktivitäten. Es macht für sie Sinn, sich geduldig auf ihre Zeit vorzubereiten, indem sie z.B. gute personenqualifizierende Maßnahmen mit besonnenen Personen durchführen. Dabei geht es darum, bei Multiplikatoren Stärken aufzubauen, die es dann braucht, wenn die eigentliche Integrationsarbeit beginnen kann. Angesichts der herrschenden Stimmung im Umfeld können sie leicht in Urteilsunsicherheit geraten. Hier ist es wichtig, dass solche Berater nicht einfach auf Tauchstation gehen, sondern Formen (z.B. kollegiale Beratung) pflegen, wie sie sich in ihren Tugenden und aufeinander bezogenen Verantwortungen stärken können. »Wilde« Typen soll man in dieser Phase ruhig z.B. mit dem Vorstand arbeiten lassen, ohne zu ihnen in Konkurrenz zu treten, da diese Phase mit den entsprechenden Erfahrungen vielleicht unumgänglich ist und damit evtl. der

Bewusstwerdungsprozess gefördert wird, damit dann später die integrativeren Personen die eigentliche Aufbauarbeit leisten können.

3.4.4 Beratertypen in der Phase der verdeckten Integration

Bezeichnend für den Übergang zur Phase der verdeckten Integration ist die Erfahrung, dass nach der aktionistischen Phase plötzlich dem einen oder anderen die Erkenntnis kommt, dass Dinge notwendig sind, die besonnenere Berater und viele Interne schon lange eingefordert haben, ohne dass man sich daran noch erinnern mag. Deshalb ist es nützlich, die Entwicklung der Dinge als eine Art Naturereignis begreifen zu können und immer wieder einmal vorsichtig auszutesten, ob die Zeit reif geworden ist und ob man mit den Ideen schon Gehör findet. Wenn dann deutlich wird, dass die Neuausrichtung mit den Ansätzen aus der aktionistischen Zeit nicht gelingen kann, wächst die Bereitschaft des (vielleicht veränderten) Managements, selbst wieder umfassend und differenziert Verantwortung zu übernehmen. Dann wächst auch der Bedarf an Beratern, welche klassische Kompetenzen und interne Ressourcen würdigen und dies mit notwendigen Innovationen verknüpfen können. In der Phase der verdeckten Integration kommen diejenigen zum Zuge, die ein neues Kulturverständnis stabilisieren und sehr integrativ arbeiten können. Zu Beginn ist aber noch Vorsicht angesagt. Noch prägt der Jargon des Spektakulären die offizielle Kultur. Hier muss aufgepasst werden, dass – angesteckt vom immer noch vorherrschenden Aktionismus – nicht erste wachsende Keime einer neuen Kultur umgepflügt werden. Das Zusammenspiel zwischen internen und externen Beratern gewinnt an Bedeutung. Zunehmend werden kulturbildende und -stabilisierende Interventionsformen gefragt, z.B. exemplarische, supervisionsorientierte und kristallisierende Arbeitsformen, wie wir sie in Kap. 6.4.1 beschreiben.

3.4.5 Beratertypen in der Phase der offenen Integration

In der Phase der offenen Integration leisten vor allem die internen Berater wichtige Beiträge für die Konsolidierung. Externe Berater geben zunehmend Hilfestellung im Sinne einer verlängerten Werkbank und nicht von im Hause angesiedelter Spezialkompetenz – sie tun dies aber ganz unter der Verantwortung der intern Verantwortlichen. Vieles geht immer besser und selbstverständlicher, ohne dass man genau sagen könnte, wer was aktuell genau dazu beiträgt. Die Beziehungen entspannen sich bzw. bleiben zugewandt, auch wenn Konfrontation angesagt ist. Ideen über Strategien und Kulturmerkmale werden geteilt, ohne dass sie auf Verlangen aufgesagt werden könnten. Viele »Probleme« sind unwichtig geworden, ohne dass wirklich etwas anders gemacht wird, bzw. sie haben sich erledigt, ohne dass jemand eine »Lösung« planvoll angegangen wäre. Sinnfragen sind nicht ausdrücklich beantwortet, verschwinden aber aus der Diskussion.

3.4.6 Beraterhaltung zu den Phasen

Für die Selbststeuerung des systemischen Beraters im Krisen- und Übergangsprozess einer Organisation kann es nützlich sein, ein paar Tugenden des Bauern bezogen auf den natürlichen Wachstums- und Bewirtschaftungszyklus zu bedenken.

Der Bauer muss unterschiedliche Logiken der verschiedenen Lebenszyklen kennen und damit umgehen können:

- Die Zeit des Winters kann als Zeit der Vorbereitung, der Besinnung, der Pflege der Werkzeuge und der Infrastruktur verstanden werden.

- Im Frühjahr folgt die aktive Phase des Bodenvorbereitens und Säens. In der Phase, in der die Samen treiben und sich im Boden verankern, zählt die Fähigkeit, geduldig warten zu können und Aktionismus zu vermeiden, da damit der erste Keimungs- und Wachstumsprozess gestört würde.

- Danach ist gezielte Pflege erforderlich (nur Maßnahmen, welche die neue gedeihende Kultur stärken), bis dann im Sommer die Ernte eingefahren werden kann.

- Die Zerfallserscheinungen des Herbstes bringen den Feldern die nötige Ruhe und Erholungszeit.

In dieser Metapher kann der Herbst als die Krise nach Erfolgs- und Erntephase aufgrund veränderter Märkte und Umwelten verstanden werden.

Phasen der Aktionitis können als Ausdruck des unbewussten Umgangs mit dem unaufhaltsamen Zerfall (verstärkt durch Problemlösungen 1. Ordnung), das Bodenpflügen im Frühling als Aufbruch und das Säen als Keime einer neuen Achtsamkeit und Verantwortungskultur und sorgfältiger Neuintegrationsprozesse verstanden werden.

Während im Marketing mit dem Produktlebenszyklus seit langem einem solchen Verständnis Rechnung getragen wird, gibt es bezogen auf

Organisationen noch wenig Bewusstsein für solche zyklischen Entwicklungen. Natürlich hängt dies auch mit den entsprechenden Zeitperspektiven zusammen, die vom Einzelnen nur bedingt überblickt werden können. Im Licht dieser Metapher können Berater ein neues Verständnis und eine neue Bescheidenheit bezüglich der Ausrichtung und Wirkungen ihrer Interventionen entwickeln.

Aus einer Haltung der Umsicht können folgende Fragen von großem Nutzen sein:

- In welcher Phase sind wir?
- Was ist da möglich und was nicht? Was sind sinnvolle Aktionsfelder? Was reift schon?
- Wie gehen wir mit uns selbst und unseren Neigungen um?
- Wo passe ich / passt er hin? Wo fällt es mir leicht? Womit tue ich mich (tut er sich) schwer?
- Kann ich/er einen geeigneten Umgang mit mittlerer bis schlechterer Passung finden?

Externe können sich fragen:

- Welches Portfolio mit Kunden in welchen Phasen können wir mit welchen Akteuren gut bedienen?

Interne können fragen:

- Macht es Sinn, den Bereich oder die Unternehmung zu wechseln und bezüglich seiner eigenen stimmigen Positionierung persönliche Verantwortung zu übernehmen? Dies ist insbesondere in Großunternehmungen eine wichtige Frage, da bestimmte Phasen bis zu einige Jahre dauern können.

Beraterunternehmen, die sich bezogen auf diese Phasen gut positionieren und steuern wollen, können gezielt unterschiedliche Berater mit unterschiedlichen Präferenzen auf die Bühne schicken. Und damit können sie z.B. solche, die sich in einzelnen Phasen des spektakulären Handelns im Hinblick auf sorgfältige Integrationsarbeit verbraten haben, rechtzeitig durch andere ergänzen.

Diese Überlegungen gelten auch analog für Manager.

➤ 6. Metaperspektiven und Arbeitsformen der Teamentwicklung

4. Fünf Perspektiven von Systemlösungen im Bereich OE/PE

Im Zusammenhang mit Innovations- und Veränderungsprozessen in Organisationen stellen wir eine wachsende und faszinierende Vielfalt von Methoden und Architekturvorstellungen fest. Wir möchten ein Reflexionsmodell vorstellen, mit dem angedachte Konfigurationen von Maßnahmen und Vorgehensweisen im Sinne wirkungsvoller Systemlösungen überprüft werden können. Unter Systemlösungen verstehen wir eine strukturierte Vorstellung davon, was alles in einer Organisation zusammenkommen muss, damit eine Innovation gelingen, d.h. in den Regelvollzug einer Organisation integriert werden kann.

4.1 Überprüfung impliziter Annahmen von Maßnahmen

Angesichts drängender Herausforderungen und Problemstellungen neigen Auftraggeber und oft auch Berater dazu, ihre Fragestellungen von vornherein als Maßnahmen zu denken. Das heißt, anstatt zuerst zu klären, worum es im Wesentlichen und bei knappen Ressourcen vorrangig geht, werden Maßnahmen diskutiert, wie vorgegangen werden könnte. Im Bestreben, Organisationen weiterzuentwickeln, wird dabei oft entweder zu besonders verheißungsvollen Methoden, die in aller Munde sind (z.B. Großgruppenprozesse) oder zu gewohnheitsmäßigen Maßnahmen (z.B. Teamentwicklung) gegriffen, ohne diese genauer zu evaluieren. Wenn bspw. ein Projekt »Kundenorientierung« zu wenig greift, werden Bildungsmaßnahmen für den Verkauf oder Kundendienst verlangt. Diese Maßnahmen basieren auf impliziten Annahmen über das Wesen der Problemstellung und des dazu passenden Lösungsansatzes. Zum Beispiel basiert die Bildungsmaßnahme für das Verkaufspersonal auf der Vorstellung, dass die mangelnde Umsetzung der Kundenorientierung (was immer damit im Detail gemeint sein mag) eine Folge mangelnder Fähigkeiten der betreffenden Mitarbeiter sei. Bei näherer Analyse könnte es jedoch genauso eine Folge mangelnder Entscheidungsbefugnisse, Ressourcen oder fehlender Unterstützungssysteme sein.

➤ 10.3 Abstraktions- und Konkretisierungsprozess (Perspektiven-Ereignismodell)

Der hier dargestellte Ansatz soll helfen, über einige für wirkungsvolle Systemlösungen wesentliche Dimensionen unabhängig von den einzelnen Maßnahmen nachzudenken. Indem so über Dimensionen und Maßnahmen getrennt nachgedacht wird, können spezifischere Kombinationen gewählt werden. Die hier ausgewählten fünf Perspektiven haben sich aus der wiederkehrenden Supervision von Projekten herausgeschält.

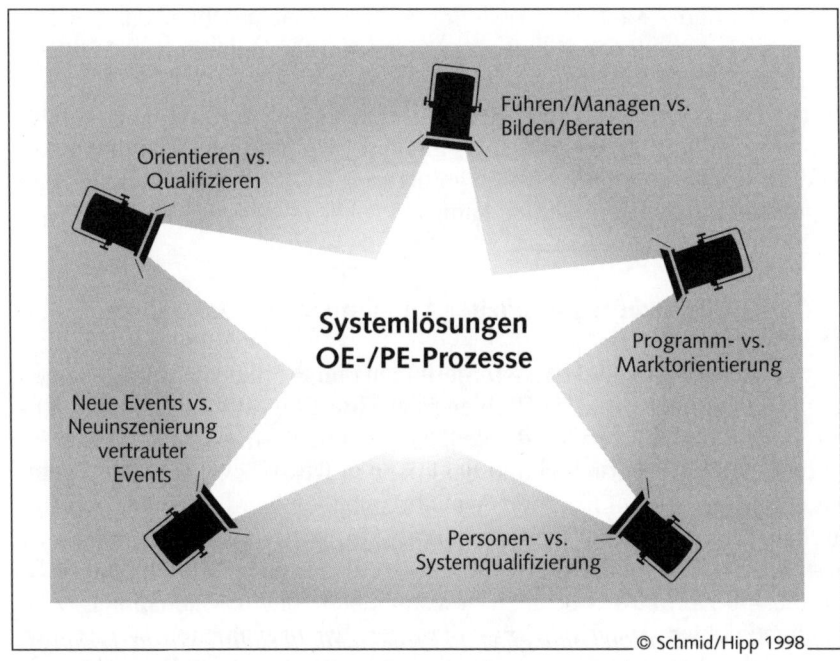

Abb. 10: Systemlösungen OE/PE-Prozesse

❖ Das Zusammenspiel zentraler Aspekte von Reorganisationsprozessen werden wir jeweils in der Metapher des Theaters verdeutlichen: Eine Reorganisation kann dabei mit der Neuinszenierung eines Theaterstückes verglichen werden: So können Aspekte des Innovationsprozesses z.B. mit der Entwicklung eines neuen Drehbuches, passender Bühnenbilder und geeigneter Lichtregie, mit der Rollenbesetzung, der Szenenprobe oder der Regie verglichen werden.

4.2 Erstens: Personen- versus Systemqualifikation

Bei dieser Perspektive geht es darum zu überlegen, wie verfügbare oder aufzubauende Kompetenzen von Personen mit zukünftigen Rahmenbedingungen/Möglichkeiten eines Systems (Team, Abteilung etc.) abgestimmt werden können. Damit kann vermieden werden, dass Personen z.B. qualifiziert werden, ohne dass sichergestellt wird, ob sie danach auch in entsprechenden Rahmenbedingungen arbeiten, die diesen Qualifikationen angemessen sind.

> **Systemqualifikation** meint Strukturen, Prozesse, Funktionen und Unterstützungssysteme so zu gestalten, dass die Voraussetzungen geeignet sind, um die angestrebten Leistungen erbringen zu können.
>
> **Personenqualifikation** meint, die Personen so zu qualifizieren, dass sie die Fähigkeiten aufbauen, bestimmte Aufgaben wahrnehmen zu können.

❂ In der Sprache der Theatermetapher bedeutet Systemqualifikation die Weiterentwicklung resp. Verbesserung des Theaterstückes. Dabei spielen z.B. das Drehbuch, die Definition und Besetzung der Rollen und die Ausstattung des Regisseurs mit Macht wichtige Rollen. Personenqualifikation entspricht der Schauspielschule.

An folgendem Beispiel soll der Nutzen dieser Perspektive aufgezeigt werden:

In einer Organisation kommen viele Projekte nicht richtig voran. Lösungsvarianten werden immer wieder zurückgewiesen. Die Geschäftsleitung beauftragt die Personalentwicklung mit der Durchführung einer Projektleiter-Ausbildung.
Dieser Auftrag geht von einer impliziten und ungeprüften Annahme aus:
* *Die Ablehnungen der Projektaufträge erfolgten, weil es den Projektleitern nicht gelungen ist, einen anforderungsgerechten Prozess zu gestalten, somit müssen sie entsprechend qualifiziert werden.*

Möglicherweise wäre es sinnvoll, alternative Annahmen zu prüfen:

- *Zum Beispiel, dass die Organisation durch eine Fülle von Projekten überfordert wird, welche durch eine Geschäftsleitung mit hohem Problemdruck initiiert wird, ohne dass eine zusammenhängende und überprüfte Entwicklungsvorstellung damit verbunden wäre. Entsprechende Widersprüche und unklare Auftragslagen führen dann dazu, dass die Anträge als unqualifiziert zurückgewiesen werden.*
- *Eine solche Annahme hätte ein anderes Set von Maßnahmen zur Folge, z.B., dass die Geschäftsleitung das aktuelle Projektportfolio überprüfen und abstimmen müsste.*

Damit Personen- und Systemqualifikation wirkungsvoll abgestimmt werden können, müssen sie wechselseitig aufeinander bezogen werden.

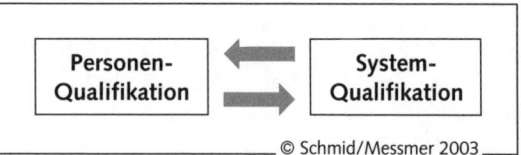

Abb. 11: Personen-/Systemqualifikation

- **Systemqualifikation muss personensensibel sein,** d.h. Systeme sollten so entwickelt werden, dass sie zu den verfügbaren Menschen passen.

- **Personenqualifikation wiederum sollte systemintelligent erfolgen,** was bedeutet, Personen so zu qualifizieren, dass sie in den Systemen, um die es dann geht, erfolgreich operieren können.

Im ausklingenden Zeitalter eher arbeitsteilig funktionierender Organisationen hatte die Personenqualifikation (Schauspielunterricht) einen hohen Stellenwert. Angesichts zunehmender Integration der Funktionen in stringent ausgerichtete Prozesse kommt dem Zusammenspiel der Rollen zunehmend größere Bedeutung zu. Personenqualifikation ist dabei oft unnötig, weil die Personen das neue Stück beim gemeinsamen Einstudieren lernen. Oft sind die Fähigkeiten für neue Rollen schon da (z.B. in einem anderen Kontext erworben), wurden jedoch bisher nicht abgerufen. So können vor einer flächendeckenden Umstellung einer neuen Prozessorganisation, z.B. in einem Workshop mit allen zukünftigen Beteiligten der neuen Wertschöpfungskette, das Zusammenspiel (Drehbuch), die Rollen und die Regiefunktion simuliert werden. Dabei kann das System überprüft und abgestimmt werden. Gleichzeitig hat diese Maßnahme der Systemqualifikation aber auch eine personenqualifizierende Wirkung, denn es wird sowohl für den aktuellen Bedarf, als auch über das aktuelle Projekt hinaus gelernt. Die einzelnen Akteure verstehen dabei ihre zukünftige Rolle und deren komplementäres Zusammenspiel mit anderen Akteuren erheblich besser als in einer individuellen Qualifizierungsmaßnahme (z.b. alle Inhaber einer bestimmten Funktion).

4.3 Zweitens: Orientieren versus Qualifizieren

Bei dieser Perspektive geht es darum zu überlegen, wie die Leistungen von Mitarbeitern durch Orientierung über Aufgaben, Rollen und Anforderungen des Zusammenspiels resp. durch individuelle Qualifizierung optimal beeinflusst werden können.

> **Orientieren** meint spezifische Informationen über Aufgaben, Zuständigkeiten, Kunden und Leistungen zu geben, so dass ein geklärtes Verständnis der eigenen Aufgaben aufgebaut werden kann.
>
> **Qualifikation** meint die Personen so zu qualifizieren, dass sie die Fähigkeiten aufbauen, bestimmte Aufgaben wahrzunehmen.

✿ In der Sprache der Theatermetapher bedeutet Orientieren die Kommunikation darüber, welches Stück wie gespielt werden soll. Es geht darum, die Logik des Drehbuchs, der Rollen und des Zusammenspiels und der angestrebten Wirkung der Szenen begreiflich zu machen. Qualifikation meint die Schauspielschule im Sinne des Trainings z.B. einer auf die Rolle ausgerichteten neuen Spieltechnik.

Wenn irgendwelche Probleme in Organisationen auftauchen, wird oft in mechanistisch linearer Weise die Ursache gesucht und meist in Form einer Person, die etwas falsch gemacht hat, (vermeintlicher Weise) auch gefunden. Die implizite Folgerung aus dieser Zuweisung besteht im individuellen Kompetenzdefizit und alsbald ist die Idee geboren, eine Person zu qualifizieren (oder zu entlassen). Die meisten Probleme entstehen jedoch weniger durch fehlende Qualifikation als durch fehlende Orientierung, d.h. die Ausrichtung der Mitarbeiter und ihrer Qualifikationen auf die konkrete Organisation wird nicht genügend geleistet. Hierbei ist es primär die Rolle der Regie (also der Führungskräfte) für diese Orientierung zu sorgen. Dabei ist zu berücksichtigen, dass häufig die Regisseure selbst dringend der eigenen Orientierung bedürfen, da z.b. die Geschäftsleitung die Umsetzung eines Reorganisationsvorhabens beauftragt, ohne dem mittleren Management genügend Orientierung zu geben.

❖ Die Orientierung ist sowohl abhängig von der Klarheit und Plausibilität des Drehbuches als auch von der Fähigkeit des Vorgesetzten (Regisseur), die Logik der Szenen und Rollen den Akteuren begreiflich zu machen.

Es gilt also Orientierung und Qualifizierung aufeinander abzustimmen.

❖ Welches Stück soll wie gespielt werden und was bedeutet dies für die Ausrichtung der einzelnen Rollen (Orientierung durch Regie)? Welche Personen passen mit welchen Begabungen und Neigungen dazu? Und wie müssen sie auf die Rollen hin qualifiziert werden (Ergänzungsqualifikation, so viel wie nötig)?

4.4 Drittens: Führen/Managen versus Bilden/Beraten

Bei dieser Perspektive geht es darum zu überlegen, in welcher Weise Rollen, Leistungen und Verantwortungen von Management und Beratern komplementär zusammenspielen müssen, damit ein Innovationsprozess gelingen kann.

> Strategisches **Management** ist die Kunst, Prozesse so zu konfigurieren (Drehbuch), dass sie mit den vorhandenen Ressourcen im Prinzip in Szene gesetzt werden können. Bei strategischer **Führung** geht es darum, die Logik des Systems zur Steuerung derjenigen zu machen (Regie), die es gestalten müssen.
>
> **Beratung** ist eine möglichst hochwertige Dienstleistung, die auf diese Prozesse bezogen ist. Beratung stellt fachliches Know-how, kreative und pädagogisch-didaktische Kompetenz zur Verfügung.
>
> **Bildung** ist in der Lage, für diese Dimensionen Qualifikationen aufzubauen.

❂ Mithilfe von Beratung können z.B. Drehbücher so geschrieben werden, dass sich verschiedene Perspektiven sinnvoll integrieren lassen (z.b. Menschen- und Leistungsorientierung). Regie kann dann so geführt werden, dass die Akteure verstehen und sich optimal einbringen können.

Umsetzungsprobleme bei Innovationsprozessen entstehen oft dann, wenn Manager ihre Aufgaben der strategischen Führung und des strategischen Managements nicht wahrnehmen bzw. Berater in die Umsetzungsverantwortung springen. Wichtig ist hier die Unterscheidung zwischen Mitgestalten und Mitverantworten.

❂ Im Rahmen dessen was wir Ko-Dramaturgie nennen, kann von Beratern durchaus akut Regiehilfe geleistet werden. Doch muss dabei immer klar bleiben, wer die Regie und die damit inszenierte Aufführung zu verantworten hat.

Beispiel: Eine externe Beraterfirma ist während eines Jahres in einer Firma aktiv geworden, hat eine konsequente Projektorganisation aufgebaut und geführt, in welcher Fachleute und Management im Zusammenspiel mit den Beratern systematisch das neue Drehbuch entwickelt haben. Nach Beendigung des Auftrages und dem Rückzug der Berater bricht das ganze System wie eine Luftblase zusammen, da das Management (mit Unterstützung durch Beratung) es versäumt hatte, das neue Stück rechtzeitig in eigene Verantwortung (SCHMID/CASPARI 1997b) zu nehmen und in den Regelvollzug der Organisation zu integrieren. Das Management hat die Verantwortung für die Drehbuchentwicklung weitgehend an die Beraterfirma delegiert.

Damit ein erfolgreiches Zusammenspiel zwischen Management-, Führungsverantwortlichen und Beratern gestaltet werden kann, muss der wesentliche Unterschied zwischen Führungs- und Beraterrollen verstanden werden (SCHMID/HIPP 2002f). Dieser liegt in der Art der Autorisierung: Während die Autorität der Berater nur über wechselseitig vereinbarte, situative Kontrakte aufgebaut wird, ist diejenige von Vorgesetzten durch ihre Führungsrolle und die spezifischen Organisationsbeziehungen (»Hoheitsmacht« SCHMID/HIPP 1998a) gegeben.

➤ 8.1.2 Machtdimensionen

Oft finden wir Situationen in Organisationen vor, in denen Führungskräfte (oft auch die Auftraggeber) ihre Führungsrolle nicht wirklich wahrnehmen und Führungsaufgaben an Berater delegieren. Die Berater wiederum erliegen vielfach der Versuchung, eine temporäre Bypasslösung zu entwickeln, in der sie an Stelle des Vorgesetzten implizit institutionelle Macht ausüben (die ihnen aufgrund der Nähe zum Auftraggeber durch die Betroffenen wiederum zugeschrieben wird). Solange der Berater aktiv im System drin ist, scheint dies auch gut zu funktionieren. Sobald der Berater jedoch die Bühne verlässt, stabilisiert sich die ganze Situation auf altem Niveau. Den Beratern ist es nicht gelungen, eine Dienstleistung zu erbringen, welche auch die Führungskräfte in ihrem Lernen in einer Weise unterstützt hat, dass sie nun selbst in der Lage sind, veränderte Rollen überzeugend und kraftvoll wahrzunehmen.

Diese Perspektive erlaubt uns die komplementären Rollen und Verantwortungen von Management und Beratung darauf hin zu untersuchen, ob sie nachhaltiges Lernen des Managements und des Systems so unterstützen, dass Innovationen wirksam in den Regelvollzug integriert werden können.

➤ 5.5 Perspektiven für die Entwicklung von Arbeitsformen und Architekturen in Teamentwicklungsprozessen (Fokus komplementäre Rollen von Beratern und Führungskraft)

4.5 Viertens: Programm- versus Marktorientierung

Bei dieser Perspektive geht es darum, zu überlegen, in welchem Zusammenhang eher innenorientierte Fragen der Identität und des eigenen Auftrages mit der nach außen gerichteten Orientierung an den Anliegen der Kunden steht.

> **Programmorientierung** gibt Antworten auf Fragen nach dem eigenen Programm. Wofür will eine Organisation stehen, auf welchen Auftrag richtet sie sich aus und welche Kunden will sie mit welchen Leistungen bedienen?
>
> **Marktorientierung** befasst sich mit den Kunden, deren Anliegen und wie die Leistungen auf deren spezifische Anforderungen ausgerichtet werden können.

❖ In der Theatermetapher gesprochen geht es in der Programmorientierung um die Positionierung und das Profil des Theaters (Aktionstheater oder klassisches Repertoiretheater). Bei der Marktorientierung geht es darum, den Zuschauern die erwartete Art der Erfahrung resp. Unterhaltung zu bieten, so dass sie wieder ins Theater kommen und bereit sind, den erforderlichen Eintritt zu bezahlen.

Probleme entstehen (insbesondere bei internen OE-/PE-Dienstleistern) z.B. dann, wenn Teams/Abteilungen/Unternehmen sich lediglich an ihren Kunden orientieren und nicht klären, wofür sie als Anbieter stehen wollen (und umgekehrt). So können zwar immer wieder einzelne Kunden zufrieden gestellt werden. Gleichzeitig werden die Dienstleister in ihrem eigenen Profil jedoch nicht erkennbar. Man weiß nicht so recht, was sie tun und wozu sie angefragt werden können. Trotz schöner Hochglanzbroschüren entsteht kein inneres Bild bei den Kunden und Entscheidern. Dieses kann aber in Krisenzeiten über Wohl und Wehe eines Anbieters entscheiden. Gerade in Reorganisationsphasen mit hohem Druck auf die Ressourcen besteht die Gefahr, abgewertet zu werden und selbst unter Druck zu geraten. Aus Sicht der vorgesetzten Stellen ist der strategische Beitrag der internen OE/PE nicht plausibel und im Kostendruck höchstens als ein sich selbst tragendes Profitcenter tolerierbar. Es geht also um die Integration zweier Perspektiven: Ausrichtung auf die Strategie (z.B. der Geschäftsführung) einerseits und auf die Anliegen der daraus abgeleiteten Kunden andererseits. Kompetente Vorstellungen über die eigene Positionierung, die Strategien und Leistungen am Markt, die in Kernkompetenzen (vgl. MESSMER 2001) verwurzelt sind, machen die PE-/OE-Dienstleister für den Kunden erkennbar und geben Orientierung. Programmorientierung ist deshalb ein wichtiger Beitrag zu einer qualitativ hochstehenden Kundenorientierung. Es allen recht machen zu wollen bedeutet mittel- und langfristig qualitativ unbefriedigende Leistungen und Profilverlust.

Fragen, die diesbezügliche Klärungsprozesse fördern, sind:

- Wer sind wir? Wofür stehen wir?
- Was können wir?
- Welchen Markt wollen wir (intern) bedienen?
- Welche Art von Leistungen macht für uns, welche dem Kunden gegenüber Sinn, wenn wir an das zentrale Strategie-Implementierungsprojekt denken?

- In welchen Leistungsprioritäten kommen strategischen Überlegungen zum Ausdruck, so dass die knappen, intern verfügbaren Ressourcen auch optimal eingesetzt werden können?
- Was ist angemessene Kundenorientierung?
- Was machen wir selbst? Wo holen wir Know-how von außen?
- Welche Rolle spielen wir als Drehscheibe zwischen externen Anbietern und unserer Organisation?

4.6 Fünftens: Neue Events versus Neuinszenierung vertrauter Events

Bei dieser Perspektive geht es darum zu überlegen, wann innovative Ideen gebündelt und in vorhandene Events integriert werden sollen und wann es wirklich Sinn macht neue Events zu kreieren. Dabei geht es zum einen um einen verantwortbaren Umgang mit finanziellen, zeitlichen und kräftemäßigen Ressourcen der Organisation. Vor allem aber geht es um die frühzeitige Integration von Innovationen in die Regelkommunikation und den Regelvollzug der Organisation.

> **Neue Events** meinen ungewohnte Arbeitsformen, um auf grundlegende Fragen neue Antworten zu suchen. Andere Zeitstrukturen (z.B. Zwei-Tage-Workshop) und eine andere Zusammensetzung von Beteiligten (z.B. quer durch die Hierarchien) können dabei einen speziellen Nutzen stiften, der in vernünftigem Verhältnis zum zusätzlichen Aufwand stehen sollte.
>
> Die **Neuinszenierung vertrauter Events** meint, bestehende Gefäße (z.B. die wöchentliche Teamsitzung) um neue Perspektiven anzureichern (z.B. um Kundenorientierung) und damit die Integration der Innovation in die Regelkommunikation zu unterstützen.

Neue Events können sinnvoll sein, um in veränderten Umwelten auf Fragen der Neupositionierung eines Bereiches, z.B. unter Einbezug verschiedener Anspruchsgruppen, neue Antworten zu finden. Bei einem quantitativen Umgang führen neue Projekte jedoch zu einer Inflation von neuen Besprechungen und Workshops. In der Folge steigen Komplexität und Zeitaufwand ins Unermessliche. Deshalb ist es wichtig zu prüfen, wie innovative Ideen gebündelt und in vorhandene Events integriert werden können. Vorhandene Events werden durch die Anreicherung um weitere Perspektiven vielschichtiger, so dass sie für die Organisation und die beteiligten Menschen nach vielen Gesichtspunkten Sinn machen.

Oft überfordert die Fülle von Projektbesprechungen und Workshops im Rahmen von Veränderungsprozessen die beteiligten Personen, insbesondere das mittlere Management und Schlüsselpersonen (»Wir haben keine Zeit mehr für den Verkauf!«). Daneben gibt es eine Vielzahl von Gremien und Besprechungen (Bereichssitzung, Führungsgespräch etc.), in denen das Alltagsgeschäft weiterhin in den gewohnten Ritualen bewältigt wird. Wenn solche gewohnten Inszenierungen ablaufen, stabilisieren sie die bestehende Kultur, während sie gleichzeitig in den Sonderevents verändert werden soll. Besser wäre hier eine sofortige oder baldige Neuinszenierung der Alltagsevents nach den Gesichtspunkten, die in den Sonderevents hervorgehoben werden.

Beispiel: Im Workshop betreffend der Neupositionierung des Bereiches (mit Einbezug von Vertretern der internen Kunden) sind wesentliche Anforderungen an die zukünftige Kommunikation und die Projektbeteiligung der Kunden erkannt und definiert worden. Eine Fülle wichtiger Informationen ist im Workshop entstanden und im Flipchartprotokoll festgehalten. Da jedoch keine Überlegungen über die Bedeutung für die alltägliche Führungsarbeit gemacht worden sind, werden diese Perspektiven schnell wieder vergessen.

Hier wären die folgenden Fragen wichtig:

- *In welcher Weise sind diese neuen Perspektiven für die Gestaltung der vertrauten Events relevant?*

- *Wie wird die Perspektive der verbesserten Kommunikation und Beteiligung der Kunden in der Bereichsleitersitzung, im Beurteilungsgespräch etc. für die entsprechende Steuerung der Prozesse relevant?*

- *Was wären dabei Rollen und Verantwortungen der Beteiligten?*

✿ Die Neuausrichtung der Drehbücher und der Regie dieser Events ist eine zentrale Voraussetzung dafür, dass die Innovation tatsächlich umgesetzt wird.

➤ 10.4.6 Neue Abläufe für Ereignisse entwickeln (Perspektiven-Ereignismodell)

4.7 Fazit

Diese hier dargestellten fünf Perspektiven eignen sich im Sinne laufender Controllingschleifen zur Überprüfung und Steuerung von Veränderungs- und Beratungsprozessen. Dabei schwenkt der Blick von zeitweilig einseitigen Hervorhebungen bestimmter Perspektiven hin zu Kräftebalancen und Komplementaritäten, welche dabei helfen, die Gesamtökologie der Prozesse im Auge zu behalten.

5. Perspektiven von Teamentwicklung

Teamentwicklung genießt als Beratungsprodukt und zunehmend auch in der Führungsarbeit hohe Aufmerksamkeit. Das nachfolgend vorgestellte Perspektivenmodell eignet sich dazu,

- Teams als Systeme resp. Teilsysteme in ihren unterschiedlichen Dimensionen zu verstehen,
- traditionelle Vorstellungen von Teamentwicklung zu überprüfen
- und in der Praxis Entwicklungsprozesse zu steuern.

5.1 Historische Phasen der Teamentwicklung

Zunächst stellen wir Teamentwicklung in einen historischen Entwicklungskontext. Im Laufe der letzten zwei Jahrzehnte sind unser Verständnis und der Umgang mit Teamentwicklung durch erhebliche Metamorphosen gegangen. Wesentliche Phasen werden hier dargestellt. Sie bilden den Erfahrungshintergrund des hier dargestellten Modells.

5.1.1 Phase 1: Psychologische Teamentwicklung

In einer ersten Phase wurde Teamentwicklung vor allem als psychologische Herangehensweise an Fragen auf der Beziehungsebene eines Teams verstanden. Grundlage dieser Arbeit war eine deutliche Trennung von Inhalts- und Beziehungsebene. Für sehr sachorientierte Organisationen konnte dies eine gute und nützliche Ergänzung darstellen. Oft zeigte diese Arbeit jedoch – abgesehen von den temporär guten Gefühlen nach einer Teamentwicklungsmaßnahme – wenig nachhaltige Wirkungen, da die in den tayloristischen und hierarchischen Arbeitsbeziehungen impliziten konfliktären Beziehungsstrukturen davon unbeeinflusst blieben.

5.1.2 Phase 2: Aufgabenorientierte Teamentwicklung

In einer nächsten Phase wurde verstärkt der Kunden- und Aufgabenbezug als zentraler Fokus von Teamentwicklung verfolgt. Beziehungsarbeit haben wir dabei ausschließlich im Zusammenhang mit Fragen der Gestaltung von Aufgaben gemacht. Dabei wurden vor allem Fragen von Rollen, Dienstleistungen und Verantwortungen, bezogen auf die Aufgaben, bearbeitet, wozu insbesondere Modelle der Rollendifferenzierung gute Dienste leisteten. Die zentrale Herausforderung in dieser Art der Teamentwicklung bestand darin, nicht in der Fülle der unerledigten und zu klärenden Aufgaben unterzugehen. Über die Beschränkung auf die Bearbeitung einzelner wesentlicher Aufgaben, an welchen beispielhaft Aspekte eines erfolgreichen Zusammenspiels reflektiert werden konnten, wurde hier ein qualitativer Transfer auf andere Fragestellungen angestrebt.

5.1.3 Phase 3: Teamentwicklung als Regiehilfe

In der Folge wurde immer deutlicher, dass es wesentlich sein könnte, Teamentwicklung auf die Entwicklung von Regiekompetenz für die Gestaltung von Innovationsprozessen auszurichten. Für die Innovations- und Problemlösungsfähigkeit eines Teams ist ein Zusammenspiel vieler Dimensionen notwendig.

 In den Worten der Theatermetapher könnten wir sagen, dass es hierbei darum geht, die Auswahl des zu inszenierenden Stückes, die Entwicklung des Drehbuches, die Rollenbesetzung, die Szenenentwicklung und -probe etc. gut aufeinander abzustimmen. Dabei spielt die Regie die zentral treibende und verbindende Rolle.

Die Entwicklung von Regiekompetenz schien uns daher wesentlich, um ein Gelingen von Innovationsprozessen und die Förderung von Innovationsfähigkeit sicherzustellen. Als Berater pflegten wir dabei ein sehr aktives Verhalten, indem z.B. Führungsgespräche im Beisein des Teams aktiv moderiert und beraterisch mitgestaltet wurden, um so den Beteiligten ein Beispiel für eine neue Art des Zusammenspiels zu geben. Es ging uns darum, mittels Beisteuerung guter Beispiele dafür, wie im Alltag Herausforderungen konstruktiv bewältigt werden können, Co-Regie zu führen. Das heißt, über eine neue, zu den Aufgabenstellungen, den Beteiligten und dem relevanten Kontext passende Gestaltung alltäglicher Führungs-

und Kommunikationsprozesse, wurde der direkte Lerntransfer gefördert. Die zentrale Herausforderung bestand darin, Regiehilfe zu geben, ohne in die Führungsverantwortung zu treten, wozu Dienstleistung und Führungs- sowie Beratungsverantwortung gut voneinander unterschieden werden mussten.

5.1.4 Phase 4: Vertikale Teamentwicklung

Schließlich wurde immer deutlicher, dass die Entwicklung von Teams immer auch im Kontext der größeren Organisation zu sehen ist. Die Umsetzung innovativer Ideen ist oft davon abhängig, ob funktionierende und durchlässige Wirkungsketten in der hierarchischen und hierarchieübergreifenden Zusammenarbeit und Führung hergestellt werden können. Hierzu schien es nützlich, den horizontalen Teamgedanken um den vertikalen zu ergänzen.

Für das Gelingen von Innovationen kann es äußerst hilfreich sein, in einer relevanten Führungskette (z.B. der Abteilungsleiter, ein relevanter Bereichsleiter, ein Gruppenleiter und ein Mitarbeiter) das Zusammenspiel und die jeweiligen Perspektiven und Auswirkungen auf unterschiedlichen Ebenen zu studieren und komplementär aufeinander abzustimmen. Insbesondere für strategische Organisationsprozesse sind vertikale Teams mindestens ebenso wichtig wie horizontale. Häufig werden in Innovationsprozessen Maßnahmen auf unterschiedlichen horizontalen Ebenen getroffen, ohne sie vertikal wirklich sorgfältig abzustimmen. Oder bildlich gesprochen: Es hat keinen Sinn, oben in den Trichter viel hinein zu schütten, wenn die Durchlässigkeit von Ebene zu Ebene nicht gewährleistet ist. Was unten ankommt – also der tatsächliche Durchfluss – hängt von diesen Durchlässigkeiten ab. Der Gesamtdurchfluss ist auf den geringsten Durchfluss an einem der vertikalen Übergänge beschränkt. Was also nicht weitertransportiert werden kann, braucht oben gar nicht eingefüllt werden.

➤ 8.2.2 Die Wiederanbindung von Politik an verantwortliches Wirtschaften

5.2 Definition »Team«

Wir verstehen eine Gruppe von Menschen als Team, wenn sie gemeinsam Verantwortung für die Erbringung einer Leistung innerhalb einer Organisation tragen.
Wir beschreiben Team als eine Arbeitsgruppe von
- drei bis ca. zwölf Mitgliedern, die
- innerhalb ein- und derselben Organisation,
- unter gleichen Gesamtzielen,
- kontinuierlich,
- innerhalb definierter Grenzen sich selbst steuernd
- kooperieren (müssen).

Dabei können Teams
- institutionell einander zur Zusammenarbeit verpflichtet oder ehrenamtlich mit »freiwilligem Kooperationsvertrag« tätig sein,
- als Organisationseinheiten institutionell (Organigramm) verankert oder ad hoc zusammengestellt (Projekt-Teams) sein,
- physisch am selben Ort zusammenarbeiten oder auch in örtlicher Distanz zueinander aktiv sein.

Definition »Teamentwicklung«: Teamentwicklung befasst sich mit dem sozio-emotionalen Zusammenwirken von Persönlichkeiten bezogen auf die Leistung und die weitere Entwicklung der Leistungsfähigkeit eines Teams.

5.3 Drei Perspektiven von Teamentwicklung

Als Fazit aus unseren historischen Erfahrungen und Entwicklungen bewähren sich folgende drei komplementären Perspektiven für die Steuerung und Gestaltung von Teamentwicklungsprozessen:
- das Team bezogen auf die beteiligten Personen mit ihren individuellen Persönlichkeiten und Interessen, ihren Funktionen/Rollen und den entsprechenden Beziehungen zueinander,
- das Team bezogen auf seine Aufgaben, Kunden und Leistungen,

- das Team bezogen auf dessen Steuerung durch Führung und Kooperation.

Diese drei Perspektiven repräsentieren zentrale Logiken, welche unterschieden, aufeinander bezogen und integriert werden müssen.

5.4 Perspektive 1: Personen und Beziehungen

Die Optimierung der Leistung bzw. der Leistungsfähigkeit eines Teams setzt ein optimales Zusammenspiel der beteiligten Personen in zueinander komplementären Rollen voraus. Für die Optimierung des Zusammenspiels aus dieser Perspektive ist die Unterscheidung folgender Teilperspektiven nützlich:

- die Beziehung der Personen zu ihren Rollen/Aufgaben,
- die Beziehung der Personen zueinander.

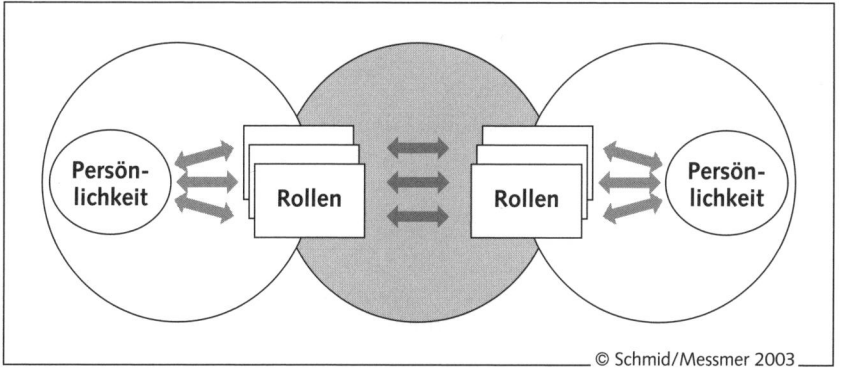

Abb. 12: Team-Rollen/-Beziehungen

5.4.1 Die Beziehung der Personen zu ihren Rollen/Aufgaben

Die Beziehung einer Person zu ihren Rollen/Aufgaben steht in unmittelbarem Zusammenhang mit ihrer individuellen Identifikation, Motivation und Leistungsfähigkeit. Um die Bedeutung dieser Beziehung und unseren Umgang damit zu verstehen, scheint uns ein Stück historischer Betrachtung nützlich zu sein. In den mechanistischen Betrachtungs- und Zugangsweisen der Stellenbesetzungsgewohnheiten der letzten zwei- bis dreihundert Jahre (geprägt durch Positivismus und Taylorismus), die auch die heutige Praxis immer noch wesentlich beeinflussen, wurde die persönliche Passung zwischen Person und Rolle als eher unrealistisch angesehen. Arbeit galt als »Schweiß und Pflichterfüllung« und das Gehalt letztlich als eine Art von Schmerzensgeld. Individuelle Anforderung an die Passung wurden eher als egoistischer und wenig leistungsorientierter Subjektivismus ausgelegt und abgelehnt. Passungsüberlegungen zwischen Person und Funktion wurden aufgrund eher äußerlicher Kriterien wie Anforderungslisten und Listen mit Angaben zu den beruflichen Sozialisierungsprozessen vorgenommen. Da das klassische, arbeitsteilige Spezialistentum den hochspezifischen Kundenanforderungen der heutigen Wirtschaftswelt nicht mehr gerecht wird und gegenüber neuen Rollenanforderungen an Bedeutung verliert, bekommt die Persönlichkeit des Rollen- oder Funktionsträgers eine neue Bedeutung. Die Subjektivität der individuellen Persönlichkeit wird immer stärker einerseits als unausweichliches Faktum (radikaler Konstruktivismus) und andererseits als zentrale Ressource erkannt. Individuelle Kernkompetenzen, Begabungen und Neigungen werden wichtige Ressourcen, welche genutzt werden müssen, um Wettbewerbsvorteile zu gewinnen.

➤ 1.1.3.1 Kernkompetenzen

➤ 1.2.1 individuelle Kernkompetenz und Funktion

➤ 1.2.2 Kooperationssystem

➤ 1.5 Dialogkultur bezüglich Passung

Diagnostischer Nutzen der Unterscheidung: Konflikte und Schwierigkeiten in Teams können damit zusammenhängen, dass Personen für Dinge zuständig sind, für die ihre Neigungen und Qualifikationen nicht genügen bzw. nicht passen.

5.4.2 Die Beziehung der Personen zueinander

Die Beziehung der Personen zueinander ist insofern wichtig, als die Leistungsfähigkeit eines Teams mit der Beziehung zwischen den Teammitgliedern in engem Zusammenhang steht. Kunden realisieren das mangelnde Zusammenspiel der beteiligten Personen unmittelbar und in vielerlei Formen. Auch die Beteiligten merken dies, zumindest unbewusst.

Um Beziehungen von Personen in Teams verstehen und entwickeln zu können, ist die Unterscheidung von zwei Beziehungsdimensionen hilfreich:

- förderliche und hinderliche Beziehungskulturen,
- Differenzierung von unterschiedlichen Beziehungswelten (Drei-Welten-Modell).

5.4.2.1 Förderliche versus hinderliche Beziehungskulturen

Diese äußern sich vor allem im Wechselspiel des Verhaltens zwischen Teamleitern und Teammitgliedern.

Teamkulturen, in denen Qualitäten von Menschen an scheinbar objektivierten Leistungsidealen gemessen werden, zeigen häufig verhängnisvolle Beziehungsmerkmale. Das mechanistische Ideal z.B. der perfekten Führungskraft, welche »die Dinge im Griff hat«, schafft eine Kultur des wechselseitigen Vergleichs und der Abwertung derjenigen, die das nicht schaffen (und das sind in der einen oder anderen Weise alle). Der Stress, dem Ideal gerecht zu werden, führt zu defensivem Verhalten, womit respektvolle und sorgfältige Beziehungsklärungen im Zusammenspiel sehr erschwert werden. Demgegenüber scheint eine Kultur förderlicher, in der Eigenheiten und Unterschiede von Menschen in ihren Qualitäten und ihren »Lichtseiten« gewürdigt werden – im Wissen, dass diese immer auch mit »Schattenseiten« verbunden sind. Der Blick geht dann dahin, welche Qualitäten vorhanden sind und wie – in welchen Rollen und Kontexten – diese besonders gut genutzt werden können. Die wechselseitige Würdigung und das Bewusstsein individueller »Licht- und Schattenseiten« fördern eine Kultur, in der sorgfältige Abstimmungsprozesse möglich werden.

➤ 1.5 Dialogkultur bezüglich Passung

5.4.2.2 Die Differenzierung unterschiedlicher Beziehungswelten

Diese Differenzierung schafft einen Ausweg aus der häufig praktizierten Vorgehensweise, Schwierigkeiten in der Beziehungsgestaltung als psychologische Probleme zu betrachten, welche auf persönliche Unzulänglichkeiten zurückgeführt werden können. Die Emotionalisierung der Beziehung durch wechselseitige Zuschreibungen von Störungen und Unfähigkeiten kann die Folge davon sein.

Erhellend ist hier die systemische Sicht, in welcher eine direkte Beziehung zwischen Personen nicht möglich ist. Beziehung wird immer in einer bestimmten Rolle vollzogen und ist Bestandteil eines Kontextverständnisses. Systemisch gesehen ist es daher nützlich, wechselseitig abzustimmen, welche impliziten und expliziten Annahmen bezüglich Rollen und Kontext wirksam sind. Im Kontext von Organisationen ist hierzu die Unterscheidung von drei unterschiedlichen Welten hilfreich, die jeweils andere Rollen und Beziehungslogiken beinhalten. Das Drei-Welten-Modell der Persönlichkeit schlägt vor, die Beziehungsstrukturen in einem Team auf den Ebenen der Privatbeziehungen, der Organisationsbeziehungen und der Professionsbeziehungen sowie den Wechselwirkungen zwischen diesen Beziehungen zu untersuchen und zu gestalten. Häufig können Probleme als psychologische Beziehungsprobleme wahrgenommen werden, welche jedoch z.B. darauf zurückzuführen sind, dass Zuständigkeiten und Ausstattung mit Hoheitsmacht und Ressourcen nicht genügend geklärt sind, resp. eine Führungskraft ihre diesbezügliche Verantwortung nicht wahrnimmt. Diese Differenzierung unterschiedlicher Welten und deren Wirklichkeiten hat eine wichtige Bedeutung für die Steuerung von Teamentwicklungsmaßnamen, damit nicht gewohnheitsmäßig psychologische Beziehungsklärungen vorgenommen werden, wo tatsächlich andere Beziehungsdimensionen geklärt werden müssen.

➤ Drei-Welten-Modell der Persönlichkeit (vgl. SCHMID 2003f, Kap. 3.2.3)

Teams sind aus der Sicht der 1. Perspektive vor allem betroffen durch den Verlust von Orientierung und Identifikation aufgrund der Auflösung von äußeren Strukturen und Orientierungspunkten in der Berufs- und Arbeitswelt. Gewohnte stabile und überschaubare Berufsbilder (Schreiner, Ingenieur, Arzt, Lehrer, Maurer) und Funktionsbezeichnungen (Vorgesetzter, Sachbearbeiter, Sekretär) lösen sich zunehmend auf und täglich entsteht eine Vielfalt von neuen Bezeichnungen. Der Bedarf an neuen Formen, wie Menschen Identität und Orientierung herstellen können, wächst ständig.

➤ 1.1.3.1 Kernkompetenzen

➤ 1.1.3.2 Identität und Motivation

Darüber hinaus sind Teams von der nach wie vor bestehenden Konkurrenzsituation im Team betroffen: Herrschende Führungs-, Beurteilungs- und Belohnungssysteme sind noch immer von der Idee geprägt, dass die individuelle Leistungsoptimierung automatisch auch einen Beitrag zur Optimierung der Teamleistung darstellt. Implizit sind diese Konzepte auf objektivierenden Vergleich und damit Konkurrenz angelegt, während die geforderte Integration von Prozessen auf die präzise und flexible Abstimmung von Kunden und Leistungen eine radikale Kooperationsbereitschaft und -kultur voraussetzt.

5.5 Perspektive 2: Kunden, Aufgaben und Leistungen

Die zweite Perspektive von Teams betrifft die Prozesse der Leistungssteuerung und -erstellung. Es ist nützlich, den Output eines Teams, aber auch die Leistungen der einzelnen Mitarbeiter aus einer Kunden-Lieferanten-Perspektive zu betrachten. Für die leistungsbezogene Optimierung unterscheiden wir zwei Teilperspektiven:

- Klarheit schaffen über die relevanten Kunden und Leistungen sowie
- eine entsprechende Ausrichtung der Strukturen und Prozesse im Kunden-Lieferanten-Netzwerk.

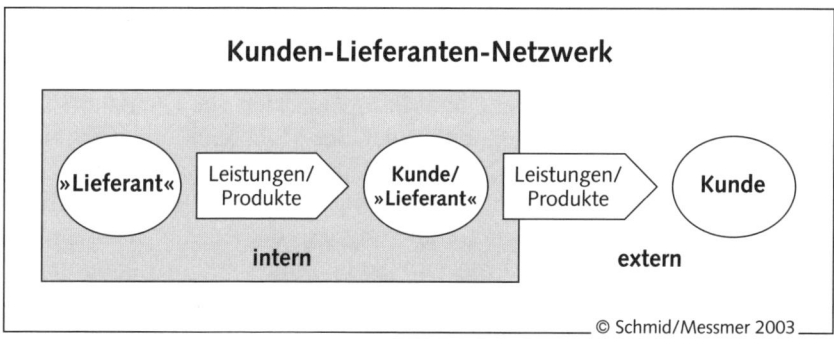

Abb. 13: Das Team bezogen auf seine Aufgaben, Kunden und Leistungen

5.5.1 Klarheit über Kunden-Lieferanten-Beziehungen

Wenn nicht ausreichend geklärt ist, welche Kunden und Leistungen relevant sind, können Teamprobleme entstehen. Die Fokussierung und Profilierung und die Ausrichtung der Ressourcen auf die Leistungserstellung den relevanten Kunden gegenüber wird für Teams immer wichtiger. Dabei

ist Kundenorientierung nicht nur eine Frage der kooperativen Haltung in der Leistungserstellung, die sich an einem optimalen Zusammenspiel mit den Kunden orientiert, sondern auch eine Frage der Führung.
In welchem Markt bzw. gegenüber welchen Kunden ein Bereich sich positionieren will (oder muss) ist eine zentrale strategische Frage, auf welche Führung eine Antwort geben muss (siehe Perspektive 3). Markt- und Kundenorientierung müssen in guter Balance mit einer »Programmorientierung« stehen, die Antworten auf die Fragen geben soll, wofür eine Organisation stehen will, auf welchen Auftrag sie sich ausrichtet und welche Kunden sie mit welchen Leistungen bedienen möchte.

➤ 4.5 Markt- versus Programmorientierung

➤ 6.2.1.3 Strategieorientierung (unternehmerische Haltung)

5.5.2 Ausrichtung der Strukturen und Prozesse

Eine entsprechende Ausrichtung der Strukturen und Prozesse im Kunden-Lieferanten-Netzwerk sichert die notwendige Leistungsqualität. Denn Probleme können auch entstehen, wenn zwar Positionierung und Kunden geklärt sind, jedoch die Prozesse nicht konsequent darauf ausgerichtet und abgestimmt werden. Es genügt nicht, sich Kundenorientierung auf die Fahne zu schreiben. Wenn nicht detailliert geklärt ist, wie Kundenbedürfnisse z.B. im Produktentwicklungs- oder Servicebereich aufgenommen und bedient werden, wird die Leistungsqualität suboptimal bleiben. Hier geht es also um die detaillierte Ausarbeitung und wechselseitige Abstimmung der Prozesse der Leistungssteuerung und der Leistungserstellung. Die Prozesse, Strukturen und Zuständigkeiten müssen dabei unter anderem auch mit den operativen Wirklichkeiten, mit individuellen Kompetenzen und mit den angewandten Instrumenten genau abgestimmt sein.

Eine zentrale Herausforderung für Teams aus Sicht dieser zweiten Perspektive besteht im grundlegenden Wandel der Geschäfts- und Arbeitswelt, welcher neue Kompetenzen im Umgang mit Fragen der strategischen Orientierung und Neupositionierung erfordert. Wenn die Organisationen selbst immer weniger als Maschinen, sondern als lebendige Märkte verstanden werden, braucht es Strategiekompetenz für eine erfolgreiche Positionierung am internen Markt und für die entsprechende Ausrichtung auf bzw. Anpassung an relevante Kunden. Insbesondere für Stäbe wie das HR kann dies zu einer Überlebensvoraussetzung werden.

Eine zweite Herausforderung besteht darin, dass Prozesse aufgrund nicht genau bestimmbarer Grenzen nicht voll durchorganisierbar sind. Es braucht deshalb auch eine Kultur der Grenzregulation und die Fähigkeit, ständig komplementäre Verantwortungen zu klären.

➤ 1.2.2 Kooperationssystem (Passungsprozess)

➤ 2.1.2 Verantwortung als komplementäres, aufeinander bezogenes Gesamtsystem

5.6 Perspektive 3: Führung und Kooperation (horizontale und vertikale Steuerung)

Teamentwicklung findet im Schnittpunkt der horizontalen (Zusammenarbeit) und der vertikalen Perspektive (Führungsbeziehungen) statt. Wenn aus einer der Perspektiven heraus optimiert wird, muss dies immer auch in Verantwortung vor der anderen geschehen. Die Entwicklung von Führungsbeziehungen muss auf das Zusammenspiel des Teams und dieses wiederum auf den Umgang mit Führungsbeziehungen ausgerichtet sein.

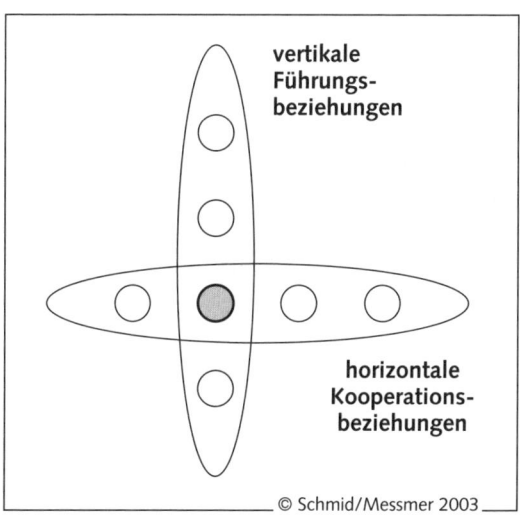

Abb. 14: Das Team bezogen auf dessen Steuerung durch Führung und Kooperation

Unter Steuerung verstehen wir alle Abstimmungs- und Entscheidungsprozesse, die dazu notwendig sind, eine schlüssige Idee erfolgreich umsetzen zu können. Diese Prozesse erfolgen auf vertikaler wie auch auf horizontaler Ebene.

➤ 12.7 Vertikale Teamentwicklung

5.6.1 Vertikale Steuerung

In der vertikalen Perspektive (Führung) geht es um Verantwortung für Vorgaben, für entsprechende Strukturen und Prozesse und für die Schlüssigkeit ihrer Umsetzung. Vertikale Führung ist »asymmetrisch«, d.h. mit institutioneller Macht verbunden. Diese Macht, einseitig Vorgaben für die Wirklichkeitsgestaltung der Beteiligten machen zu können, ist eine wichtige Funktion, um aus einer Vielzahl von Möglichkeiten eine in schlüssiger Form Wirklichkeit werden zu lassen. Wie diese »Hoheitsmacht« wahrgenommen wird ist eine Frage der Kultur, des Verstehens und der Fähigkeit zur Integration der relevanten Perspektiven. Wir verstehen Führung als Systemkompetenz, als Fähigkeit eines erfolgreichen Zusammenspiels zwischen Vorgesetzten und Team, in jeweils den Zuständigkeiten angemessenen Rollen und Verantwortungen zu handeln.

➤ 8.1.2 Machtdimensionen und die Wirkungsweisen von Macht erkennen

5.6.2 Horizontale Steuerung

In der horizontalen Perspektive geht es um die Verantwortung für das Zusammenspiel der Beteiligten. Autorisierung erfolgt hier »symmetrisch« auf der Basis wechselseitig abgestimmter Kontrakte. Steuerung durch Kooperation ist dadurch gekennzeichnet, dass die Beteiligten aus gemeinsamem Interesse und Lust am schlüssigen Zusammenspiel sich aus den Logiken ihrer Rolle heraus wechselseitig gut im Stück aufeinander beziehen, um das gemeinsame Stück erfolgreich auf die Bühne zu bringen.

➤ 8.1.1 Die Macht und ihre Zwillingsschwester, die Autorisierung

5.6.3 Drei Teilprozesse von Führung

Um das Zusammenspiel dieser beiden Steuerungsprozesse verstehen zu können, ist die Unterscheidung wesentlicher Teilprozesse von Führung wichtig:

- **Vorgaben für den Bereich:** Hier geht es um die strategische Positionierung des Bereiches, um die Definition relevanter Kunden und Leistungen und um Vorgaben betreffend Ressourcen etc.

❂ Theatermetapher: Welches Stück soll gespielt werden?

- **Ausgestaltung der Strukturen und Prozesse:** Hier geht es um die Entwicklung eines schlüssigen Konzeptes, wie die Vorgaben in einem aufeinander abgestimmten Set von Prozessen, Strukturen und Zuständigkeiten umgesetzt werden können

❂ Theatermetapher: das Drehbuch des Stückes

- **Umsetzung der Strukturen und Prozesse:** Mit Umsetzung ist die Besetzung der Rollen mit passenden Personen sowie ein solches Einüben und Klären des praktischen Zusammenspiels gemeint, damit die Vorgaben erfolgreich erfüllt werden können.

❂ Theatermetapher: die Inszenierung des Stückes

Diese drei Teilprozesse stehen einerseits in einer logischen Folge. Sie dürfen jedoch nicht als linearer, sondern sollten als zirkulärer Prozess verstanden werden, da z.B. Schritt 1 immer schon bezogen auf Schritt 3 erfolgen sollte. Die Vorgaben sollten dahingehend überprüft werden, ob sie etwa mit den beteiligten Personen oder bestehenden Infrastrukturen auch erfüllt werden können.

5.6.4 Vertikale Verantwortung für Kooperation

In der vertikalen Perspektive besteht stets eine Verantwortung bezogen auf die horizontale Perspektive der Zusammenarbeit, da sowohl die Vorgaben als auch die Strukturen und Prozesse geeignet sein müssen, die Beteiligten in ihrer Kooperation zu unterstützen. Insofern ist Führung immer auch bezogen auf das Team und die Entwicklung von Kooperationskultur und -kompetenz. Die drei Teilprozesse von Führung müssen auch auf die Entwicklung der Kooperationsfähigkeit der Beteiligten im Hinblick auf die folgenden zwei Dimensionen ausgerichtet werden:

- **Kooperative Beziehungskultur:** Die Gestaltung von Anreiz- und Belohnungssystemen und deren Umsetzungspraxis, die Stellenbesetzungspraxis und die Führungskommunikation sind entscheidend für eine Kultur, welche gut abgestimmte Kooperationen und Lust am Zusammenspiel fördert. Führung ist daher daraufhin zu untersuchen und zu gestalten, wie sie dies tut bzw. diesbezüglich optimiert werden kann (Bezug zu Perspektive 1).

- **Kooperative Leistungskultur:** Führung ist zuständig für die Förderung des wechselseitigen Zusammenspiels bezüglich der Leistungserstellung durch Orientierung und Klärung bezüglich Kunden-Lieferanten-Beziehungen und für die kompetente Besetzung der Rollen und Leistungsträger (Bezug zu Perspektive 2 und 1).

➤ 1.2.2 Kooperationssystem der Passung

5.6.5 Horizontale Verantwortung für Führung

In der horizontalen Perspektive hingegen besteht eine Verantwortung bezogen auf die Führung. Kooperation muss gegenüber Führung deutlich machen, auf welche Fragen bezüglich Personen und deren Beziehungen, Aufgaben und Leistungen sie Antwort geben muss.

Oft muss Kooperation bei Führung Antworten einfordern zu folgenden Fragen und Dimensionen:

- **Klärung der Vorgaben:** welche Vorgaben für die Leistungserstellung geklärt sein müssen,

- **Abstimmungsbedarf der Prozesse:** Klärung, wo Drehbücher (Strukturen, Prozesse etc.) auf die Erfordernisse der praktischen Leistungserstellungsprozesse abgestimmt werden müssen,

- **Abstimmung von Ausstattung und Ressourcen:** welche Ausstattung mit Ressourcen und Befugnissen notwendig ist, damit eine bestimmte Leistung kompetent erbracht werden kann und

- **Anforderungen an die Rollenbesetzung:** welche Anforderungen für ein optimales Zusammenspiel an die Rollenbesetzung gestellt werden müssen.

5.6.6 Verantwortung und Talente

Wichtige Verantwortungen für die Teilprozesse liegen bei den Führungskräften, die Talente dafür liegen aber oft woanders.

- Bei den Teilprozessen »Vorgaben« und »Konzept« (»strategisches Management«) geht es um schlüssige Konzeptarbeit, um Analyse und genaues Verstehen der sachlichen Zusammenhänge und um das Unterscheiden der relevanten Prozesse. Hier ist vor allem eine gedankliche

Stringenz, ein Bewusstsein für Ziele und die Fokussierung der Anstrengungen im Hinblick auf diese Ziele gefragt.

- Beim Teilprozess »Umsetzung« (»strategische Führung«) geht es darum, zielgerichtete Kommunikation mit Menschen zu ermöglichen und Talente zu erkennen sowie sie richtig einzusetzen. Es geht um einen Sinn für motivierende Kommunikation, um ein Verständnis von Menschen und ihren Bedürfnissen nach Respekt und Würdigung und um das Wissen um die Bedeutung von Kultur für das Gelingen der Zusammenarbeit.

Management und Führung erfordern unterschiedliche Talente, die selten in einer Person vereinigt sind. Es geht also darum, die entsprechenden Talente zu ermitteln und diese in eine kooperative Beziehung zueinander zu setzen, welche gewährleistet, dass eine umfassende Leistungsfähigkeit entsteht. Für Führungskräfte, denen das »Händchen« für Personen fehlt, kann es sinnvoll sein, sich gelegentliche Unterstützung dafür durch interne bzw. externe Berater zu holen, wobei die Verantwortung bei der Führungskraft bleiben muss.

Dasselbe gilt für Führungskräfte mit Sinn für Menschen und Kultur, denen jedoch die konzeptionelle Stringenz des Designers fehlt. Diese kann wiederum bei Beratern bzw. eventuell auch im eigenen Team gefunden und genutzt werden, ohne dass die entsprechende Verantwortung dorthin verschoben werden darf. Teamentwicklung kann hier einen wichtigen Beitrag leisten zur Sensibilisierung für diese Prozesse und für die Entwicklung eines diesbezüglich komplementären Zusammenspiels.

➤ 1.2.2 Kooperationssystem (im Passungsprozess)

➤ 1.2.3 Führungssystem (im Passungsprozess)

Bezogen auf die 3. Perspektive sind folgende Herausforderungen zu bewältigen:

Zunächst stellt der Bedarf an hochspezifischen, schnellen und hochstehenden Leistungen neue Anforderungen an die Steuerung von Organisationen und Prozessen. Die mechanistisch verstandene, hierarchisch und einseitig top-down ausgerichtete Führung ist zu schwerfällig für eine vitale Organisation, die den heutigen Anforderungen entsprechen will. Ein Wandel des Steuerungs- und Führungsverständnisses tut Not. Die Frage nach einem dezentralen und vor Ort schnellen unternehmerischen Handeln, welches dennoch auf eindeutige Profilierung und Optimierung des Ressourceneinsatzes etc. ausgelegt ist, wird zur großen Herausforderung.

Sicher ist, dass wir in Zeiten eines neuen Zusammenspiels von zentraler und dezentraler Steuerung nicht weniger, sondern eine andere, leistungsfähigere Führung brauchen. Wenn für ein anspruchsvolles Theaterstück Topschauspieler engagiert werden, erübrigt sich die Regie nicht, sondern sie muss besonders gut sein, so dass aus wertvollen Ressourcen auch eine wertvolle Aufführung wird.

5.7 Perspektiven in der Metapher des Theaters

PERSPEKTIVE	THEATERMETAPHER
Perspektive 1 Das Team bezogen auf die Personen mit ihren individuellen Persönlichkeiten und Interessen, ihren Funktionen/ Rollen und den entsprechenden Beziehungen zueinander.	
Die Beziehung zwischen Personen und ihren Rollen und Funktionen.	• Auswahl der geeigneten Schauspieler für bestimmte Rollen • Charaktere der Darsteller neu in Szene setzen
Die Beziehung der Personen in ihren Rollen/Funktionen zueinander	• Schlüssiges Zusammenspiel der Rollen in den einzelnen Szenen • Dialoge entsprechend dramatisieren
Perspektive 2 Das Team bezogen auf seine Aufgaben, Kunden und Leistungen	
Klarheit schaffen über die relevanten Kunden und Leistungen des Bereiches	• Klärung, welches Stück wie und mit welchen Gewichtungen gespielt wird
Organisation der Strukturen und Prozesse des Kunden-Liferanten-Netzwerkes	• Erstellung oder Anpassung des entsprechenden Drehbuches und der Neuinszenierungsplanung
Perspektive 3 Das Team bezogen auf dessen Steuerung durch Führung und Kooperation.	

Strategische Vorgaben der Positionierung des Bereiches, seiner relevanten Kunden und Leistungen	• Vorgaben für das zu spielende Stück und das entsprechende Drehbuch
Verantwortung für Strukturen, Abläufe und Zuständigkeiten	• Ausgestaltung des Drehbuches
Verantwortung für das Gelingen des Zusammenspiels	• Inszenierung des Drehbuches
Führung	• Verantwortung für Stückauswahl, Drehbuch und Regie
Kooperation	• Schlüssiges Zusammenspiel in der Szene

Abb. 15: Perspektiven der Theatermetapher

6. Metaperspektiven und Arbeitsformen der Teamentwicklung

Sie dienen dazu, Design und Architektur von Teamentwicklung so zu gestalten, dass die Leistungsfähigkeit des Teams entwickelt und nicht bloß die aktuelle Leistung optimiert wird.
Für die nachhaltige Entwicklung der Leistungsfähigkeit sind die folgenden drei Prinzipien resp. Metaperspektiven wichtig:

- Teamentwicklung als fragmentarisches Arbeiten mit qualitativem Transfer
- Teamentwicklung als Entwicklung einer unternehmerischen Haltung
- Teamentwicklung als Kulturentwicklung

6.1 Metaperspektive 1: Fragmentarisches Arbeiten mit qualitativem Transfer

Oft sind Teams mit einer Überfülle von Problemstellungen konfrontiert. In der TE besteht die Gefahr, sich dennoch ein quantitatives Abarbeiten von Problemstellungen zur Aufgabe zu machen. Für Berater entsteht die Versuchung, mit Teams das zu tun, wozu diese scheinbar selbst nicht in der Lage sind, statt zu schauen, woran es liegt, dass ihre Problemlösungsfähigkeit in Eigendynamik nicht genügend entwickelt oder aktiviert worden ist. Diese Art von »Bypasslösung« (der Berater als »bessere« Führungskraft) kann die Problemlösungsfähigkeit schwächen und problematische Situationen stabilisieren. Für die Entwicklung nachhaltiger Problemlösefähigkeit eignet sich die fragmentarische Arbeitsweise. Ein Fragment ist ein Teil, das für das Ganze stehen kann.

6.1.1 Am Beispiel lernen: Fragmentarisches Arbeiten

»LIEBER MIT KLEINEN DINGEN VIELFÄLTIG ALS MIT GROSSEN EINFÄLTIG UMGEHEN.«
(SCHMID 1998w)

Für anwesende Personen wesentliche Fragestellungen werden als Ausgangspunkte für eine beispielhafte Reflexions- und Klärungsarbeit ausgewählt. Dabei wird das beraterische Handeln von der Annahme geleitet, dass ein Beispiel – im Sinne eines holografischen Teilbildes – alle relevanten Dimensionen des Ganzen in sich abbilden kann. Beispielhaft kann daran Vielfältiges reflektiert und entwickelt werden, was wiederum eine Transferwirkung auf den Umgang mit anderen Fragestellungen hat. Fragmentarisches Arbeiten verlangt nicht nur, Spezialist für Teilperspektiven zu sein (z.b. als Psychologe für Fragen der Beziehungsklärung), sondern das Zusammenspiel in Systemen aus unterschiedlichen, sich ergänzenden Teilperspektiven heraus begreifen zu können. Aufgrund der Hintergrundfolie der drei Grundperspektiven der Teamentwicklung (siehe 3.3 »Personen und Beziehungen«, 3.4 »Kunden und Leistungen«, 3.5 »Führung und Kooperation«) können am Beispiel Qualitäten und Ergänzungsbedarfe diagnostiziert und die Entwicklung der entsprechenden Kompetenzen gefördert werden.

In jedem ausgewählten Beispiel (z.B. ein herausforderndes Projekt) sind alle Systemdimensionen der Zusammenarbeit im Team wirksam:

- Aspekte der Führung (z.B. Auftrag, Beziehung zum Auftraggeber, Rolle des Projektleiters),

- Fragen bezüglich der beteiligten Personen und ihrer Beziehungen (Besetzung des Projektteams, Umgang mit unterschiedlichen Sichtweisen etc.),

- ebenso wie solche der Kunden-Leistungs-Beziehungen (»Worin bestehen die Leistungen der einzelnen Projektmitglieder?«) können in ihrem Zusammenwirken sichtbar gemacht, geklärt und gestaltet werden.

Ganz nebenbei wird eine Kultur entwickelt, wie diese unterschiedlichen Perspektiven gewürdigt und integriert werden können, wie es gelingen kann, Lösungen zu finden, die aus der Sicht aller Beteiligten Sinn machen und in je unterschiedlichen Rollen verantwortet und mitgetragen werden.

6.1.2 »Beispiele machen Schule«: Qualitativer Transfer

In der fragmentarischen Arbeit an Beispielen entwickelt jeder der Beteiligten ein Gefühl für die Relevanz komplementärer Perspektiven und für Zusammenhänge. Die in der Beratungsarbeit gemachten Erfahrungen zeigen Wirkungen auf zwei Ebenen:

- Die Beteiligten entwickeln die Kompetenz des Wechsels von der Sach- und Ereignisebene auf die Systemebene, mit deren Beteiligten, Rollen und Perspektiven zu gehen und vielschichtige Lösungsmöglichkeiten entwickeln zu können. Da sie selbst unmittelbar im Beispiel involviert sind (mit ihrer eigenen Persönlichkeit, ihren Kompetenzen, Neigungen und Ängsten), werden die Erfahrungen in ihrem Unterbewusstsein verankert.

- In der Auseinandersetzung mit den Fragestellungen wird eine Kultur entwickelt, die durch Zuversicht, durch den Willen und die Fähigkeiten geprägt ist, respektvoll und ressourcenorientiert mit Unterschieden umzugehen, unterschiedliche Perspektiven zu integrieren und zueinander ergänzende Verantwortungen zu übernehmen.

Durch die geeignete Arbeit mit Schlüsselpersonen und Schlüsselvorhaben kann die neue Kultur auch an anderer Stelle und in anderen Vorhaben wirksam werden, auch wenn diese nicht besprochen werden. Diese Wirkungen der fragmentarischen Arbeit können deutlich verstärkt werden, wenn die Beteiligten sich gemeinsam der Frage stellen, wie die gelungenen Beispiele »Schule machen« können. Hier stehen Überlegungen im Vordergrund, wie ihre Regelkommunikation, wie Sitzungen und gewohnte Abstimmungsprozesse sich neu inszenieren lassen, so dass die neue Kultur auch in den Ritualen und Gewohnheiten der Alltagsarbeit integriert werden kann.

6.2 Metaperspektive 2: Unternehmerische Haltung

Die Grundidee des Taylorismus, die Organisation als top-down gestaltete Konstruktion einer Maschine zu begreifen, ist bis heute im impliziten Selbstverständnis der meisten Organisationen lebendig geblieben. In den letzten Jahren des Wachstums, der Schönwetterwirtschaft und des Börsenhypes haben selbst im großen Stil zusammengekaufte Großorganisationen den Anschein erweckt, dass diese Annahme immer noch ihre Gültigkeit habe. Mittlerweile beginnen viele besonnene Manager daran zu zweifeln – ein Zeitalter scheint zu Ende zu gehen. Die Anforderungen der Märkte, wachsende Geschwindigkeiten und das absehbare Ende des quantitativen Wachstumsglaubens erfordern neue Grundannahmen bezüglich der Gestaltung und Entwicklung von Organisationen. Die hohen Prozessanforderungen machen es notwendig, dass die einzelnen Teile und Beteiligten der Organisation nicht mehr lediglich Teilperspektiven versorgen im Vertrauen darauf, dass die Konstruktion schon für die Schlüssigkeit des Ganzen sorgen werde. Sie können sich nicht mehr darauf beschränken, bloße »Verantwortung für ...« (z.B. Verkauf) wahrzunehmen (Partialoptimierung), sondern müssen vermehrt auch »Verantwortung bezogen auf ...« andere Perspektiven der Unternehmung (z.B. Wartung) wahrnehmen können (Gesamtoptimierung). Nur so können Prozesse nahtlos und effektiv ineinander greifen. Es braucht den Blick für das Ganze, die Fähigkeit, Teilprozesse so zu gestalten, dass sie auch bezogen auf den Gesamtprozess Sinn machen. Organisationen werden zunehmend selbst zu Märkten, in denen Interne (sowohl Personen wie Bereiche) nicht mehr einfach gesetzt sind, sondern sich am internen Markt positionieren und bewähren müssen. Die Entwicklung einer unternehmerischen Haltung und Kultur auf allen Ebenen und in allen Teilen der Organisation ist vonnöten. Diese Haltung können wir vergleichen mit der des Besitzers eines Klein- und Mittelbetriebes, welcher mit dem Einsatz seiner Kraft und seines Vermögens den Betrieb und die Weiterentwicklung seines Unternehmens gestaltet und verantwortet.

Wir schlagen die Entwicklung des Unternehmertums als Metaperspektive auch für Teamentwicklung vor. Wir stellen dar, welche Teilperspektiven wir diesbezüglich für Lernen und Entwicklung in Teams für bedeutsam halten und in welcher Weise Unternehmertum auf allen Stufen und in allen Personen verankert werden kann.

6.2.1 Vier Teilperspektiven des Unternehmertums

Wir unterscheiden vier Teilperspektiven und erläutern sie am Beispiel des traditionellen Unternehmers eines kleinen oder mittleren Unternehmens.

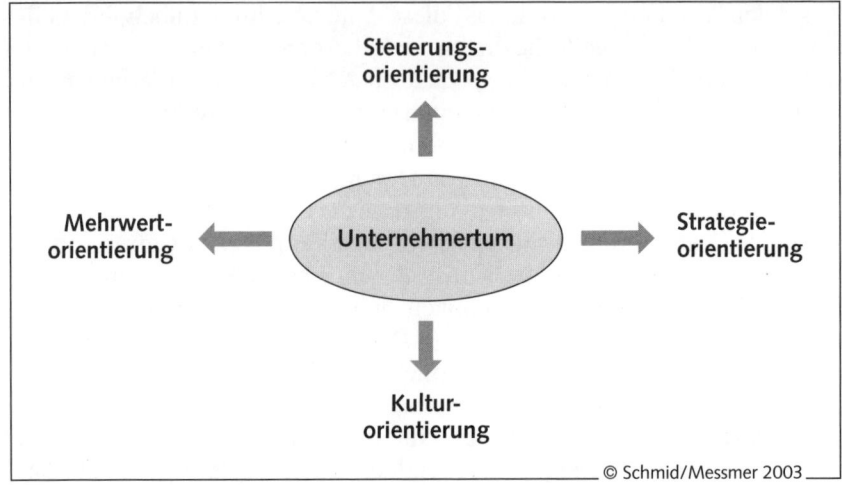

Abb. 16: Teilperspektiven des Unternehmertums

6.2.1.1 Steuerung

> Jeder erfolgreiche Unternehmer weiß instinktiv, dass er schlüssige Geschäftsideen überzeugend umsetzen muss, mit Mitarbeitern, die kompetent und engagiert diese Ideen in der Umsetzung mittragen und mitverantworten. Er weiß, dass die Prozesse zu den beteiligten Personen und umgekehrt passen müssen (Kernkompetenzen zu Kernprozessen). Er wählt Menschen aus, bei denen er das Gefühl hat, dass sie Ideen mittragen können und wollen.

Auch in Teams gilt es, das Bewusstsein für Fokussierung und Steuerung zu entwickeln. Unter Steuerung verstehen wir das Zusammenspiel zwischen vertikalen und horizontalen Abstimmungs- und Fokussierungsprozessen, also zwischen Führung (siehe Kap. 5.5.1) und Kooperation (siehe Kap. 5.5.2).

Wir verstehen Steuerung als sozialen Prozess, der letztlich komplementär zwischen Mitarbeitern und unternehmerischen Schlüsselfiguren (z.B. Führungskräften) gestaltet und verantwortet wird (jeder in rollenspezifischer Verantwortungen). In der Beratungsarbeit wird am Beispiel die situative Relevanz der unternehmerischen Steuerungskompetenz herausgearbeitet.

❋ In der Sprache des Theaters unterscheiden wir die zwei Ebenen des Drehbuches (»Management« = Definition von Strukturen und Prozessen) und der Regie (»Führung« = auf Ziele ausgerichtete Rollenbesetzung und kommunikative Abstimmung der Inszenierung). Es geht darum, dass alle Beteiligten ein Bewusstsein dafür entwickeln, in welchem Stück sie mitspielen, ob das Zusammenspiel der Truppe überzeugend ist und worin ihre Verantwortung bezüglich der Regie besteht, damit sie ihren Part überzeugend und auf andere abgestimmt auf die Bühne bringen können.

6.2.1.2 Mehrwertorientierung

> Jeder Unternehmer weiß, dass das Überleben und die Entwicklung der Organisation vom Mehrwert abhängt, welcher durch Leistung gegenüber Kunden erzeugt wird.

In Organisationen und Teams ist dieses Bewusstsein zu entwickeln, wer an welcher Stelle, in welcher Form, welchen Kunden gegenüber marktfähige Leistungen erbringt. Das Bewusstsein ist zu entwickeln, dass der Output größer sein muss als der Input, d.h. Aufwand von Ressourcen wie Zeit, Geld und Aufmerksamkeit müssen am Mehrwert für bestimmte Kunden gemessen werden, die dafür auch den entsprechenden Preis zu bezahlen bereit sein müssen (in welcher Währung auch immer).

6.2.1.3 Strategieorientierung

> Der Unternehmer zeichnet sich dadurch aus, dass er relevante Märkte im Blick hat, auf Veränderungen unternehmerisch reagiert und die Positionierung der Organisation und ihrer Leistungen den veränderten Anforderungen anpassen kann.

Der kontinuierliche Wandel erfordert, dass Organisationen und Teams die Fähigkeit aufbauen, die Entwicklung der Anforderungen ihrer Kunden, von Umwelten, Technologien etc. zu beobachten und zu reflektieren. Sie benötigen die Kompetenz, darauf bezogen sinnvolle Antworten betreffend eigener Positionierung und des Leistungsangebots zu geben. Diese »Strategiekompetenz« muss in Zukunft nicht nur bezogen auf Organisationen und Teams, sondern auch bezogen auf die Entwicklungswege einzelner Mitarbeiter entwickelt werden. Die (Neu-) Positionierung der beteiligten Personen und deren »Geschäftsportfolios« – abgestimmt auf individuelle Kernkompetenzen – wird angesichts wachsender und ausdifferenzierterer Rollenanforderungen sowohl für Beteiligte wie für Organisationen überlebenswichtig.

➤ 1.1.2 Anforderungen an Organisationen und ihre Kernprozesse

➤ 1.1.3 Anforderungen an Personen und ihre Kernkompetenzen

6.2.1.4 Kulturorientierung

> Unternehmer stehen – oft unbewusst – für bestimmte Kulturen und verwirklichen diese in allem, was sie tun.

Die bewusste Gestaltung von Kultur ist in arbeitsteiligen Großorganisationen – abgesehen von Nischen – weitgehend verloren gegangen, wird aber in Zukunft für die Vitalität von Organisationen (wieder) eine zentrale Bedeutung bekommen. Mitarbeiter aller Stufen müssen ein Bewusstsein für gelebte Kultur entwickeln und an ihr mitwirken.

In der Beratungsarbeit mit Teams werden Interventionen darauf ausgerichtet, dass alle Beteiligten ein ihren Rollen und Kontexten gemäßes, unternehmerisches Bewusstsein und entsprechende Kompetenzen entwickeln. Die vier Perspektiven des Unternehmertums stehen dabei implizit im Zentrum der Aufmerksamkeit. Leistungs- und Lösungsfähigkeit wachsen in dem Maße, in dem es gelingt, eine unternehmerische Haltung zu entwickeln und zu verankern. Schlüssige Ordnungen des Zusammenspiels und tragfähige Lösungen sind dann die durch die Beteiligten selbst gestaltete und verantwortete Folge davon.

6.3 Metaperspektive 3: Teamentwicklung als Kulturentwicklung

Angesichts wachsender Anforderungen und Komplexitäten können Organisationen und auch Teams letztlich am effektivsten über Kultur gesteuert werden. Mechanistische Prozesse der Verordnung können sich Unternehmen immer weniger leisten, da diese zu schwerfällig, zu wenig präzise und von erheblichen Reibungsverlusten geprägt sind. Nur Teams, die eine Kultur der wechselseitig aufeinander bezogenen Verantwortung pflegen, können schnell, flexibel und dennoch hoch integriert und damit effizient auf Veränderungen reagieren. Die Leistungsfähigkeit eines Teams entwickelt sich in dem Maße, als es den Beteiligten gelingt, bezogen auf den Fokus die aufeinander bezogenen Rollen und Verantwortungen zu klären und zu gestalten. Verantwortung ist dabei in einem umfassenden Sinne von Ver-Antwort-en gemeint. Dabei muss jeder bezogen auf seine Rollen jeweils Antworten geben können (Frage der Qualifikation), wollen (Frage der Werte), dürfen (Frage der Autorisierung) und müssen (Frage der Zuständigkeit). Damit das Zusammenwirken so gelingt, müssen Teams (und Organisationen) sowohl kulturell wie ökonomisch »gesund« sein. Hierfür ist das Nachdenken über Integration und Integrität bedeutsam. Unter Integration verstehen wir den Aspekt, wie weit es einem Team gelingt, die verschiedenen Aspekte der Zusammenarbeit gut aufeinander bezogen zu integrieren.

❂ In der Theatermetapher gesprochen geht es dabei darum, das Stück mit allem, was dazu gehört (Schauspieler, Bühnenbild, Lichtregie, Drehbuch etc.), auf die Bühne zu bringen. Unter Integrität verstehen wir den Aspekt, ob das Stück auch für die beteiligten Schauspieler (Mitarbeiter) und die Zuschauer (Kunden) stimmig erscheint, ob ein Kraftfeld entsteht und der Geist herüberkommt, ob identitätsstiftende und damit auch integrierende Wirkungen entstehen.

In Wohlstandsgesellschaften wird immer bedeutsamer, was die Menschen durch wirtschaftliche Güter und Prozesse werden zu können glauben. Die Werbung nutzt dies längst auf ihre Weise.

➤ 2.1.2 Verantwortung als komplementäres System
➤ 2.5 Arbeit an einer Verantwortungskultur
➤ 3.1 Eine Kulturperspektive von Organisationen

6.4 Perspektiven für die Entwicklung von Arbeitsformen und Architekturen von Teamentwicklungsprozessen

Für Teamentwicklung werden oft schematische und ressourcenintensive Arbeitsformen gewählt. Die hier dargestellten zwei Perspektiven unterstützen Berater (und Klienten) darin, Arbeitsformen der Teamentwicklung sinnvoll zu gestalten. Sie helfen, Antworten auf die Frage zu geben, welche Personen wann und wie auf welche Bühne eines Teamentwicklungsprozesses kommen sollten, damit die Leistungsfähigkeit des Teams optimal und ressourcensparend entwickelt werden kann. Hierbei geht es um zwei Dimensionen:

- Fokusspezifisches, kristallisierendes Arbeiten mit Teams
- Formen des Zusammenspiels zwischen Berater und Team(leiter)

6.4.1 Fokusspezifisches, kristallisierendes Arbeiten mit Teams

Insbesondere bei Teamentwicklungsprozessen wird häufig mit einer Art »plebiszitären« Haltung so interveniert, dass grundsätzlich alle Betroffenen in gemeinsamen Workshops zusammengenommen und »als Team entwickelt« werden.

Während »Vollversammlungen« in bestimmten Phasen oder Kontexten eines Prozesses durchaus sinnvoll sein können, sind sie als Prinzip in der heutigen Zeit dysfunktional und auch nicht mehr bezahlbar.

✿ In der Theatermetapher gesprochen leitet sich diese gewohnheitsmäßige Praxis aus folgender Annahme ab: »Wenn alle Betroffenen (die Schauspieler im Stück), schon in der Ideensammlung, welches Stück wie neu gespielt werden soll, mitwirken können, dann werden sie auch als Schauspieler engagiert und kompetent ihre Rolle wahrnehmen«.

Zutreffend ist zwar, dass diese Art des Einbezuges bei den Beteiligten gute Gefühle der eigenen Wichtigkeit und Würdigung auslösen kann (mindestens zu Beginn), aber die Qualität der Arbeit wird damit nicht automatisch gefördert. Wenn Entwicklungsstrategie und Aufbau der Uminszenierung noch ungeklärt sind, macht es wenig Sinn, erst einmal alle einzubeziehen, wenn sie für die anfänglichen Schritte weder gebraucht werden noch dafür besondere Kompetenzen haben. Diese Art der Beteiligung erzeugt meist Verantwortungsdiffusionen und Zerstreuung von knappen Ressourcen wie Zeit, Geld und Aufmerksamkeit. Der »plebiszitäre« Einbezug kann unter diesem Aspekt auch als Vermeidungsverhalten verstanden werden. Der unternehmerische Verantwortungsträger vermeidet vielleicht aus »Rücksicht« und wegen fehlender Regiekompetenz in eine zentrale Gestaltungs- und Entscheidungsverantwortung zu gehen. Hier besteht oft ein erster wichtiger Beratungs- und Entwicklungsfokus in einem Einzelcoaching darin, wie der Verantwortungsträger diese Verantwortung in einer Art und Weise wahrnehmen kann, dass sie für ihn selbst, für den Entwicklungsfokus und die Beteiligten (wie auch die »nicht beteiligten« Betroffenen) Sinn macht.

Ein solches Einzelcoaching ist oft Ausgangspunkt für die Gestaltung eines Sets unterschiedlicher Arbeitsformen der TE, welches wir als kristallisierend bezeichnen. Kristallisierende Arbeitsformen sind darauf ausgerichtet, die Verantwortungsträger darin zu stärken, ihre Verantwortung wahrzunehmen und die dazu erforderlichen Kompetenzen aufzubauen. Ausgangspunkt und Schlüsselfigur des kristallisierenden Arbeitens ist immer der unternehmerische Verantwortungsträger (in hierarchischen Organisationen in der Regel Führungskräfte, aber auch Projektverantwortliche etc.). Bevor Maßnahmen unter Einbezug weiterer Beteiligter angegangen werden, muss geklärt werden, worum es im Wesentlichen geht, welche Ressourcen und Zeiträume zu beachten sind, was dem Verantwortungsträger im Entwicklungsprozess wichtig ist und worin seine Rollen und Verantwortungen und diejenigen des Beraters bestehen. Dieser Prozess setzt meist ein Führungs- bzw. Teamentwicklungs-Coaching voraus, da Verantwortungsträger oft aufgrund ungeprüfter Annahmen gewohnheitsmäßige Maßnahmen beauftragen, die bei unbesehener Übernahme das Problem eher aufrechterhalten, anstatt nachhaltige Entwicklungen auszulösen.

Es geht bei der kristallisierenden Arbeitsweise darum,

- dass sich die jeweiligen Verantwortungsträger über die jeweils nächsten relevanten Fragestellungen und Beteiligten und über das Design weiterer Entwicklungsschritte qualifiziert Gedanken machen,
- dass die Verantwortungsträger dabei ihre Regiekompetenz entwickeln (und diese Verantwortung nicht einfach dem Berater überlassen),
- fokusspezifisch nur jeweils diejenigen Spieler auf die Bühne zu holen, die aus ihren Zuständigkeiten, Verantwortungen und Fähigkeiten heraus spezifische Beiträge leisten können resp. müssen,

- weitere Spieler erst dann auf die Bühne zu holen, wenn sie für den Ausbau der Inszenierung gebraucht werden und die Verantwortlichen selbst schon wissen, wie gespielt werden soll.
- Bei dieser Arbeitsweise besteht eine Herausforderung darin, jeweils zu begründen, warum wer einbezogen werden soll und wer nicht. Da dies ohne Definition von Architekturen, Zuständigkeiten und Prozessen nicht möglich ist, handelt es sich eher um eine Drehbuch- und Regieentwicklung als um Regie beim Einstudieren eines Stückes.

Ein Beispiel: Ein HR-Verantwortlicher möchte, dass die Bereiche der Personalentwicklung und der klassischen Personalverwaltung vermehrt zusammenarbeiten. Bisher hat er selbst jedoch – außer in »engagierten Plädoyers« – wenig aktiv dazu getan, dass diese Zusammenarbeit anders gestaltet worden wäre. Er engagiert einen Berater, um die Thematik anzugehen und möchte gleich mit einem Workshop mit allen Beteiligten beginnen. Da er selbst noch nicht so genau weiß, was er damit will, schlägt ihm der Berater zunächst einmal ein Coaching vor, in welchem geklärt werden kann, was ihm eigentlich daran wichtig ist und worin seine Verantwortung besteht. Danach wird mit dem HR-Leiter geklärt, wer bezogen auf die zukünftigen Zusammenarbeitsvorstellungen die nächsten delegierten Verantwortungsträger sein könnten, denen er neue Formen der Zusammenarbeit zutraut, worauf diese zu einem Workshop eingeladen werden. Hier werden dann im kleinen Kreis mit beraterischer Unterstützung zueinander passende Vorstellungen darüber entwickelt, was wie in Zukunft passieren sollte und über welche Prozessschritte diese Veränderungen vollzogen werden können. Erst danach sind in einem weiteren Schritt die weiteren Mitarbeiter der beiden Bereiche zu einem Workshop eingeladen, in dem das neue Zusammenspiel in den Grundideen vorgestellt und am Beispiel durchgespielt wird. Dabei werden detaillierte Abstimmungsprozesse so vorgenommen, dass die angedachte Zusammenarbeit auch für die weiteren Beteiligten plausibel und stimmig wird.

6.4.2 Formen des Zusammenspiels zwischen Berater und Teamleiter

Die wesentlichen Dimensionen sollen an vier Formen des Zusammenspiels verständlich gemacht werden:

6.4.2.1 Coaching des Vorgesetzten in seiner Rolle als Teamentwickler

In diesem Coaching geht es darum, Selbstverständnis und Annahmen des Teamleiters betreffend der Rollen und Verantwortungen bezüglich der Entwicklung des Teams bewusst zu machen, zu überprüfen, zu erweitern und damit Kompetenzen in TE in der Führungsrolle aufzubauen. Der Vorteil des Coachings besteht darin, dass damit größtmögliche Integration und Verantwortlichkeit des Teamleiters gesichert wird. Limitiert wird die Wirkung durch Einschränkungen der entsprechenden Wahrnehmungs-, Reflexions- und Handlungspotenziale des Teamleiters.

6.4.2.2 Supervision bei Teamentwicklungsmaßnahmen unter der Leitung der Vorgesetzten

Das Zusammenspiel zwischen Teamleiter und Team wird live im Arbeitskontext oder im Workshop erlebbar gemacht, reflektiert und entwickelt. Diese Arbeit setzt eine gewisse Vertrauensbasis voraus und ein entwickeltes Selbstbewusstsein der Teamleiter, sich öffentlich in ihren Rollen und als Teil des Systems zur Diskussion zu stellen und sich mit eigenen Fragen und evtl. Zweifeln darzustellen. Dieses Verfahren eignet sich sehr gut, um ein Bewusstsein für komplementäres Zusammenspiel und Verantwortungen bezüglich Steuerung zu entwickeln. Es ist jedoch normalerweise erst nach einem Coaching der Vorgesetzten sinnvoll, in welchem »Licht- und Schattenseiten« der Führungskraft, ihr Stil, ihre Ressourcen, Möglichkeiten und Einschränkungen im Umgang mit Rollen untersucht worden sind und sie zu diesen eine geläuterte Beziehung aufgebaut hat.

6.4.2.3 Moderation von Teamentwicklungsmaßnahmen durch den Berater im Auftrag des Vorgesetzten resp. des Teams

Dieses Verfahren kann für genau definierte Aufträge sehr effizient sein. Es muss eindeutig sein, worin der Output besteht und welche Entscheidungs- und Gestaltungsspielräume der Teamleiter darauf bezogen beanspruchen wird. Bei unklaren Kontrakten besteht die Gefahr, dass Prozesse sich in eine Richtung entwickeln, die vom Teamleiter nicht wirklich mitgetragen werden. Damit wird Kraft und Aufmerksamkeit für etwas verschwendet, was letztlich kontraproduktiv ist und für alle Beteiligten demotivierend wirkt. Hier können sorgfältige Rückkoppelungsschleifen mit dem Teamleiter sehr wichtig sein (»Gibt es für Sie als Verantwortlichen an dieser Stelle Steuerungsbedarf?«). Das Modell kann sich eignen, um bestimmte

Perspektiven zu entwickeln: z.b. Auseinandersetzung mit den Kernkompetenzen der Beteiligten und deren Leistungs- und Ergänzungspotenziale betreffend Steuerungs- und Leistungserbringungsprozesse oder für die Entwicklung von Strategieoptionen mit Beteiligung von Anspruchsgruppen etc.

6.4.2.4 Co-Regie des Teamentwicklungsprozesses durch den Berater

Oft übernehmen Berater zu wenig aktiv gestaltende Rollen bei der Gestaltung von TE oder sie übernehmen mit aktiven Rollen gleich Verantwortungen, die Beratern nicht zustehen. Die Kunst ist hier: aktiv Regie führen, wenn dies vereinbart und notwendig ist und dabei die Verantwortung bei den durch die Organisation Autorisierten lassen. Co-Regie des Beraters meint, dass er situativ Rollen des unternehmerisch Verantwortlichen übernehmen kann, aber unter der Verantwortung des Rollenzuständigen. Er kann beispielsweise an Stelle des Verantwortlichen ein Auftragserteilungs- und -klärungsgespräch mit einem Projektleiter durchführen, um mit ihm dabei zu seinen Kernkompetenzen passende Inszenierungen zu entwickeln. Diese Form eignet sich, um den Beteiligten ein Gefühl für die Inszenierung eines solchen Gesprächs und für die dabei wichtigen Dimensionen zu geben. Wichtig ist dabei die Fähigkeit des Beraters Inszenierungsformen anzubieten, die an die Möglichkeiten und Selbstverständnisse des Teamleiters anschlussfähig sind. Dabei ist darauf zu achten, dass die Verantwortung beim Rollenträger bleibt. Der Vorteil dieser Form besteht darin, dass am Beispiel aktueller Kommunikationsformen des Alltag stimmige »Neuinszenierungen« erprobt und maßgeschneidert auf die Erfordernisse des Systems abgestimmt werden können. Eine solche Vorgehensweise erzeugt weniger abgehobene Sonderwirklichkeiten, die dann wenig Chancen auf Integration im betrieblichen Alltages hätten.

➤ 4.4 Führen/Managen versus Bilden/Beraten

Die vier Formen sind jeweils bezogen auf hierarchisch gesetzte Teamleiter beschrieben worden. Streng genommen ist der Begriff des unternehmerisch Verantwortlichen treffender, da bei entsprechendem Fokus auch andere Verantwortliche wie z.B. ein Arbeitsgruppenleiter gemeint sein können.

6.4.3 Das Wechselspiel von Rollen und Arbeitsformen im Teamentwicklungsprozess

Beraterrollen (und damit die Beziehung zum unternehmerisch Verantwortlichen) und Arbeitsformen werden laufend auf sich entwickelnde Themen und Entwicklungsinteressen ausgerichtet.

Im obigen Beispiel könnte im Workshop mit dem Team eine bisher unbedachte Dimension auftauchen, welche durch den verantwortlichen HR-Leiter mit dem vorgesetzten Geschäftsführer geklärt werden müsste. Hierzu könnte in einem weiteren Coaching der HR-Verantwortliche darin unterstützt werden, wie er angesichts einer belasteten Vorgesetzten-Beziehung (z.b. aufgrund erheblicher Budgetkürzungen im Vorjahr), den angestrebten Klärungsprozess erfolgreich gestalten kann.

Je nach Fokus können auch andere Beteiligte im System in der Rolle des unternehmerisch Verantwortlichen in den Fokus kommen.

Im Beispiel könnte die Projektleiterin eines Vorhabens (in welchem Personalbeurteilungs- und Entwicklungssysteme neu abgestimmt werden sollen) in einem Coaching darin unterstützt werden, wie sie diese Aufgabe angesichts der kulturellen Unterschiede zwischen den Projektbeteiligten der beiden HR-Bereiche gut bewältigen kann.

Auch in der Beratungsarbeit mit dieser Verantwortlichen können dabei je nach Fragestellung die unterschiedlichen Beziehungsformen zur Anwendung kommen.

Diese Varianten zeigen, dass Teamentwicklung kein schematischer und isolierter Vorgang sein kann, sondern Organisations- und Personalentwicklung im Team darstellt. Da es hierfür unzählige Varianten gibt, haben wir uns hier um die Klärung der Perspektiven für diese bemüht.

7. Dialogische Kommunikation zur Ausbalancierung von Sach- und Beziehungsorientierung

Bei der Gestaltung von Innovationsprozessen in Organisationen besteht ein zentrales Spannungsfeld zwischen absichtsvoller Konstruktion (Strukturen, Prozesse, Systeme etc.) und unbewusst wirksamen Kräften der Selbstorganisation. Die Kunst besteht darin, diese Kräfte auszubalancieren und zu integrieren.

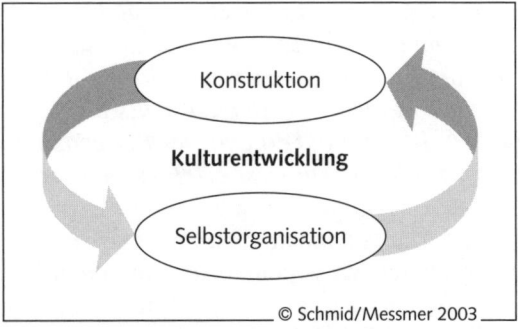

Abb. 17: Balance von Konstruktion und Selbstorganisation

Wir erörtern die Rolle von dialogischen Kommunikationsformen und deren Eignung für die Entwicklung sensibler Konstruktion, für die Fokussierung der Selbstorganisation und die integrative Wirkung der damit verbundenen Kulturentwicklung.

Konstruktion: Darunter verstehen wir alle Prozesse, welche die Entwicklung einer schlüssigen Funktionsweise der Organisation zum Ziel haben. Strukturen, Prozesse, Rollen und Funktionen und deren Zusammenwirken werden definiert und ihre Etablierung geplant (»Konstruktion« der Organisation).

Selbstorganisation: Darunter verstehen wir alle Prozesse, die ohne direkte Planung zu einer bestimmten Funktionsweise von Organisation führen. Das Engagement, das vielfältige Zusammenspiel der Menschen gestaltet eine Organisation und erfüllt sie mit Leben. Die damit verbundenen Prozesse laufen oft unbewusst. Die involvierten Energien und Aufmerksamkeiten können bei hinreichender Sensibilität indirekt gelenkt werden.

7.1 Sensible Konstruktion und fokussierte Selbstorganisation

Überlegungen zur Konstruktion finden sich in allen Lehrbüchern. Auch wir tragen hier einige wesentlichen Perspektiven dazu bei. Selbstorganisation kann sich kraftvoll mit formellen Prozessen verbinden. Sie kann sich aber auch gegen diese Prozesse richten. Konstruktive und synergetische Wirkungen entstehen aufgrund von Visionen und Hoffnungen, welche die Aufmerksamkeit der Beteiligten wecken, weil sie für sie Sinn machen und glaubwürdig sind – in erster Linie aber durch damit gemachte, überzeugende Erfahrungen. Dieselbe Energie kann aber auch in unterschiedlichen Formen der Desorganisation oder gar des Widerstandes zum Ausdruck kommen. Wenn z.B. die formelle Kommunikation und das informelle Handeln nicht übereinstimmen, wird die Aufmerksamkeit der Beteiligten auf Zweifel und Misstrauen gerichtet. Entsprechende Energien steuern dann bewusst oder unbewusst das Verhalten der Betroffenen.

Berater neigten in der Vergangenheit oft zu polarisierenden Haltungen. Entweder waren sie überzeugt von der Richtigkeit rational-strategischer Analysen und der darauf ausgerichteten Strukturierung von Organisationen (so etwa die klassischen »Konstrukteure« der Unternehmensberatung wie z.B. McKinsey). Oder sie glaubten an das Heil der Selbstorganisationskräfte und machten Betroffene flächendeckend und eher undifferenziert zu Beteiligten (klassische Organisationsentwickler). Marktentwicklung und Integrationsdruck erfordern nun eine Integration dieser beiden Herangehensweisen. Um spezifische, hochintegrierte und effektive Prozesse gestalten zu können, müssen »hard- und softfacts«, Führung und Kooperation (vertikale und horizontale Steuerung, siehe dazu Kap. 5), Aufgaben- und Personenorientierung verbunden und integriert werden.

Dabei müssen Antworten auf folgende Fragen gegeben werden:

- Wie kann **Konstruktion sensibel** erfolgen, so dass sie den Anforderungen und Möglichkeiten der Beteiligten Rechnung trägt?
- Wie können **Selbstorganisationskräfte so gesteuert** und beeinflusst werden, dass sie einer erfolgreichen Ausrichtung und Bündelung der Kräfte dienen?

Formen des Dialogs können hierzu einen wesentlichen Beitrag leisten.

7.2 Dialogmodell der Kommunikation

Dialog kann auf zwei sich ergänzende Weisen verstanden werden. Zum einen als Wirklichkeitserfahrung durch das Wort und zum anderen als Zwiesprache in der persönlichen Begegnung.

Auch wenn im Folgenden der Dialog als Arbeitsform beschrieben wird, meint er doch in erster Linie eine Kultur der Kommunikation, die in vielen Formen gepflegt werden kann. Dialog als Form kann helfen, eine solche Kommunikationskultur herzustellen und immer wieder zu erneuern.

Unter Dialog verstehen wir also Kommunikationsformen, mittels derer in sorgfältiger Weise unterschiedliche sachliche wie persönliche Perspektiven erforscht und Formen entwickelt werden können, wie diese sich stimmig aufeinander bezogen integrieren lassen. Dialogische Kommunikation integriert unbewusst-intuitive und bewusst-methodische Zugänge zu Wirklichkeiten und damit Wirkprinzipien von Konstruktion und Selbstorganisation.

Das **Dialogmodell der Kommunikation** beschreibt das Zusammenwirken dieser Wirklichkeitszugänge. Im günstigen Fall gilt dabei:

- **Bewusst-methodische Zugänge** zeichnen sich durch Zielorientierung und eine darauf ausgerichtete Struktur aus. Sie kennzeichnen klare Unterscheidungen, eindeutige Abstimmung und präzise Systematiken.

- **Unbewusst-intuitive Zugänge** zeichnen sich durch Offenheit und Flexibilität, durch vielschichtige Verbindungen unterschiedlicher Perspektiven und durch Mehrdeutigkeiten aus. Sie eignen sich, um sich an die Intelligenz der Seele und an die kollektive Intelligenz eines Systems so anzuschließen, dass Dinge sich kreativ neu ordnen und fügen können.

Die Kombination beider Zugänge schafft die Voraussetzungen, damit die Sachebene, ebenso wie die Rollen-, Beziehungs- und Sinnebenen integriert und ihre Vorgaben in gelebte Wirklichkeit umgesetzt werden können.

7.3 Ritualisierte und moderierte, fokussierte Dialogformen

Wir unterscheiden folgende zwei Dialogformen:

- **Fokussierte, moderierte Dialogform:** Ihr Vorteil liegt darin, dass auf unternehmerische Anforderungen fokussiert und mit der systemischen Kompetenz des Beraters relevante Perspektiven unterschieden und integriert werden können.

> ➤ 6.4.1 Fokusspezifisches kristallisierendes Arbeiten

- **Ritualisierte Form:** Der Vorteil von ritualisierten Formen wie dem »Dialogos« liegt darin, dass deren Wirkungsprinzipien relativ schnell von Teams auch ohne Unterstützung des Beraters genutzt werden können. Diese Formen sind i.d.R. fokusoffen, was Vor- und Nachteile haben kann.

7.3.1 Sensible Konstruktion mittels ritualisierter Dialogformen

Dialogische Kommunikationsformen eignen sich hervorragend für die Abstimmung und Integration von Selbstorganisationskräften und für die Konstruktionsarbeit.

In folgendem Beispiel stellen wir dar, wie mittels des sog. »Dialogos« Konstruktionsprozesse sensibel vollzogen werden können.

Ein Unternehmensbereich ist in den letzten Jahren zunehmend unter Druck gekommen. Bewährte Produkte und Dienstleistungen sind spürbar weniger nachgefragt worden. Neue Technologien und wachsende Konkurrenz haben den Bedarf an Neuorientierung und -positionierung deutlich werden lassen. In einem Neuorientierungsprozess hat sich der Bereich mit der aktuellen Positionierung auseinander gesetzt und aufgrund der Analyse zukünftiger Herausforderungen und eigener Kernkompetenzen ein neues Positionierungskonzept erarbeitet. Um die Positionierung erfolgreich erreichen zu können, wurden Strategie- und Strukturoptionen entwickelt. Soweit könnte der Prozess vor allem als Konstruktionsarbeit bezeichnet werden. Dann aber ging es darum Entscheidungen zu treffen, wie und in welchen Rollen und Zuständigkeiten die Beteiligten die Umsetzung erfolgversprechend angehen könnten. Nach einem Prozess, in dem die verschiedenen Optionen aufgrund vereinbarter Kriterien evaluiert worden waren, wurde die Stimmung im Workshopprozess zunehmend härter: Die »Sa-

che«, die neue Struktur wurde emotional überlagert mit individuellen Anliegen, Befürchtungen und Ängsten (Was bedeutet welche Strukturoption für mich, meinen Einfluss, meine eigene Würdigung, aber auch für die Zukunft der Organisation?). In solchen Situationen, wenn kein Konsens entsteht, wird üblicherweise das »Machtwort« des Entscheidungsträgers gefordert. Dies war nun ein entscheidender Zeitpunkt, um den Blick weg von der gezielten Konstruktionsarbeit hin auf die Selbstorganisationskräfte zu richten: Was sind die Themen, die hier wesentliche Aufmerksamkeit auf sich ziehen? Wie können diese Themen sorgfältig erkundet und nutzbar gemacht werden? Hierzu wurde eine spezielle Methodik, der sog. »Dialog« genutzt.

Dieser Dialog fand vor der Entscheidung zwischen zwei Strukturvarianten statt. Dabei kamen durch die besonderen Qualitäten des sich Ausdrückens und Zuhörens die individuellen Perspektiven, Interessen und Ängste in einer Weise zum Ausdruck, dass sie wechselseitig mehr gewürdigt werden konnten. Plötzlich wurden von Vertretern der einen Variante Möglichkeiten der Zustimmung zur Alternativvariante in Betracht gezogen, jedoch mit Bedingungen verknüpft, was aus ihrer Perspektive besonders berücksichtigt und vereinbart werden sollte. In diesem wechselseitigen Aufeinanderzugehen konnten auch neue nützliche Teilvarianten entstehen.

Nach dem Dialog war der Zeitpunkt gekommen, da der verantwortliche Bereichsleiter die Strukturentscheidung treffen würde. Das aufmerksame Erkunden der unterschiedlichen Sichtweisen im Dialog hatte seinen Blick für die Perspektiven und Energien der Beteiligten geschärft. Nach einer sorgfältigen Entscheidungsfindung in einem Time-out mit dem beteiligten Berater kommunizierte und begründete der Bereichsleiter die Entscheidung. Nachdem alle Beteiligten ihren Bezug zur Entscheidung zum Ausdruck gebracht hatten (Gefühle, Sorgen etc.) wurden in der Detailausarbeitung die Anliegen der Beteiligten sorgfältig integriert und Regelungen der Zusammenarbeit vereinbart. Nicht alle waren mit der Entscheidung wunschlos glücklich. Manche Fragen blieben offen und Befürchtungen blieben wach, aber der gemeinsamer Wille, dieser Option eine Chance zu geben und gemeinsam am Erfolg zu arbeiten, war spürbar geworden.

Das Beispiel zeigt auf, wie Konstruktionsarbeit sensibel auf Bedürfnisse und Prozesswissen der beteiligten Menschen ausgerichtet werden kann. Dialogische »Räume«, die unbewusst-intuitive Kräfte integrieren, können aber auch dazu führen, dass die Konstruktion ihre klare Fokussierung verliert. Deshalb sind auch dialogische Formen notwendig, welche die Selbstorganisationskräfte fokussieren.

7.3.2 Fokussierte Selbstorganisation mittels moderierter Dialogformen

> Die Selbstorganisationskräfte zu fokussieren hilft dabei, sie in den Dienst der beabsichtigten Konstruktion zu stellen. Durch Berater moderierte und auf Ziele, Aufgaben und die Rollen der Beteiligten fokussierte Dialoge können dafür wesentliche Beiträge leisten.

Hier geht es darum, wie Personen mit ihrem individuellen Sinn- und Wirklichkeitsempfinden und mit ihren Kernkompetenzen in zu ihrer Persönlichkeit und dem beabsichtigten Stück passenden Rollen wirkungsvoll integriert werden können. In der häufig vorrangigen Sachorientierung in Reorganisationsprozessen werden die Sichtweisen der Beteiligten meist ausschließlich auf der Sachebene mit einbezogen. Hier können dann schwierig überbrückbare Differenzen – scheinbar bezüglich der Sachfragen – entstehen. Diese Differenzen liegen jedoch oft nicht im Sachfokus, sondern in dessen rollen- und personenbezogenen Implikationen begründet.

Beispiel: Ein Beteiligter wendet sich mit Sachargumenten gegen die neue Prozessorganisation, da er befürchtet, dass seine große Erfahrung und Sachkenntnis in der neuen Prozessorganisation keine entsprechende Würdigung mehr finden wird oder er mit Menschen zu tun haben wird, die ihm nicht liegen.

Ohne den Einbezug der Personenebene wird keine »sachliche« Auseinandersetzung möglich, da diese unbewusst von nicht thematisierten, eher unterschwelligen Betroffenheitsdimensionen gesteuert wird. Der fokussierte und moderierte Dialog verbindet nun den Ziel- und Aufgabenfokus mit den Fokussen der Selbstorganisation, die individuell und oft unbewusst sind. Es geht darum, die Beteiligten in einen zu ihnen passenden Dienst am Organisationszweck zu stellen. Die Ich-Es-Orientierung (siehe Kap. 7.4) muss in Organisationen im Vordergrund stehen. Ich-Du-Orientierungen werden, soweit möglich, eingebunden. Beispielsweise hilft die Arbeit mit Metaphern, unbewusst-intuitive und bewusst-methodische Wirklichkeitsebenen zu verbinden. Die abgefragten Bilder und Szenen, bezogen auf Möglichkeiten und Herausforderungen der angestrebten Integration, verweisen auf Perspektiven, Neigungen und Wechselwirkungen und schaffen oft ein beeindruckendes Potenzial um Übereinstimmung zwischen individuellen Szenen und Stücken und der angestrebten Inszenierung zu finden. Die Möglichkeit, dass individuelles Sinnempfinden und Verwirklichungsvorstellungen mit den Möglichkeiten einer neuen Inszenierung nicht zusammenpassen und Personen die Organisation daraufhin auch verlassen müssen, bleibt real. Die dafür erforderlichen Prozesse und persönlichen Auseinandersetzungen können dann jedoch bewusster und respektvoller gestaltet werden. Dies stärkt nicht nur die Würde der direkt Beteiligten, sondern auch das Vertrauen und die Bindung aller, die gemeinsam Neues angehen. Wenn mögliches Verlassen (-müssen) der Bühne mit Entwürdigung verbunden wird, beeinflusst das unterschwellig die Qualität der Innovation, besonders in erneuten Krisen.

7.4 Ich-Du- und Ich-Es-Orientierung

Für das Zusammenwirken von Konstruktions- und Selbstorganisationskräften ist die Unterscheidung von Ich-Du- und Ich-Es-Orientierung (SCHMID/JOKISCH 1998g) und die Beschreibung deren impliziter Werte hilfreich. Unternehmen sind von ihrem Existenzzweck, ihren Zielen und Aufgaben her begründet. Ihre vorrangige Haltung kann als Ich-Es-Orientierung bezeichnet werden. Sie ist geprägt vom Interesse an der »Sache« (»Es«), an der Ausrichtung auf Ziele und Resultate, von entsprechenden Prozessen und Strukturen und darauf ausgerichteter Verantwortlichkeit. Dementsprechend werden die Beziehungen zwischen den Menschen vorrangig durch Sachinteressen, im besten Fall durch das Interesse an der gemeinsamen Sache bestimmt. Bei der Ich-Du-Orientierung ist das Interesse auf andere Menschen und die Beziehungen zu ihnen gerichtet. Dies kann sich auf viele Dimensionen des menschlichen Miteinanders beziehen und kann das Berufsleben anreichern, aber auch zur Hölle machen. Im besten Fall ist das Interesse auf den anderen Menschen ausgerichtet, auf die Frage, wie Personen »zusammen können«, wie sie sich als Menschen in ihrer Einzigartigkeit erkennen und sich gegenseitig vertrauen können, während sie sich der gemeinsamen Sache widmen.

Eine Ich-Es/Ich-Du-Differenzierung lässt sich einerseits in persönlichen Präferenzen der Personen wiederfinden. Sie ist aber auch eine hilfreiche Perspektive, um Unternehmenskultur zu charakterisieren oder um z.B. unterschiedliche Phasen der Unternehmensentwicklung auf ihre unterschiedlichen Erfordernisse hin zu reflektieren. So ist z.B. in Organisationen in Gründungs- und Pionierphasen häufig die Ich-Du-Dimension viel stärker mit der Ich-Es-Dimension verbunden (»die Menschen arbeiten zusammen und gehen auch gemeinsam ins Wochenende«). Entsprechend kann gemeinsam gehandelt werden, obwohl die Akteure ganz unterschiedlich motiviert sind. Wenn die Organisation aber zunehmend institutionalisiert wird, können Unterschiede zunehmend als störend zutage treten, wenn nicht neue Formen der Differenzierung und Integration gefunden werden. So gerät z.B. die Ich-Du-Ebene zunehmend aus dem Blick, verlieren Ich-Du-Motivationen ihre bindende Kraft und es muss neu überlegt werden, wie diese Dimension angemessen versorgt werden kann. Dies ist auch in den derzeitigen Unternehmenskrisen zu beobachten. Diese Krisen werden oft dadurch verschärft, dass man glaubt, sich auf sachliche Notwendigkeiten zurückziehen zu müssen und nicht berücksichtigt, wie die Desintegration durch Schäden an der Bindung von Ich-Du-Orientierten weiter vorangetrieben wird.

➤ Ich-Du- und Ich-Es-Typen (vgl. SCHMID 2004f, Kap. 2).

7.5 Kulturentwicklung durch Dialogische Kommunikation

In einer Kulturperspektive reflektieren wir Integration und Integrität einer Organisation. Integration meint das Zusammenpassen der einzelnen Elemente und Aspekte einer Organisation. Integrität meint die Sinnhaftigkeit für die Beteiligten.

➤ 3.1 Eine Kulturperspektive von Organisationen

In der Folge stellen wir dar, welchen Beitrag dialogische Formen leisten können. Für die Entwicklung der (Lern-) Kultur ist dabei das Zusammenspiel und die Balance zwischen bewusst-methodischen und unbewusst-intuitiven Zugängen zu Wirklichkeiten erforderlich. In einer Kultur von hoher Dominanz rationaler, bewusst-methodisch reflektierter und inszenierter Prozesse können dialogische Formen als Resonanzgefäß für unbewusste und intuitive Kräfte genutzt werden. Durch die Form des achtsamen Hörens auf sich selbst, auf andere und die Gruppe als Ganzes wird ein Bewusstsein für implizite Botschaften und die bei anderen wirksamen mentalen Modelle geschaffen. Für echte Veränderungs- und Transformationsprozesse ist dies von entscheidender Bedeutung.

7.5.1 Arbeitsprinzipien der ritualisierten Dialogform

Die kulturentwickelnde Kraft der dialogischen Kommunikation wird am Beispiel des »Dialogs« (BOHM/NICHOLS 1998) beschrieben. Der Dialog wurde für den kreativen und verantwortlichen Umgang miteinander in einem »herrschaftsfreien Raum« entwickelt. Seine Prinzipien, mehr noch die gemeinte Gesprächskultur können auch für hierarchische Systeme bedeutsam sein. Hier sollen drei wesentliche Infrastrukturelemente des Dialoges dargestellt werden, die für die hier geführte Diskussion relevant erscheinen.

- **Der geschlossenen Sitzkreis** symbolisiert die Gleichwertigkeit aller Beteiligten in der Verantwortung und Kompetenz für die Steuerung des Dialogprozesses. Jeder ist dabei frei, sich in ganz eigener Weise auszudrücken, Dinge zu fokussieren und damit zu intervenieren und den Prozess zu steuern. Spannend ist zu beobachten, was dies bei Führungskräften und Mitarbeitern auslöst. Obwohl Führungskräfte am Dialog in einer gleichberechtigten Rolle teilnehmen, wird ihren Äußerungen eine besondere Bedeutung zugemessen. In der Abwesenheit »normaler« Orientierungen (Zielsetzung, Nutzen, didaktische Schritte, Rollen) werden ihre Äußerungen auf implizite Spielregeln untersucht, an denen man sich orientieren muss. Wenn die Dialoge durch ein echtes Interesse der Auftraggeber an einer Kooperationskultur getragen werden, lösen sich mit der Zeit die Teilnehmer von einer solchen Erwartungskontrolle und erlauben sich, eigene Aspekte ins Spiel zu bringen. Die Führungskräfte sind auch selbst gefordert, ihre besondere Verantwortung im dialogischen Kontext loszulassen, wenn etwas scheinbar nicht so läuft, »wie es sollte«. Alle lernen in diesem Prozess, sich neben der weiterbestehenden Ebene der formalen Organisationszuständigkeit und den dazugehörigen Rollenbeziehungen in einer gleichberechtigten und gleichverantwortlichen Kommunikationsebene zu bewegen.

- **Das Fehlen einer vorgegebenen Tagesordnung und eines vorgegebenen Nutzens** des Dialogs ist in normalen Unternehmenskulturen eine herausfordernde Rahmenbedingung mit großer Wirkung im kulturellen Bereich. Das Fehlen der Tagesordnung bedeutet einen Verlust an »äußerer« inhaltlicher Legitimation für die individuellen Beiträge. Die Legitimation kann nur aus der inneren Betroffenheit oder Überzeugungskraft bezogen werden. Diese Rahmenbedingung erlaubt und zwingt die Beteiligten zugleich, für sich selbst zu sprechen. Diese fehlende äußere Legitimation schafft Raum, auf innere unbewusst-intuitive Impulse zu achten.

- **Der Redestab** ist ein kraftvolles Mittel der Aufmerksamkeitsfokussierung. Beim Redestab handelt es sich um einen Gegenstand, der von jedem genommen und zurückgelegt werden kann. Nur wer im Besitz des Redestabs ist, darf reden. Dieses Element erzeugt eine starke Wirkung in zwei Richtungen. Das Ergreifen des Stabes und der Ausdruck des eigenen Anliegens erfolgt meist in einem hohen Bewusstsein seiner Selbst, seiner Gefühle, Gedanken und Ängste. Dies schafft Verbindlichkeit und persönliche Verantwortung. Gleichzeitig scheint der Stab – als Symbol der Aufmerksamkeit der ganzen Gruppe – Kraft, Energie und Mut zu geben, das »Eigene in den Raum zu stellen«. Wenn jemand den Stab aufnimmt, wenden sich die Zuhörer mit Aufmerksamkeit dem Sprechenden zu und nehmen ihn in seiner ganz eigenen Weise wahr.

7.5.2 Wirkungen dialogischer Kultur

- **Persönliche Kernkompetenzen werden erkennbarer:** Während in »normalen«, methodisch und didaktisch durchstrukturierten Settings sich Menschen in eher gleichförmigen, durch die Vorgaben legitimierten Weisen zeigen, offenbaren sie sich im Dialog in ihren ganz unterschiedlichen »Farben« und Qualitäten. Ihre Individualität und ihre »Kernkompetenzen« werden durch den Inszenierungsfreiraum wahrnehmbar. Damit werden Neigungen sichtbar, wer für welche Aspekte der zukünftigen Organisation ein besonderes Flair hat und welche Rollen und Zuständigkeiten passend sein könnten.

- **Komplementarität und Kooperation:** Unterschiedliche Perspektiven werden in ihrem komplementären Ergänzungspotenzial erkennbar, statt unverbunden nebeneinander zu stehen oder in scheinbarer Konkurrenz und Ausschließlichkeit aufeinander zu prallen. Damit wird der Blick von der – oft beschworenen – Sachebene auf die Beziehungsebene gelenkt und mit dieser neu verwoben. Dabei ist mit Beziehungsebene die Klärung der individuellen und wechselseitigen Stimmigkeit und Plausibilität von Rollen, Zuständigkeiten und des erforderlichen Zusammenspiels gemeint.

- **Innovation und überraschende Wendungen:** Wenn eine bestimmte Thematik, Perspektive oder Stimmung an Raum gewinnt, können oft von unerwarteten Seiten überraschende Wendungen kommen. Jeder Dialog bekommt eine eigene unverwechselbare Identität, welche wenig voraussehbar ist. Es entsteht etwas, das unbewusst-intuitiv durch die ganze Gruppe gesteuert ist.

- **»Coming-out« der »Außenseiter«:** Mitarbeiter, die in der Alltagskultur und den Alltagsritualen eher Außenseiterrollen einnehmen (oft leider immer noch Frauen) tun sich manchmal leichter als andere damit, sich im Dialog einzubringen. Sie scheinen besser damit umgehen zu können, dass keine Tagesordnung vorgegeben ist. Der andere Rhythmus, das andere Regelwerk scheinen eher Elemente ihrer Bühnen zu sein, auf denen sie sich mit ihren Qualitäten einbringen können. Dialog hilft so »Außenseiter« und deren Perspektiven zu integrieren. Gerade in der Andersartigkeit dieser Personen liegt viel Potenzial, das in dieser Form entweder genutzt, mindestens aber gewürdigt werden kann.

- **Gefühls- und Tabuthemen finden ihren Ausdruck:** Immer wieder kommen in Dialogen Themen zum Ausdruck, welche mit oft unbewussten Gefühlslagen der Gruppe zu tun haben. Wenn z.B. Mitarbeiter das Unternehmen unter unklaren Bedingungen verlassen mussten, oder wenn jemand, dessen Rolle im Team diffus und ungeklärt ist, krank und abwesend ist, werden solche Themen plötzlich aufgenommen. Für Themen, die unterschwellig und oft eher unbewusst Aufmerksamkeit binden, wird der Dialog zum sensiblen Resonanzkörper.

7.5.3 Kulturentwicklung durch fokussierte und moderierte Arbeitsformen

Die fokussierten Dialogformen tragen im wesentlichen dieselben Kulturaspekte wie der ritualisierte Dialog in sich. So gesehen können viele Kommunikationsformen in Organisationen als dialogisch gehaltvoll gestaltet werden. »Fokussiert« und »moderiert« meint die Ausrichtung auf eine für Leistungserbringung relevante Thematik. Manchmal geschieht dies in einem bestimmten Effektivitätsrahmen bei bestehender Gültigkeit der Organisationszuständigkeiten, der dazugehörigen Verantwortlichkeiten und der dadurch bedingten Beziehungen untereinander. Sie haben zum Ziel, das Unternehmertum der Beteiligten und der Bereiche in persönlich bedeutsamer und verbindlicher Weise zu stärken. Man wird zum Anwalt sowohl der eigenen Sinndimensionen als auch der unternehmerischen Mitverantwortung. Dialogkultur stellt die Teilnehmer vor die Herausforderung, sich selbst anderen zuzumuten und ihre eigene unternehmerische Haltung und Kraft zu entwickeln. Eine solche Kultur fördert die Kompetenz, das Bewusstsein und die Bereitschaft aller Beteiligten dafür, für das Gelingen des Ganzen aus der eigenen Zuständigkeit und dem eigenen Urteilsvermögen heraus Verantwortung zu übernehmen. Die Polarisierung zwischen »denen da oben«, die Macht haben und somit auch Verantwortung tragen müssen, und denen, die damit leben müssen, wird zunehmend aufgelöst.

Dialogische Kommunikationskultur meint also nicht vorrangig private Intimität, sondern eher Einbezug persönlicher Hintergrundperspektiven in den Beruf. Sie geben den Organisationsrollen und -beziehungen Tiefenschärfe und persönliche Bedeutung. Im Dialog zu vertrauen, dass sich der Sinn dessen, was geschieht, verdichten und in seiner Bedeutung erschließen wird, ist eine wichtige Haltung, die Führungskräfte immer wieder erringen müssen. Im Dialog wird Raum geschaffen, so dass wesentliche – auch unbewusste – Themen, welche die Aufmerksamkeit der Beteiligten binden oder welche ausgeblendet sind, ins Bewusstsein gerückt werden.

Umgekehrt darf aber nicht zu viel und das Falsche von dieser Kommunikation erwartet werden.

❁ In der Theatermetapher ausgedrückt kann auch eine noch so sensible Kommunikation unter den Spielern weder ein schlechtes Drehbuch noch mangelnde Regiekompetenz, fehlende Ausstattung oder mangelndes Publikumsinteresse nachhaltig kompensieren. Der Dialog kann hier lediglich helfen, die Dinge aufrichtig zur Sprache und in die Beziehungen zu bringen.

7.6 Fazit

Bei allen in diesem Kapitel ausgewählten Perspektiven geht es um Kulturentwicklung und das Zusammenspiel formaler und freier Gestaltungsmöglichkeiten. Es geht um eine OE und PE, die durch Kulturentwicklung Leistungs- und Innovationsfähigkeit für Organisationen einerseits und berufliche Erfüllung und Lebenssinn für die Menschen andererseits nachhaltig entwickelt.

8. Macht, Politik und Werte

Mit Macht und Politik verbinden viele Menschen Prozesse und Verhaltensweisen, die sie als anrüchig empfinden. Damit meinen sie jedoch Entartungen bezüglich dieser Begrifflichkeiten und übersehen, dass intelligente und verantwortungsvolle Formen der Gestaltung dieser Wirkungsdimensionen für die Vitalität von Organisation von eminenter Bedeutung sind. Hier geht es zwar auch darum, Wirkungen von verfehltem Umgang mit Macht und Politik in Unternehmen zu beschreiben, jedoch vor allem darum, Perspektiven und Möglichkeiten verantwortungsbewusster Macht- und Politikprozesse darzustellen.

8.1 Macht

Macht ist für viele ein negativ besetzter Begriff, der intuitiv mit Abhängigkeit und Willkür gleichgesetzt wird. Diese Machtform entspricht am ehesten der Kontrollmacht. Dabei wird Macht als eine einseitige Einflussnahme einer mit Macht ausgestatteten Instanz auf andere gesehen. Macht erscheint hier als Ausstattung einer Person oder Instanz gegenüber machtlosen Betroffenen. Auch wenn diese Sichtweise geschichtlich verständlich ist, erscheint es aus systemischer Sicht nützlicher, Macht als Beziehungsgeschehen und wechselseitigen Prozess zu betrachten. Unter ausgeübter Macht verstehen wir die Wirksamkeit, mit der jemand auf die Wirklichkeitsgestaltung anderer Einfluss nimmt. Unter Macht in Organisationen verstehen wir alle Prozesse, durch die solche Wirksamkeit entsteht und gestaltet werden kann. Es geht um die Frage, über welche Kräfte und Strömungen Ordnungen gestiftet werden können, wobei wir unter Ordnung das Zusammenwirken sowohl formeller wie informeller Ordnungen verstehen.

In unseren Betrachtungen zu Machtprozessen in Unternehmungen gehen wir von der Grundannahme aus, dass in unseren heutigen, relativ freiheitlichen Verhältnissen Macht nur dann ausgeübt werden kann, wenn sie durch die anderen zugelassen, komplementär gewährt, mitgestaltet und insofern mitverantwortet wird. Wir setzen damit voraus, dass für die Beteiligten immer Wahlmöglichkeiten verfügbar sind, auch wenn diese »ihren Preis haben« und manchmal mit schmerzhaften Konsequenzen verbunden sein können. Um Macht auszuüben, braucht man Autorität, die man durch Autorisierung erlangt.

Oder anders ausgedrückt: Die Wirksamkeit, mit der jemand auf die Wirklichkeitsgestaltung anderer Einfluss nimmt, entsteht durch Autorisierungsprozesse, also Prozesse, durch welche die Einflussnehmenden bevollmächtigt werden.

Dafür gelten folgende Grundregeln:

- **Wirksamkeit setzt Autorität voraus** – Macht kann also nur ausgeübt werden aufgrund von Autorität, welche einem verliehen wird resp. die man sich erwirbt.

- **Autorität wird im Autorisierungsprozess erworben** und aufrechterhalten.

- **Macht und Autorität sind an einen Kontext gebunden** und nicht nur an Qualitäten, über die bestimmte Personen verfügen. So kann etwa der Verkehrspolizist nur im Dienst bestimmen, wer Vorfahrt hat.

8.1.1 Die Macht und ihre Zwillingsschwester, die Autorisierung

Unsere Definitionen für verschiedene Arten von Macht

Ausgeübte Macht definieren wir als die Wirksamkeit, mit der jemand auf die Wirklichkeitsgestaltung anderer Einfluss nimmt.

Kontrollmacht meint aus unserer Sicht, über Gestaltungsmittel so verfügen zu können, dass andere in Aspekten ihrer Wirklichkeit einseitig beherrscht werden können. Diese anderen lassen sich beeinflussen, weil sie Sanktionen befürchten und daher die Anpassung anderen Handlungsmöglichkeiten vorziehen.

Hoheitsmacht definieren wir als die Verfügung über Gestaltungsmöglichkeiten dergestalt, dass anderen für ihre Wirklichkeitsmöglichkeiten einseitig Vorgaben gemacht werden kann (sie ist die »geläuterte« Form von Kontrollmacht). Diese anderen lassen sich beeinflussen, weil sie die institutionelle Autorität respektieren (müssen).

Schöpfermacht meint aus unserer Sicht die Fähigkeit, Inszenierungen zu schaffen, in die andere eintreten und sie kokreativ mitgestalten. Andere lassen sich beeinflussen und wirken mit, weil die Wirklichkeitsgestaltung ein sie einbeziehendes Kraftfeld erzeugt.

Sinnmacht beruht auf der Gabe, Sinn zu finden und Sinn zu stiften, so dass sich andere daran orientieren. Sinnmacht hat nur begrenzt mit »Machbarkeit« (eher mit »Fügung«) zu tun und ist eher die Frucht einer »dialogischen« Haltung. Andere orientieren sich daran, weil ihre Sehnsüchte und Sinnbedürfnisse berührt werden. Allerdings können gerade Sehnsüchte leicht manipulierend ausgenutzt werden.

Unsere Definitionen für verschiedene Arten von Autorisierung

Autorisierung durch Ermächtigung: Darunter verstehen wir Autorität (siehe »Hoheitsmacht«), die von Macht-Inhabern verliehen wird, z.B. eine Vollmacht vor Gericht.

Autorisierung durch Kontrakt: Darunter verstehen wir Autorität, die durch Vereinbarung unter den Betroffenen verliehen wird, z.B. eine vereinbarte Gesprächsleitung in einer Gruppe.

Autorisierung durch komplementäres Verhalten: Darunter verstehen wir eine Autorität, die durch komplementäres Verhalten zur persönlichen Wirkungsweise eines Menschen verliehen wird. Ein Beispiel: Vorschläge von als erfahren geltenden Menschen werden eher befolgt.

DER AUTORISIERUNGSPROZESS		
Einflussnahme durch A	⇦⇨	Autorisierung durch B
A versucht gegenüber B bestimmte Dimensionen als wichtig zu etablieren und entsprechenden Einfluss zu nehmen.		B autorisiert dazu, falls B bereit ist, diesen Dimensionen Bedeutung zuzumessen, und bereit ist, A diesen Einfluss einzuräumen.

Abb. 18: Der Autorisierungsprozess

8.1.2 Machtdimensionen und die Wirkungsweisen von Macht erkennen

Im Kontext systemischen Arbeitens fokussieren wir auf die Wirkungsweise unseres Tuns. Wenn wir Macht als wirksame Einflussnahme verstehen, ist es insbesondere für Berater und Fachleute aus dem Bereich Human Ressourcen wichtig, unterschiedliche Wirkpotenziale von Macht im Unternehmen erkennen zu können.

Dabei lohnt es sich, folgende Fragestellungen zu beantworten:

- Welche Arten von Macht werden im Unternehmen genutzt, um andere zu beeinflussen?
- Wer neigt zu welchen Machtformen und welche sind dem Kontext angemessen?
- Werden hilfreiche Kombinationen von Macht genutzt? Sind sie komplementär oder gegenläufig?
- Auf welche Weise wird Autorisierung gesucht? Ist im Unternehmen eine entsprechende Autorisierung der Macht entstanden bzw. verloren gegangen?
- Wer spielt in Autorisierungsprozessen welche Rolle?
- Wie lassen sich persönliche Profile bezüglich Macht und Autorisierung im Unternehmen beschreiben?
- Wie lassen sich institutionelle und professionelle Beziehungen im Unternehmen als Machtbeziehungen beschreiben?

Die Unterscheidung von drei Machtdimensionen erschließt hierzu nützliche Perspektiven.

8.1.2.1 Hoheitsmacht

Die Gestaltung von Vorgaben für die Wirklichkeitsmöglichkeiten der anderen stellt eine wichtige Funktion in Unternehmen dar. Wenn es keine klaren Steuerungsprinzipien gibt, die regeln, welche Möglichkeiten Wirklichkeit werden sollen, ertrinken Organisationen in »Multikreativität«. Und wenn die Auswahl nicht nach klaren Prinzipien erfolgt, dann entstehen nur selten zueinander passende Wirklichkeiten, Leistungsfähigkeit oder eine stabile Kultur. Hoheitsmacht ist also in der Gesellschaft wie in der Organisation ein wichtiger Beitrag, damit aus Ideen Kultur werden kann. Diese institutionelle Machtdimension beinhaltet vor allem die Ausstattung einer Person mit Entscheidungskompetenzen und Ressourcen: Personen bekommen Autorität, indem sie Bestimmungsrechte erlangen, über die sie allein durch ihre aktuelle Persönlichkeit nicht sicher verfügen.

8.1.2.2 Sinnmacht

Mit dieser Machtdimension nehmen wir eine grundlegend andere Qualität von Wirksamkeit ins Blickfeld. Der Ausdruck »Das macht Sinn« bringt das Wesen dieser Machtdimension auf den Punkt. Die Wirksamkeit von Interventionen etwa ist geprägt davon, ob die von den Interventionen Betroffenen ihre Vorstellungen vom sinnvollen Leben mit den Interventionen verbinden können. Diese Dimension hat mit Werten, mit der intuitiven Bezeichnung für etwas Wesentliches, etwas wesenhaft Stimmiges zu tun. Sie hat mit Visionen, Missionen und Berufungen zu tun, damit, was uns als Individuen oder als Organisationen leitet: unsere Leitsterne.

Auf der Ebene des Individuums ist Sinnmacht mit dem eigenen Wesen verbunden. Sie kommt in innersten Werten, aber auch Begabungen und Bestrebungen zum Ausdruck – also in dem, wofür Menschen in der Welt stehen. Gerade in der heutigen Zeit enormer Dynamik und wachsender Komplexität wird es vor allem den Hochqualifizierten immer wichtiger, mit eigenen wesenhaften Werten und Begabungen in Übereinstimmung zu sein. Sinn zu finden im eigenen Tun ist kein kontrollierbarer Akt, sondern gleicht einer Fügung. Sie ist nur begrenzt über punktuelle und gezielte Maßnahmen, eher aber durch den Aufbau einer Kultur, in der sie wahrscheinlich wird, erreichbar. Ohne sie sind hochkomplexe und kreative Leistungen schwer möglich. In persönlich sinnhaften Rollenkonfigurationen wesenhaft anwesend zu sein, schafft die Voraussetzung dafür, dass zentrale persönliche Kräfte wie Inspiration und Intuition ihre volle Wirkung entwickeln können. Sinnmacht, also die Entscheidung ob etwas Sinn macht oder nicht, ist immer auch von Kontexten und Rollen und damit verbundenen Sichtweisen und Verantwortungen abhängig.

8.1.2.3 Schöpfermacht

Aus systemisch-konstruktivistischer Sicht leben Menschen, aber auch Organisationsteile in ihrer je ganz eigenen Wirklichkeit und es besteht ein besonderer Bedarf aneinander anzukoppeln, das heißt zu klären, wie eine Begegnung aus den Bezugsrahmen der beteiligten Systeme heraus gelingen könnte. Der Fokus wird darauf gerichtet, wie sich eine komplementäre sinnhafte Gemeinschaftswirklichkeit durch Kommunikation herstellen lässt. Die Fähigkeit, kokreativ Inszenierungen zu schaffen, in die andere komplementär (zueinander passend) eintreten, um die gemeinsame Wirklichkeit mitgestalten zu können, gehört zu den Kernkompetenzen der heutigen Zeit. Schöpfermacht meint jene kreative Kompetenz, welche die Integration unterschiedlicher Perspektiven und Prozesse auf der Ebene der Organisation, aber auch des Individuums ermöglicht.

❀ In der Sprache des Theaters gesprochen geht es um Drehbuch- und Regiekompetenz: um die Fähigkeit (einer Person), sich ein Design so auszudenken und es so umzusetzen, dass für die beteiligten Individuen aber auch für die Organisation Stimmigkeit erzeugt wird, so dass diese Person autorisiert wird, Einfluss zu nehmen und andere sich gerne darin einfügen.

8.1.3 Die Diagnose von Einflussnahmeprozessen

Davon ausgehend, dass alle Machtdimensionen immer in gewissem Maße zusammenwirken müssen, damit eine vitale Organisation geschaffen oder erhalten werden kann, lassen sich die drei zuvor beschriebenen Dimensio-

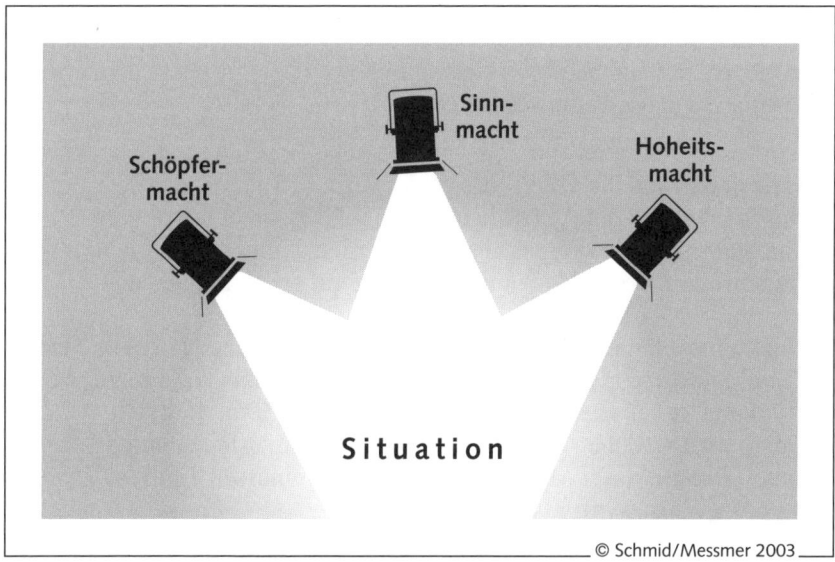

Abb. 19: Verschiedene Machtdimensionen als Scheinwerfer

nen der Macht als Scheinwerfer betrachten. Damit analysieren wir die Wirkungsweise von Vorgängen und Interventionen – indem wir untersuchen, welche Macht- und Autorisierungsformen aktiv sind und wie sie zusammenwirken. Dabei gilt es, sowohl die institutionelle Dimension von Macht als auch die persönlichen Machtdimensionen in ihren Zusammenhängen verstehen und nutzen zu lernen.

Eine bestimmte Situation kann nach folgenden Kriterien diagnostiziert werden:

- Wer nimmt auf wen wie Einfluss? In welchen Dimensionen tut er dies?
- Wie wird diese Einflussnahme aufgenommen? Wie erfolgt Autorisierung (oder eben nicht)? Ist derjenige, auf den Einfluss genommen wird, bereit, dieser Dimension Bedeutung zuzumessen? Und ist er bereit, dem entsprechenden Einflussnehmer diesen Einfluss einzuräumen?
- Wird in dieser Situation die Dimension der Hoheitsmacht angemessen ausgefüllt? Ist sie eher als ordnender Hintergrund präsent oder wird ständig darauf im Vordergrund Bezug genommen? Wer hat hier welche Zuständigkeit und wie wird sie ausgefüllt? Wie wird insgesamt auf Ausrichtung und Ressourcenverbrauch geachtet?
- Wie wird mit unterschiedlichen Machtperspektiven umgegangen? Werden sie gegeneinander ausgespielt oder wird darauf geachtet, dass sie integriert werden? Wer zeigt Talent, kreativ mit unterschiedlichen Perspektiven umzugehen? Wie und durch wen könnte diese Dimension angemessen ausgefüllt werden?
- Wird der Sinndimension eine angemessene Beachtung geschenkt? Inwiefern machen die Dinge, die getan werden, Sinn für die Beteiligten? Was ist deren Kontext (Rollen, informelle Beziehungen, persönliche Charakteristika)? Was muss bedacht werden, damit die Ausrichtung der Organisation, deren Rollen und Beiträge für sie Sinn machen?

Die Analyse von herausfordernden Situationen aus der Perspektive von Macht- und Einflussnahmeprozessen kann für unser Verständnis von Prozessen und von wirkungsvollen Gestaltungsmöglichkeiten sehr förderlich sein.

Situationen, in denen das Zusammenspiel gelingt, sind dadurch gekennzeichnet, dass in allen Machtdimensionen angemessen Einfluss genommen und gewährt wird:

- So ist es z.B. wichtig, dass jemand, der über Hoheitsmacht verfügt (z.B. über Ressourcen), auch bereit und in der Lage ist, diese Macht so auszuüben, dass die Ressourcenzuweisungen aus vielfältigen Perspektiven Sinn machen.

➤ 2.1.1 Dimensionen im Verantwortungssystem

- Dazu müssen evtl. kreative Prozesse (im Sinne einer Schöpfermacht) gestaltet werden, so dass lebbare Lösungen entwickelt werden können, die vielfältige Perspektiven integrieren und somit für möglichst alle Beteiligten Sinn machen.
- Falls er selbst das Talent dazu nicht hat, können auch andere hier ihm gegenüber Dienstleistungen erbringen, um diese Dimensionen angemessen zu gestalten.

➤ 2.1.2 Verantwortung als komplementäres Gesamtsystem

➤ 5.6.6 Verantwortung und Talente bezüglich Führung

- Falls dem Zuständigen das Verständnis für die Bedeutung dieser Dimensionen fehlt, ist es wichtig, dass diejenigen, die sie erkennen können, wiederum so auf den Zuständigen Einfluss nehmen können, dass die »unterversorgten« Dimensionen Bedeutung (Sinnmacht!) bekommen.

8.1.4 Integrierte versus desintegrierte Ausübung von Macht

Für die optimale Gestaltung von Macht- und Einflussnahmeprozessen ist die Unterscheidung von integrierter und desintegrierter Macht nützlich. Hierzu müssen die Aspekte Verantwortung, Macht und professionelles Können betrachtet und zueinander in Bezug gesetzt werden:

- **Verantwortung:** Wofür bin ich verantwortlich?
- **Macht:** Mit welcher institutionellen Macht bin ich ausgestattet (Befugnisse/Ressourcen)?

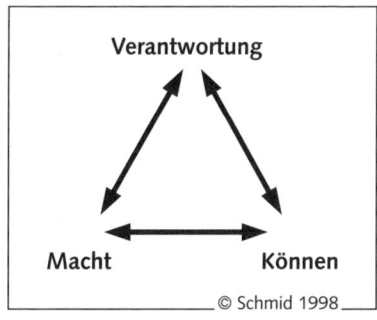

Abb. 20: Integrierte Machtausübung: Übereinstimmung von Verantwortung, Macht und Können

- **Professionelles Können:** Was befähigt mich dazu, diese Verantwortung wahrzunehmen?

> Von **integrierter Machtausübung** sprechen wir dann, wenn sich Aufgabe/Verantwortung, Macht (im Sinne von Ausstattung/Hoheitsmacht) und professionelles Können komplementär zusammenfügen.
> **Desintegrierte Machtausübung** entsteht immer dann, wenn sich Aufgabe bzw. Verantwortung, Macht und professionelles Können nicht komplementär zusammenfügen.

Auffällige Beispiele desintegrierter Machtausübung sind z.B. Alibi-Funktionen oder -Projekte wie die Ernennung von Umweltbeauftragten oder die Gestaltung von Projekten zur Humanisierung der Arbeitswelt. Die propagierten Aufgaben sind groß, die Ausstattung mit Hoheitsmacht und anderen Ressourcen minimal, die Funktionsträger eher Überzeugte als professionell Kompetente. Doch auch in Kerngeschäftsbereichen klaffen die Dimensionen Aufgabe, Macht und professionelles Können oft eklatant auseinander. Hierarchen etwa behalten ihre Macht und ihre Ressourcen, übertragen aber ihre Verantwortung auf unzureichend ausgestattete Projektleiter, die ihrerseits die notwendigen Qualifikationen nicht haben oder nicht einmal definieren können. Hier sollten die Funktionsträger, aber auch das Umfeld etwas dafür tun, dass (wenn auch nicht in einer Person vereint, so doch durch Vernetzung) jeweils die Macht und die Ausstattung mit Verantwortung und Qualifikation in Übereinstimmung gebracht werden.

➤ 2.5 Die Arbeit an einer Verantwortungskultur

8.2 Das Betreiben von Politik

Mit dem Begriff der Politik in Unternehmen verbinden Mitarbeiter oft ein bedenkliches Agieren im Bereich des oberen Managements, welches sie eher der persönlichen Positionierung als der Wertschöpfung für das Unternehmen dienlich ansehen. Dort, wo diese Ansichten zutreffen, sind Entartungen der politischen Dimension im Management gemeint. Jeder kennt dafür Beispiele. Solche »Politik-Strategen« haben sich von den eigentlichen wertschöpfenden Unternehmensprozessen weitgehend abgekoppelt und an anderen Gesichtspunkten orientiert. Dies liegt z.T. an der Verschiebung der Einflusskräfte auf Unternehmen und an veränderten Mentalitäten im Management.

Wir verstehen unter »Politik betreiben«, die Anliegen des Unternehmens und seiner Entwicklung gegenüber den gesellschaftlichen Kräften zu vertreten und mit deren Anliegen abzustimmen. Wir leiten dieses Verständnis aus dem ursprünglichen Verständnis der Polis im alten Griechenland ab, welche als meinungs- und willensbildender gesellschaftlicher Marktplatz verstanden werden kann. Politik stellt aus dieser Perspektive einen Aushandlungsprozess neuer sinnvoller Ordnungen im Dialog mit gesellschaftlichen Entwicklungen dar.

Denn das soziale System »Unternehmen« findet immer auch in einem sozialen Raum statt: sowohl nach innen – bezogen auf die Mitarbeiter – als auch nach außen – bezogen auf die relevanten Kräfte der Gesellschaft und ihre Märkte. Angesichts der Entwicklung, dass das Image eines Unternehmens zunehmend zu einem zentralen Erfolgsfaktor wird, kommt einer solchen Politik wachsende Bedeutung zu.

In einer medial immer wirksameren Überflussgesellschaft werden Produkte mehr und mehr zu »ideologischen« Produkten, die für Lifestyle, Lebensart und -philosophie stehen. Welches Auto gekauft wird, hängt weniger von seinem Nutzen ab als vom Lifestyle, für den es steht. Je nach Positionierungsziel wird es für die Unternehmen darum umso bedeutsamer, die Meinungsbildung der Menschen das Unternehmen und seine Produkte betreffend zu beeinflussen. Sei es über Image-, Kommunikations- und Bindungspolitik, sei es über Mitarbeiterförderung, Umweltpolitik, die besondere Zukunftseignung von Produkten oder über die Unternehmenskultur. Bei einem Unternehmen, welches hier nicht erfolgreich ist, kann trotz guter Produkte der Markterfolg ausbleiben. Je mehr ein Unternehmen in seiner Verankerung und seinem Dialog und Wechselspiel von den es umgebenden gesellschaftlichen Räumen abhängig ist, desto mehr wird Politik zu einem wertschöpfenden Bestandteil der Unternehmensentwicklung. Einer so verstandenen Politik kommt im Unternehmen eine zentrale Bedeutung zu.

8.2.1 Die Betreibung von Politisierungen

Politik hat die Funktion, an gesellschaftliche Gruppen und Strömungen anzukoppeln sowie relevante Vertreter für die eigene Sache zu gewinnen und einzubinden. Oft finden sich dafür im Topmanagement Leute mit politischem Talent, mit dem Riecher für Strömungen und Einflüsse. Solche

Talente sind zur Ausbalancierung von Interessen mit relevanten Umwelten der Organisation Gold wert. Die Schattenseite solcher Neigungen zeigen sich jedoch dann, wenn man sich zu sehr am Gängigen und scheinbar Modernen ausrichtet, meint und tut, was andere meinen und tun, also sein »Fähnchen nach dem Wind hängt«. Eine solche Art politischen Agierens orientiert sich dann an fiktiven Wirklichkeiten, die in diesen Kreisen erzeugt werden, und macht daraus problematische Vorgaben für das Unternehmen und seine Kernprozesse. Zeitweilig hochgelobte Politiker verkaufen dann zunehmend Fiktionen betreffend das eigene Unternehmen nach außen und Fiktionen über die Welt draußen und notwendige Orientierungen nach innen. Irreale, unpassende Meinungsmoden und Vitalitätsbeeinträchtigungen für das konkrete Unternehmen sind oft die Folge.

Solche Politisierungen in den Unternehmen gehen wohl mit dem Ablöseprozess der Gesetzmäßigkeiten der Finanzmärkte vom Wirtschaften mit Gütern und Dienstleistungen einher. Es wird zunehmend in Zahlen und abnehmend in realen Gütern gedacht. Wirtschaft wird zum Umgang mit geldwirtschaftlichen Faktoren anstatt zum Umgang mit Ressourcen und Menschen. Je mehr solche Kriterien auf dem Weg über Börse, Analysten und kurzfristigen Zahlenvorgaben zum Maßstab für Unternehmen werden, desto mehr stärken sie die Abkoppelung der Politsysteme von den nachhaltig wertschöpfenden Kernprozessen der Unternehmen und der gesellschaftlichen Einrichtungen.

Blender- und Spekulantenmentalitäten in den Toppositionen der Unternehmen entwickeln sich parallel zu denjenigen in den Finanzmärkten. Es wird nicht wirklich sanktioniert, wenn sich jemand »verspekuliert« oder nur Zahlenerfolge hervorbringt, hinter denen keine nachhaltige Stärkung von Vitalität und Wohlfahrt steht. Und wenn dies noch mit Grandezza gemacht wird, wird derjenige sogar zum

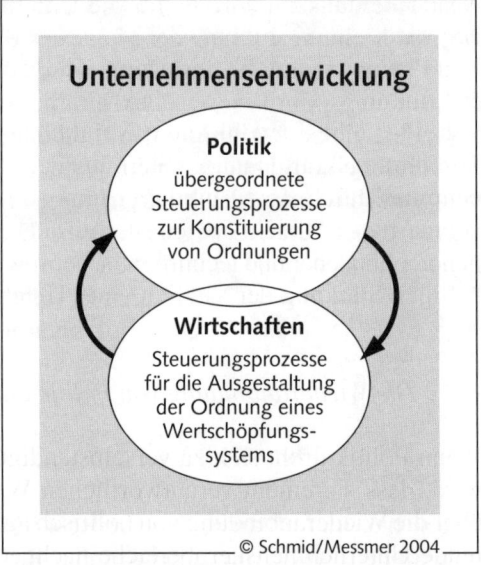

Abb. 21: Der Zusammenhang zwischen Politik und Wirtschaften

Helden gekürt und für Höheres berufen. Dass sich das Volk der »ehrlichen« Unternehmer und Mitarbeiter hier betrogen fühlt, ja durch diese Ungerechtigkeit in ihrer Würde verletzt und ihrer eigenen Motivation für dumm verkauft vorkommt, ist nur eine von vielen bedenklichen Folgen.

Die Betreibung von Politisierung ist nicht immer problematischen persönlichen Motivationen zuzuschreiben, sondern oft eine Folge von undifferenziert gelebten Mythen. Der verbreitete Mythos, dass allein eigenverantwortliches Handeln und liberalisierte Märkte, kurz die Summe der Eigennutzenverfolgung zu einem allgemeinen Nutzen führt, trägt letztlich dazu bei, dass viele meinen, das am (Meinungs-) Markt Erfolgreiche sei auch das Gute und Wertschöpfende.

Dass Eigennutzen immer zu einem allgemeinen Nutzen führt, trifft am ehesten noch da zu, wo Eigentümerunternehmer von Klein- und Mittelbetrieben auch mit ihrem eigenen Vermögen für die Konsequenzen ihres Tuns haften. Im Kontext vieler Großorganisationen scheint dieser Zusammenhang verloren gegangen zu sein, da Topmanager oft einen großen Bonus für Aktionen beziehen, die kurzfristig finanzwirtschaftliche Effekte erzielen, jedoch längerfristig die Vitalität des Unternehmens schwächen. Denn das Angebot eines solchen Bonus verführt dazu, sich eher als »Finanzjongleur« zu profilieren und sich weniger daran zu messen, wie Kerngeschäfte gestaltet und Zukunftssicherung in Sachen Produktionsfähigkeit betrieben wird.

So kann jemand 2003 Manager des Jahres werden – und 2004 schreibt er Konkurs.

Leider gibt es wohl kaum Möglichkeiten, die Altersversorgung von Topführungskräften an die Stärkung der nachhaltigen Vitalität des Unternehmens durch sie zu binden. Dennoch sollte man erfolgreiches Unternehmertum vielleicht doch weiterhin als gelungene Integration handwerklicher, politischer und technokratischer sowie sozialer Funktionen zur nachhaltigen Stärkung der Vitalität eines Unternehmens verstehen.

8.2.2 Die Wiederanbindung von Politik an verantwortliches Wirtschaften

Wenn Politik droht sich zu verselbstständigen und aus den Augen verloren wird, dass sie einem verantwortlichen Wirtschaften dienen sollte, muss über die Wiederanbindung von politisch agierender Leitung an wertschöpfende Unternehmenskernbereiche nachgedacht werden. In der Figur des Eigentümerunternehmers ist die Verbindung zwischen wertschöpfendem (Ausführende) und politischem System (Leitende, Führungskräfte) noch sehr nahe liegend – denn sein persönliches Schicksal hängt von beidem ab. In nicht-eigentümergeführten Großorganisationen stellt sich jedoch die Frage, wie diese Qualität der Anbindung gelingen kann.

Hier sehen wir vor allem drei Ansatzpunkte:

- die Schaffung von wechselseitigem Verständnis für das Zusammenwirken von politischem und unternehmerischem System (Dies ist eine Arbeitsunterscheidung, welche die unternehmerische Kerngeschäftsperspektive von einer politischen Vertretung der Unternehmensinteressen unterscheiden soll.)
- die Implementierung von Mess- und Belohnungssystemen
- vertikale Abstimmungsprozesse

8.2.2.1 Die Schaffung von wechselseitigem Verständnis

Nach dem Leitspruch »Die Kuh, die gemolken werden soll, muss zuerst gefüttert werden« geht es darum, wechselseitiges Verstehen und eine Würdigung der Funktion der beiden Systeme – des politischen wie des unternehmerischen Systems – herbeizuführen. Um dies zu erreichen, ist es nützlich, das politische und das unternehmerische System in eine fruchtbare Austauschbeziehung zu bringen.

Das politische System muss seine Verantwortung bezüglich der Vitalitätsentwicklung und der realistischen Umsetzungsprobleme im Unternehmen wahrnehmen, damit das unternehmerisch-wertschöpfende System erfolgreich arbeiten kann. Und das unternehmerische System muss Bereitschaft und Kompetenz entwickeln, neue Wege konsequent zu gehen, damit das politisch-wertschöpfende System erfolgreich agieren kann.

8.2.2.2 Anpassung von Mess- und Belohnungssystemen

Die Erfolgsmessung von Topmanagern muss neben der Aktienwertentwicklung auch an Werten gemessen werden, welche die Vitalität und deren nachhaltige Entwicklung in den Blick nehmen. Die kontinuierliche Entwicklung des Kerngeschäftes muss für das Selbstverständnis und für das Auftreten in den Kommunikationsarenen entscheidend wichtig sein. Es muss dafür gesorgt werden, dass die Unternehmenspolitiker die unternehmerischen Anliegen nicht nur als erklärte Ziele im Munde führen können, sondern auch entsprechend beurteilt werden und damit in ihren Handlungen auch tatsächlich nach diesen Kriterien beurteilt werden.

8.2.2.3 Vertikale Abstimmungsprozesse

Diejenigen, welche ein Talent für die Politik haben, haben oft keinen relevanten Kontakt mehr zu den Führungsketten oder zu Lebenszyklen von Abteilungen und Projekten. Wenn das Bewusstsein schwindet, welcher Beitrag durch das eigene Wirken zu der Kulturentwicklung im Unternehmen geleistet wird, muss die Nähe zu den Prozessen, in denen die realen Werte des Unternehmens geschaffen werden, wieder hergestellt werden: Die Fixierung auf die horizontale Ebene – man trifft sich nun einmal lieber mit Seinesgleichen, sieht die Wirklichkeit aus dem eigenen Milieu heraus, optimiert die eigenen Prozesse so komfortabel wie möglich und nimmt andere bezüglich der Umsetzung in die Pflicht – muss reduziert werden. Doch kann man auch die Führungsketten vom Vorstand bis zum Fließbandarbeiter als Team verstehen – insofern, als jede Ebene für das Verstehen der Wirklichkeit der anderen Ebenen verantwortlich ist und daran gemessen wird, wie man einander zuarbeitet und die Abstimmung zwischen den Ebenen optimiert.

Im folgenden Beispiel wird der Zusammenhang zwischen Politik und Wirtschaften besonders deutlich, weil darin Topmanager und »echte« Politiker im Aufsichtsrat eines großen Krankenhauskomplexes die Hauptrolle spielen.

Der Aufsichtsrat beauftragt eine externe Beratungsgesellschaft mit der Entwicklung eines Kostenreduktionskonzeptes für das Krankenhaus. Die Verwaltungsdirektion als verantwortliches Exekutiv-Gremium zeigt großen Widerstand gegen die Aktivitäten der Beratungsfirma. Die Berater neigen zunehmend dazu, die Verwaltungsdirektion als veränderungsfeindlich abzuwerten und sinnen über Strategien nach, diese auszumanövrieren. In einem Meeting erkennt einer der Berater, dass sie einseitig die Sichtweise des Aufsichtsrates übernommen haben. Die Analyse ergibt, dass im Aufsichtsrat im Laufe der letzten Jahre fast jährlich aufgrund politischer Veränderungen die Besetzung der Rolle des Vorsitzenden – welche an ein politisches Mandat gebunden war – gewechselt hatte. Je nach politischen Neigungen sind damit jeweils veränderte Vorgaben ans Krankenhaus gemacht worden. Da es sich beim Krankenhaus um ein Unternehmen mit höchst delikaten »Produkten« handelt, bei denen es um Leben und Tod geht, hat es die Verwaltungsdirektion geradezu als Pflicht wahrgenommen, gegenüber den ständig wechselnden Vorgaben des Aufsichtsrates mit defensivem Abwehrverhalten zu reagieren. Den Beratern stellt sich somit die Frage, wie berechtigte Anliegen der politischen Aufsicht angesichts knapperer finanzieller Ressourcen mit dem Anliegen des Krankenhauses nach hoher Prozesssicherheit verbunden werden können. Nachdem die Berater das Verhalten der Verwaltungsdirektion in einem neuen Licht sehen und würdigen können, entwickeln sie ein neues Beteiligungskonzept, in welchem die Direktion in einer angemesseneren Verantwortung in die Prozessgestaltung einbezogen wird und damit ihre Belange entsprechend vertreten kann. Der Widerstand löst sich dadurch auf und das Projekt kann erfolgreich durchgeführt und entsprechende Konsequenzen daraus umgesetzt werden.

Obwohl dies ein Fall aus dem Gesundheitswesen ist, zeigen sich darin Phänomene, die in Profitorganisationen ähnlich ablaufen. Auch dort neigen Vorstände und Aufsichtsräte dazu, Widerstände mit Umbesetzungen und drastischen Reorganisationsprojekten brechen zu wollen. Mit schicken Slogans wie »Mit Fröschen kann man nicht über die Austrocknung des Teiches diskutieren« oder »Mit Gänsen ist schlecht über Weihnachten sprechen« wird eine Absolution für das Unterlassen von sinnvollen Dialogen erteilt.

Widerstände von Seiten der für die konkreten Wertschöpfungsprozesse Verantwortlichen sind allerdings oft nur zu verständlich, da sie es sind, die den aktuellen Betrieb sicherstellen und gleichzeitig die Neuausrichtung umsetzen müssen. Als Gegengewicht werden Veränderungs- und Beraterphilosophien wie »Betroffene zu Beteiligten machen« in die Diskussion gebracht. Wenn dies jedoch impliziert, dass alle Betroffenen irgendwie mitreden sollen, unabhängig von ihrer Qualifikation und ihrer Bereitschaft, für das Ganze Verantwortung zu übernehmen und dass Dialog in Mitentscheiden münden muss, dann liefern solche Gegensteuerungsversuche mangels Praktikabilität am Ende vielleicht bloß eine Rechtfertigung für rücksichtslose Maßnahmen. Hier müssen vernünftige Mittelwege gefunden werden.

➤ 9. Die Theatermetapher in der Praxis

➤ 7. Das Ausbalancieren von Sach- und Beziehungsorientierung in Organisationen

➤ 2. Auf dem Weg zu einer Verantwortungskultur

➤ 3. Phasen der Krisenentwicklung in Organisationen

9. Die Theatermetapher in der Praxis

Für erfolgreiche Innovationsprozesse müssen vielfältige Zusammenhänge verstanden und gestaltet werden. Die Theatermetapher hilft Übersicht zu bewahren, die Komplexität angemessen zu reduzieren und situativ die relevanten Zusammenhänge zu verstehen.

Warum scheitern mehr als die Hälfte aller Innovationen? Warum werden Veränderungen beschlossen und verkündet, gehen aber nicht in den Regelvollzug der Organisationen über? Warum verlaufen so viele Projekte der Neuorientierung im Sande oder können nur mühsam und unter viel Aufwand an Energie am Leben erhalten werden?

Ein Theaterensemble hat auf seiner Bühne bisher Volksstücke gespielt. Es ist entsprechend zusammengestellt, die Charaktere und Interessen, der Inszenierungsstil, die Art und Weise, Tourneen zu machen, das Publikum – alles ist auf diese Art Theater zu spielen abgestimmt. Eines Tages bemerkt der Intendant des Theaters, dass der Markt für Volkstheater langsam kleiner wird, die Subventionen zurückgehen und modernes Theater auf dem Programm sehr viel bessere Aussichten böte. Er ruft also sein Ensemble zusammen, verkündet die neue Positionierung des Theaters und wie er es sich in etwa vorstellt. Dann spricht er allen volles Vertrauen aus und verlangt Umsetzung innerhalb einer bestimmten Frist, sonst wäre die Existenz des Theaters gefährdet. Einem der Regisseure, der doch einige Bedenken bezüglich der Machbarkeit eines so ambitionierten Vorhabens mit dem bestehenden Ensemble äußert, wird zugestanden – so weit erforderlich – Schauspieler zum ergänzenden Schauspielunterricht zu schicken.

Wie schätzen Sie die Aussichten eines solchen Innovationsprozesses ein? Nun, wahrscheinlich nicht allzu positiv – und dennoch werden Sie vermutlich Parallelen zu manchen Innovationsvorhaben in Organisationen erkennen. Lösen breitflächige Schulungsprogramme das Problem? Schauspielunterricht kann – vielleicht – *eine* nützliche Maßnahme im Sinne einer Personenqualifikation sein, aber keinesfalls alle anderen Maßnahmen überflüssig machen, die nötig wären, um die Voraussetzungen für modernes Theater zu schaffen. Denn die Regisseure müssen Stücke nach ganz anderen Gesichtspunkten inszenieren. Es werden andere Stoffe ausgewählt, andere Charaktere benötigt und entsprechende Rollen neu verteilt. Das Flair des Zusammenspiels muss verändert und durch Inszenierungsarbeit eingeübt werden. Andere Publikumsreaktionen werden angestrebt, die Intendanz muss anders organisiert sein usw. Man kann vielleicht bei Tourneen nur bedingt in Turnhallen spielen, weil Technik, Requisiten, Bühnenbild und Kostüme eine ganz andere Rolle spielen. Das hat wiederum Auswirkungen auf die notwendige Auslastung des Theaters und dessen Finanzierung. Zudem haben Menschen, die diese Art von Theater spielen können, ein anderes Bedürfnis nach Lebensqualität und künstlerischem Anspruch.

Auf der Suche nach Antworten auf die Frage: »Können wir modernes Theater machen?« müssen alle diese Aspekte nicht nur berücksichtigt werden, sondern sie müssen auch in Szene gesetzt werden. Theater überzeugt nur, wenn alles zusammenpasst. Es bedarf daher einer Systemlösung.

➤ 4. Fünf Perspektiven von Systemlösungen

Es ist offensichtlich, dass komplexe Innovationen nicht allein durch die Verkündung einer Idee, durch die Skizzierung einer Handlung und durch Appelle an Motivation zur Umsetzung – eventuell ergänzt durch ein Budget für die Schauspielerschulung – implementiert werden können. Vielleicht könnte man sogar (Moden folgend) für eine gewisse Zeit Finanzierungen zustande bekommen. Doch das wäre im ursprünglichen Sinn nicht wirtschaftlich. Bedeutet »wirtschaften« nicht in erster Linie eine intelligente Kombination von Ressourcen und Integration von Komponenten? Wenn dem so ist, dann hängt der durch das Management erzeugte Mehrwert von der Gesamtoptimierung ab, in welche die Partialoptimierungen eingefügt sein müssen.

9.1 Innovationsbeschreibungen mit der Theatermetapher

Bei einer Neuinszenierung im Theater fallen einige Aufgaben an:

- Zunächst müssen Stoffe gewählt werden, zu denen es sogenannte Plots gibt, also die Skizzen der zu erzählenden Storys.
- Damit man die Story auf die Bühne bringen kann, muss ein Drehbuch geschrieben werden, das die Abläufe der Szenen und die Ausgestaltung der Rollen konkretisiert.

- Ein Inszenierungsstil muss entwickelt, beibehalten und in allen Komponenten verwirklicht werden.
- Die Rollen müssen mit Schauspielern besetzt werden, die als Charaktere das, was in dieser Rolle zum Ausdruck gebracht werden soll, repräsentieren und sich dem beabsichtigten Stil anschließen können.

Hier müssen viele Dinge aufeinander abgestimmt werden, die weit über eine Programmentscheidung oder formale Struktur- und Ablaufentscheidungen hinausgehen. Bei großen Inszenierungen oder Programmen mit mehreren Ensembles wird alles noch komplexer. Unterschiedliche Stoffe, Erzählungen, Drehbücher, Inszenierungsstile und Regiephilosophien müssen zueinander passen. Bei Neuinszenierungen muss eine Art Meta-Inszenierung entwickelt werden, über welche die Gestaltungsaufgaben bei der Stückentwicklung geordnet und zu einer Architektur zusammengefügt werden. Und alles muss mit vorhanden Ressourcen und in dem zur Verfügung stehenden Zeithorizont leistbar sein.

In der Theatermetapher werden die zu bewältigenden Aufgaben einer Innovation in anschaulicher Sprache plausibel gegenwärtig und dies wirkt der häufig erlebten Ausblendung des realistisch Notwendigen entgegen. Wie der Leser vielleicht an sich selbst feststellen kann, ist die Theatermetapher unmittelbar verständlich. Meist strukturiert sie ohne große Erklärungen einen Denk- und Verständigungsprozess gerade bei der Beschreibung einer sehr komplexen Innovationsherausforderung.

9.1.1 Vorteile der Theatermetapher

- Die Arbeit mit Metaphern mobilisiert generell kreative Kräfte bei allen Beteiligten. Dadurch fällt es Mitwirkenden meist leicht sich anzuschließen.
- Über die Theatermetapher kann leicht an ein allgemein zugängliches und verfügbares Kulturwissen über Wirklichkeitsgestaltung angeknüpft werden.
- Die Theatermetapher übersetzt die Beschreibung von Absichten in eine Inszenierung auf einer Bühne; Ideen konkretisieren sich so in Zeit und Raum.
- Die Beschreibungen der Situation, des Ziels und der notwendigen Schritte werden so deutlich, dass die Beteiligten sich ein nachvoll-

ziehbares Bild von den Herausforderungen und systemischen Zusammenhängen der Situation machen können.

- Dabei werden abgehobene oder lediglich Teilaspekte berücksichtigende Diskussionen am kurzen Zügel gehalten und Entscheidungen werden deutlich.

- Es wird leichter deutlich, ob eine Inszenierung einen eventuell problematischen Verlauf nimmt und an welcher Stelle wer was anders machen muss, um dem Stück einen positiven Verlauf zu geben.

- Das konkretisierende Denken in der Theatermetapher hält den Umgang mit knappen Ressourcen im Bewusstsein: Ein Spieler kann nicht gleichzeitig mehrere Rollen, in mehreren Stücken oder auf mehreren Bühnen spielen. Neuinszenierungen kosten immer Kraft – und es macht keinen Sinn, das Bühnenbild umzusetzen, wenn dann kein Geld für gute Spieler oder ein gutes Drehbuch übrig ist. So kann auch Wirtschaftlichkeit hergestellt werden. Teure Einzelinvestitionen können eine Stimmigkeit im Ganzen nicht ersetzen.

- Gleichzeitig bietet die Metapher einen Rahmen, in dem jede Fragestellung in verschiedene Ausgestaltungsvarianten übersetzt werden kann. Die Würdigung von Mitarbeitern z.B. kann in großen Festakten, wirksamer aber vielleicht im Führungsgespräch im Rahmen des Teams erfolgen.

- Die Betroffenen können sich vom Geschehen distanzieren und eine Außenperspektive einnehmen. Dieser Akt der Verfremdung ist oftmals ein wichtiger Schritt, die emotionale Gebundenheit in der Situation loszulassen und dadurch neuen Handlungsspielraum zu gewinnen.

Wohlgemerkt: Hier ist von der Nutzung der Theatermetapher und nicht vom Arbeiten mit Gestaltungsmitteln des Theaters die Rede. Die Elemente des Theaters werden hier nur metaphorisch, d.h. als Sprachbilder verwendet. Dem gegenüber haben wir die Erfahrung gemacht, dass das Einbringen von Theatersettings und -methoden in die Organisationsberatung und sogar in die Weiterbildung nicht nur ungleich komplizierter und ressourcenbeanspruchender ist als der sprachliche Umgang mit der Theatermetapher, sondern darüber hinaus auch besonderer Kompetenzen und einer bewussten Entscheidung für dieses Medium bedarf.

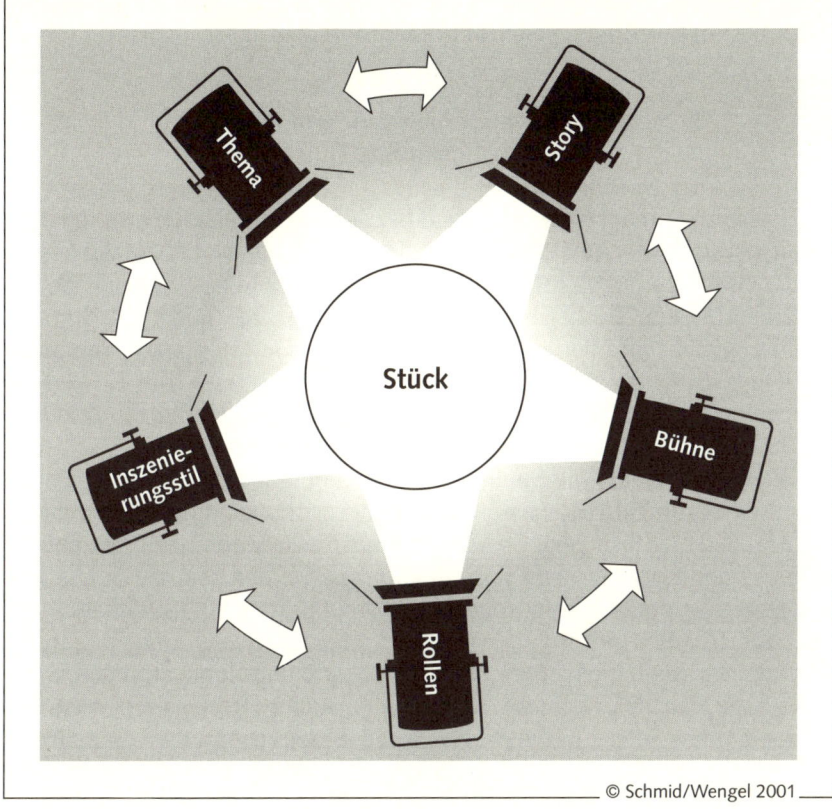

Abb. 22: Perspektiven der Theatermetapher

Die Theatermetapher bietet viele Unterscheidungen, die für die Beschreibung der Situation des Kunden hilfreich sein können. In der Praxis haben sich u.a. folgende Ebenen als nützlich erwiesen:

- Das **Thema**, die Überschrift, die man der Situation geben könnte.
- Die **Story**, die unter dieser Überschrift erzählt wird.
- Die **Bühne**, auf der das Stück aufgeführt wird.
- Die jeweiligen **Rollen**, die in dem Stück gespielt werden (einschließlich der Beziehungen, die diesen Rollen entsprechen),
- sowie der Inszenierungsstil. Dies ist der **Stil**, in dem das Stück inszeniert ist. Er ist in Organisationen Ausdruck der Unternehmenskultur.

- Das Gesamt der Beschreibung der Situation und der Geschehnisse wollen wir im Folgenden das **Stück** oder Inszenierung nennen.

9.2 Theatermetapher für die Neuentwicklung von beruflichen Situationen?

Die Theatermetapher kann aber auch bei der Neuentwicklung im Organisationsbereich verwendet werden. In diesem Fall kann nicht auf ein bestehendes Stück zurückgegriffen werden, sondern es muss ein neues Drehbuch geschrieben werden. Die Beteiligten treten hier auch als Autoren oder Drehbuchschreiber auf, die neue Stücke oder zumindest Varianten bereits existierender Aufführungen erfinden. Zu oft wird hier die Performance des Theaters rein der Kompetenz der Schauspieler zugeschrieben. Dementsprechend einseitig werden breitflächige Schulungen als Mittel der Wahl angesehen. Die Spieler sollen lernen, bei vagen Inszenierungsvorgaben durch Situationsgenialität und Ausdrucksqualität Qualität in Performances zu bringen, was durch eine Ausarbeitung des Drehbuchs leichter oder besser erreicht werden kann. Es werden also die Spielkompetenz der Agierenden über- und die Drehbuch- und Regiequalität unterbewertet. Dabei wird oft vergessen, dass Menschen auch ohne Schulung »on stage« schnell dazulernen, wenn Drehbuch und Regie stimmen. Statt besserer Schauspieler braucht man vielleicht andere Rollen und übersichtlichere Szenen, die von den verfügbaren Spielern durchaus gemeistert werden können. Wenn alles von der Höchstkompetenz weniger Eingeweihter abhängig ist, platzt die Aufführung, sobald ein Darsteller ausfällt – oder der Ersatz ist zu teuer bzw. verändert zu sehr den Stil des Ensembles.

Das Denken in Inszenierungen macht transparent, auf welcher Ebene eine Möglichkeit der Veränderung liegt und wie die Weiterentwicklung der Inszenierung konkret aussehen könnte. Die Theatermetapher erleichtert, die Prüfung auf Umsetzbarkeit der hierzu entwickelten Ideen auf der Bühne der Wirklichkeit zu prüfen und systemische Effekte von Veränderungen zu berücksichtigen.

Mögliche Fragen in diesem Zusammenhang können sein:

- Inwiefern muss die Rolle den veränderten Anforderungen angepasst werden?
- Welcher Wirklichkeitsstil, welche andere Art des Umgangs miteinander kann eine gute Ergänzung in dem Stück darstellen?
- Ist die Inszenierung im großen Haus des Staatstheaters passend?

- Sind Ideen zur Veränderung dem Organisationskontext und den professionellen Standards der beteiligten Rollenträger angemessen? Wenn z.B. jemand eine Rolle als Anwalt vor Gericht zu spielen hat, ist diese in dem Stück »Gerichtsverhandlung« weitgehend definiert. Kreativität ist nur innerhalb dieses Rahmens gefragt.

9.3 Ein Beispiel aus der Praxis: Entwicklung integrierter Personalarbeit in einem Pharmaunternehmen

Mithilfe der Theatermetapher soll hier als Beispiel ein OE-Projekt zum Thema »Entwicklung integrierter Personalarbeit« in einem Pharmaunternehmen skizziert werden. Im Anschluss an eine kurze Einführung in die Problematik der Personalarbeit wird beschrieben, wie unter Anwendung der Methodik eine Integration der unterschiedlichen Perspektiven im Bereich Personalarbeit gedacht und ihre Inszenierung angegangen werden kann. Eine Verlaufsdarstellung würde diesen Rahmen sprengen, kann aber an anderer Stelle nachgelesen werden (DIETZ 1998).

9.3.1 Die Ausgangssituation von Personalentwicklung und -management

In die Theatermetapher übersetzt wäre das aufgesetzte Projekt »Integrierte Personalarbeit« eine neue Art, Theater zu spielen und genaugenommen der Versuch, die verlorene Integration auch in einer groß gewordenen Organisationen wieder zu finden. In unserem Projekt handelte es sich in den Bereichen Personalmanagement und Personalentwicklung um relativ getrennte Inszenierungen auf recht verschiedenen Bühnen. Nur die Mitarbeiter spielten noch in den verschiedenen Stücken mit, wenn auch in verschiedenen Rollen. Personalmanager und Personalentwickler begegneten sich auf diesen Bühnen und auch sonst kaum.

9.3.1.1 »Inszenierungen« des Personalmanagements

- finden in Büros der Personalabteilung statt oder in Sitzungszimmern mit Betriebsratsmitgliedern.
- Themen sind meist Vergütungs- und Arbeitsvertragsregelungen.
- Die Storys beginnen häufig mit einem Problem oder einem Anliegen.

- Es geht in den Beziehungen eher darum, Vorteile für Interessen zu erlangen.
- Die Abläufe sind mehr Aushandlungsprozesse, die sich hinziehen oder auch manchmal zuspitzen, Entgleisung und Verhärtungen sind denkbar, dann gibt es vielleicht doch Kompromisse usw.
- Der Einzelne stellt eher einen Fall dar, Individualität und persönliche Geschichte sind weniger bedeutsam.
- Die Drehbücher scheinen so geschrieben, dass mit wechselnder Thematik und wechselnden Spielern eher prototypische Verläufe angestrebt werden.
- Die Spieler seitens der Personalabteilung geben sich eher als Bewerter und Zuteiler von Ressourcen, dabei Wahrer von Gleichgewichten aus formaler Sicht.
- Der Inszenierungsstil ist verbindlich distanziert, eher auf juristisch und taktisch gesicherte Abläufe als auf individuelle Stimmigkeit oder persönliche Begegnung hin orientiert.

9.3.1.2 »Inszenierungen« der Personalentwicklung

- Abgesehen von der Verwaltung der PE selbst findet diese in Beratungszimmern oder Seminarräumen statt, oft sogar ohne Tische.
- Handelnde sind Berater oder Trainer, die von der Unternehmenswirklichkeit, auf die sich das Geschehen bezieht, aus dem Mund von Betroffenen erfahren.
- Sie selbst sind wenig in direkte Leistungsprozesse und Steuerung des Kerngeschäftes einbezogen.
- Aufgrund ihrer Fachqualifikationen wie Psychologie oder Pädagogik kennen sie dieses auch oft wenig und interessieren sich auch nicht unbedingt dafür.
- Ihnen geht es thematisch um Verstehen, Steuerungs- und Entwicklungsimpulse geben, Vertrauen und ein offenes Klima schaffen, sich als Mensch hinter der Organisationsfunktion erkennen und begegnen.
- Einzelne Berufswege und zu Individuen stimmige Tätigkeiten und Beziehungen in der Organisation sind im Fokus der Aufmerksamkeit. Aktueller Leistungsdruck und Notwendigkeiten, Herausforderungen der

Organisation zu bedienen, bestehen meist nicht, werden sogar gelegentlich als störend aus den Inszenierungen ausgeklammert.

9.3.2 Ausgangsfragen des skizzierten Projekts

In dem beschriebenen Projekt sollten Personalmanagement und Personalentwicklung künftig eher als integrierte Stabsabteilungen den verantwortlichen Linienvorgesetzten im Sinne von Dienstleistern zur Verfügung stehen und kaum noch eigene hoheitliche Funktionen ausüben. Dabei stellten sich folgende Fragen:

- Wie kann im Rahmen eines neuen Profitcenterkonzeptes auch die Personalarbeit etwa ähnlich wie neuerdings die Budgetverantwortung in das Center verlagert werden?

- Wie können dafür Fragen der klassischen Personalarbeit mit Fragen der Personalentwicklung, der Bildung und der Organisationsentwicklung zusammengebracht werden? Das heißt, wie können alle Zugangsweisen zueinander komplementär als Konzept der integrierten Personalarbeit kombiniert werden?

- Wie kann die Federführung an die Linienvorgesetzten übertragen werden?

- Daraus abgeleitet stellte sich zudem die Frage, wie die vielen verschiedenen damit verbundenen Themen, Problemlösungen und Innovationsprojekte neben dem laufenden Tagesgeschäft bewältigt werden könnten.

Zur Vereinfachung der Darstellung soll nur die Herausforderung gemeinsamer Inszenierungen von Personalmanagement und Personalentwicklung und deren Integration in die Führungsbeziehungen skizziert werden.

9.3.3 Perspektiven- und Rollenveränderungen

Das Projekt »Integrierte Personalarbeit« sollte eine Umsetzung geänderter Unternehmensrichtlinien in Szene setzen. Diese sah mehr Dezentralisierung, unternehmerische Verantwortung in den Bereichen und echte Führungs- und Budgetverantwortung der Linienvorgesetzten vor. Daraus ergab sich für die Personalmanager eine Perspektiven- und damit ein Rollenverschiebung:

- Ihre Kunden wären künftig eher die verantwortlichen Vorgesetzten – und nicht mehr die Mitarbeiter direkt.
- Damit würde beispielsweise ihre bisherige Hauptperspektive, ob Mitarbeiter mehr oder weniger Geld bekommen sollen oder ob diese mit ihrem Gehalt zufrieden sind, zu einem rein fachlichen Problem.
- Die Verantwortung für die Lösung der Gehaltsfrage hätte künftig der budgetverantwortliche Vorgesetzte.
- Die Personalabteilung wäre stattdessen dafür verantwortlich, dass der Vorgesetzte die Logik des Gehaltssystems und den Zusammenhang zwischen dem Umgang mit Vergütung und z.B. der Karriereplanung verstünde.
- Sie könnte den Vorgesetzten im Umgang mit seinem Budget lediglich beraten und würde damit von einer Management- in eine Beraterrolle wechseln.
- Für den Vorgesetzten, der jetzt verantwortlich mit seinem Budget haushalten müsste, entstünde eine neue Rollenkonstellation bzw. ein neues Perspektivenprofil.

Eine solche Umsetzung von gesamtunternehmerischer Verantwortung durch alle Führungskräfte hätte Charme und stellte für das Image des Unternehmens in der Branche eine willkommene Pioniertat dar.

9.3.4 Entwicklungsstrategien

Zunächst sollten Personalmanagement und Personalentwicklung soweit integriert werden, dass sie danach gemeinsam oder zumindest abgestimmt ihre Verantwortungen an die Linienvorgesetzten weitergeben konnten. Zwar wurden im Rahmen einer Vorstandsklausur entsprechende Grundsatzbeschlüsse gefasst, doch wurde dabei nicht bedacht, dass hierfür in der gesamten Hierarchie Drehbuch- und Regiekompetenz erworben werden müsste, damit prinzipiell veränderte Prioritäten auch in konkrete Uminszenierungen mündeten. Um den anstehenden »Erkenntnisschock« klein zu halten, sollte für eine Anfangsphase den gewöhnlich stark beanspruchten Ressourcen der Protagonisten dadurch Rechnung getragen werden, dass für Ereignisse, die ohnehin stattfanden, eine verbesserte Inszenierung unter Personalgesichtspunkten angestrebt wurde, anstatt vorrangig neue Ereignisse zu inszenieren. Es sollten also für die Linie möglichst wenig zusätzliche Workshops oder

Seminare anberaumt werden. Stattdessen sollte überlegt werden, wie die bestehenden Ereignisse mit neuen Perspektiven angereichert werden konnten. Das sollte Zeit, Energie und Budgets aller Beteiligten schonen.

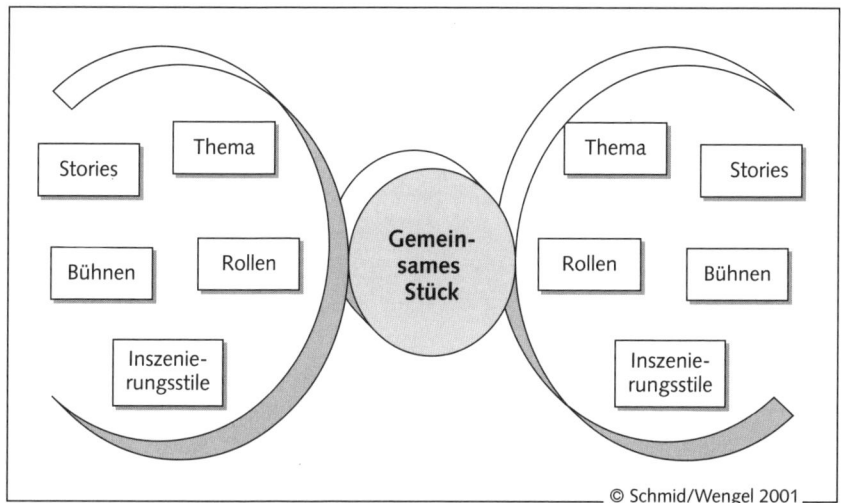

Abb. 23: *Integration von Inszenierungen mithilfe der Theatermetapher*

Allerdings stellen gerade solche »integrierten Inszenierungen« hohe Anforderungen an Drehbuch, Regie und Spieler. Doch angesichts zu vieler unkoordinierter Innovationsaktivitäten war absehbar, dass nur durch intelligentere Integrationsleistungen Gesamtoptimierungen erreicht werden konnten. Wie könnte z.B. ein Workshop zum Thema »Mitarbeitergespräch« gleichzeitig ein Workshop zu »Klärung von Mitarbeiterkarrieren« oder »Sinnvolle Projektsteuerung« oder »Einsparung von Zusatzkosten« oder »Delegation und Führung« sein? Die Inszenierungen sollten aus der Sicht ganz verschiedener unternehmerischer Anliegen Beispiel für eine gelungen inszenierte Innovation sein können. Diese Anforderung ist naheliegend, weil im Alltag der Organisation diese Gesichtspunkte ebenfalls integriert gelebt werden müssen, wenn sie nachhaltig etabliert werden sollen. Eine Anhäufung von Sonderaktionen zerstreut die Kräfte und desintegriert die Organisation.

Konkret betrachtet ist ein solches Vorhaben sehr komplex, fast dilemmahaft (zum Gegensteuern siehe nächstes Kapitel).

➤ 10. Perspektiven-Ereignis-Modell

9.3.5 Schritte der Erarbeitung von Rollen- und Szenendrehbüchern für Neuinszenierungen

- Welches sind die (drei bis fünf) wichtigsten Neuorientierungen bezogen auf die Innovation?
- Welches sind die (drei bis fünf) wichtigsten Bühnen, auf denen diese Neuorientierungen konkret inszeniert werden sollten?
- Wie könnten die Orientierungen in Handlungsabläufe übersetzt konkret aussehen? Wer ist für die Dokumentation in Handlungsdrehbücher qualifiziert und zuständig?
- Durch wen können die Rollen prinzipiell besetzt werden? Wer muss gemäß der Handlungsdrehbücher wann auf der Bühne verfügbar sein?
- Wie können die Verpflichtungen auf diesen Bühnen mit anderen Verpflichtungen abgestimmt werden? Sollten hier Prioritätenkonflikte auftauchen, wer hat die Zuständigkeit, sie zu lösen? Sind dort die Wichtigkeiten der aktuellen Neuinszenierung hinterlegt?
- Wenn Engpässe oder Besetzungsschwierigkeiten zu erwarten sind, wie könnten dann die alternativen Inszenierungen derselben Thematik aussehen?
- Welche Rollen und Spielanweisungen ergeben sich für die Mitspieler bei den jeweiligen Ereignissen? Wie werden Rollendrehbücher für die Spieler aufbereitet, damit diese und ihre Nachfolger ihre Rollen studieren können?
- Wer ist kompetent und verfügbar, Neuinszenierungen einzustudieren? Wenn die Neuinszenierung steht, wer soll Regie bei den täglichen Wiederaufführung mit gleichbleibender Qualität sichern?
- Sind die Spieler für die zu spielenden Rollen qualifiziert? Sind die notwendigen Lernprozesse »on stage« möglich, vielleicht sogar leichter? Falls nicht, sind Nachqualifizierungen im zeitlichen Rahmen möglich und erfolgversprechend?
- Erstellen einer Dramaturgie (Gesamtdrehbuch). Wie wirken die Inszenierungen zusammen, damit das verfolgte Innovationskonzept verwirklicht werden kann?
- Wenn die Komponenten nicht im rechten Maß zueinander verwirklicht werden können, wie kann dann ein revidiertes Konzept

> aussehen, bei dem die Gesamtwirkung, wenn auch auf niedrigerem Niveau, erreicht werden kann?
> - Soll breitflächig mit geringer Inszenierungstiefe oder in Pilotprojekten mit größerer Inszenierungstiefe gearbeitet werden? Wie können dann die Plotinszenierungen und der Regelvollzug zunächst in verträgliche Koexistenz gebracht und später zusammengeführt werden?

Die Überlegungen zum »Was« und »Wie« der Innovation brachte alle Grundfragen der Personalarbeit in die Projektdiskussion.

- In einem ersten Schritt schien es geboten, die wesentlichen Themen zu benennen, aus denen heraus Personalarbeit im Unternehmen von den beteiligten Abteilungen gestaltet und gesteuert wurde: Welche Anliegen müssen in Inszenierungen der Personalarbeit befriedigt werden? *Was* soll Personalarbeit leisten und *wie* soll sie es tun? Was sind aus der jeweiligen Sicht befriedigende Ergebnisse, aber auch befriedigende Abläufe der inszenierten Storys?

➤ 10.4.1 Schritt 1: Liste der Hauptperspektiven erstellen

- In einem zweiten Schritt wurden für zentrale Anliegen der Personalarbeit Bühnen (z.B. Mitarbeitergespräch, Stellenbeschreibungen etc.) identifiziert, auf denen diese verfolgt werden bzw. künftig verfolgt werden sollten. Es sollte dabei nicht nur um typische Situationen der Personalarbeit, sondern um alle (insbesondere Führungs-) Situationen gehen, die auch unter dem Gesichtspunkt »Personalarbeit« gestaltet werden sollten.

➤ 10.4.2 Schritt 2: Ereignisse definieren

9.3.6 Die Neuinszenierung des Mitarbeitergesprächs

Den Beginn der konkreten Umsetzung in einzelnen Bereichen sollte das Mitarbeitergespräch machen. Doch wer sollte die Drehbücher dafür schreiben, Regie über die neu zu gestaltenden Szenen führen? Hierfür wurden besonders interessierte Personalmanager und Personalentwickler ausgewählt und als Grundlage das schon einigermaßen gut eingeführte Mitarbeitergespräch verwendet.

➤ 10.4.3 Dritter Schritt: Abgleich mit anderen Perspektiven
➤ 10.4.4 Vierter Schritt: Perspektiven der anderen Beteiligten herausarbeiten

Am Beispiel einer Neuinszenierung des »Mitarbeitergesprächs« lässt sich das versuchte Vorgehen veranschaulichen.

- Beteiligte an einer Drehbuchkonferenz für das Mitarbeitergespräch als Mittel der Personalbetreuung sind in der Regel der Mitarbeiter selbst, der Vorgesetzte, der klassische Personaler und die Organisations- bzw. Personalentwickler.

- Es ist zu erwarten, dass die einzelnen Beteiligten unterschiedliche Gütekriterien für eine gelungene Inszenierung wichtig finden, weil sie unterschiedliche Zuständigkeiten und Verantwortungen im Unternehmen haben.

- Der *Personalentwickler* will im Gespräch etwa sicherstellen, dass sich der Mitarbeiter gefördert fühlt, angemessene Vorstellungen von seinen Bildungsmaßnahmen entwickelt werden, und dass der Vorgesetze weiß, welche Arten der Beratung oder Weiterbildung angeboten werden, bzw. wann er darauf zugreifen sollte.

- Dem *klassischen Personaler* stellen sich ganz andere Fragen. Ihm ist z.B. wichtig, dass Verträge so ausgehandelt oder Teams so neu zusammengestellt werden, dass die Leute mehr leisten oder weniger Budget gebraucht wird, die Verweildauer in einem Bereich lange genug ist, dass sich aufwendige Einarbeitungen und Qualifizierungen lohnen, dass Leistungsmotivation, Weiterverwendbarkeit und Loyalität für das Unternehmen erhalten bleiben, auch wenn die Zugehörigkeit zur gegenwärtigen Abteilung nicht länger Sinn macht usw.

- Dem Vorgesetzten stellen sich wieder andere Fragen, die meist näher an den aktuellen Leistungsanforderungen der Abteilung liegen. Außerdem haben Vorgesetze meist das Interesse, mit möglichst wenig Führungsaufgaben belastet zu sein. Führungskommunikation gehört noch selten zu den erfolgsentscheidenden Bewährungskriterien für Vorgesetzte.

Ziel einer solchen Drehbuchkonferenz muss es also sein, dass jeder die Inszenierungsanliegen des anderen versteht, damit er nicht gegenläufig arbeitet, sondern komplementär (ergänzend) – auch wenn er die jeweiligen Perspektiven des anderen nicht vorrangig bei seiner eigenen Steuerung verwendet. Wichtig bleibt allerdings auch, dass bei begrenztem Handlungsspielraum im Zweifel geklärt sein muss, welche Perspektiven Priorität besitzen. Vergleichbar der Kontraktbeziehung muss sichergestellt und vereinbart werden, was am Ende geleistet sein soll. Dabei kann deutlich werden, dass bestimmte Aspekte im Moment nachrangig behandelt werden. Wenn sie nicht ausgeklammert werden sollen, sollte im Rahmen einer Verantwortung fürs Ganze geklärt werden, wann und durch wen sie zum Zuge kommen.

➤ 2.1.2 Verantwortungen als komplementäres aufeinander bezogenes System

In einem weiteren Schritt müssen die Rollen der einzelnen Protagonisten definiert werden. Angenommen, die Hauptperspektive des klassischen Personalers war es, den Mitarbeitern deutlich zu machen, dass sie im Moment nicht mehr Geld bekommen können. Dann ergab sich daraus eine bestimmte Rollenkonfiguration – etwa »Ressourcenverteiler« oder »Geldtopfwahrer« – und ein bestimmtes Szenendrehbuch: Der Personaler musste zum einen versuchen, ein gutes Beziehungsklima zu schaffen, zum anderen frühzeitig darauf aufmerksam machen, dass es sich um eine Verhandlungssituation handelt, in der es z.B. weniger Spielräume gibt als sonst.

➤ 10.4.5 Schritt 5: Rollenveränderungen der am Ereignis Beteiligten herausarbeiten

Die eigenen Versuche der Projektmitglieder, Themen zu definieren, Drehbücher zu schreiben und Regie zu führen, zeigten, dass man nicht schnell genug auf ein hinreichendes Funktionsniveau kommen würde. Für die Inszenierungen innerhalb des Personalbereichs wurde daher der externe Berater des Projekts als »Gastdrehbuchschreiber«, »Gastregisseur« und Fachberater für innovative Inszenierungen in Anspruch genommen. Die geänderten Perspektiven, Rollen und Verantwortlichkeiten verlangten nicht nur andere Skills und Steuerungslogiken, sondern griffen auch tief in gewachsene Selbstverständnisse und gewohnte Beziehungen untereinander ein. Allerdings sollten die zur gemeinsamen Geschichte gehörenden alten Themen miteinander nur insoweit aufgearbeitet werden, wie sie die unmittelbare Zusammenarbeit bei der Neuinszenierung behinderten. Der Leiter Personal und die ausgewählten Mitarbeiter sollten nach und nach als »Tagesregisseure« für die nachhaltige Regelaufführung der mithilfe des Externen etablierten Neuinszenierung sorgen. Da auch diese Rolle vielerlei Umstellungen für diese Personen erforderte, waren sie bei allen Sitzungen im Personalbereich anwesend und versuchten nach und nach die Regierolle vom Externen zu übernehmen. Letztlich war der Leiter Personal ohnehin der zuständige Gesamtregisseur und es schien nur Sinn zu machen, so anspruchsvolle Inszenierungen anzustreben, wie sie nach einer Neuinszenierung auch mit den Kompetenzen und Kräften der Internen bedient werden konnten. Personalmanager und Personalentwickler schrieben also unter Anleitung des Externen gemeinsam die Drehbücher für die Mitarbeitergespräche und übernahmen für die Neuinszenierung vorübergehend Regieverantwortung neben der Verantwortung für die Rollen, die sie selbst in den Inszenierungen spielen sollten. Für die Gestaltung der Führungsbeziehung sollten dann die Vorgesetzten nach und nach die Regie selbst übernehmen, wie es ihrer Organisationsrolle und -verantwortung entsprach.

9.3.7 Ergebnis des Projektes

Eine bald darauf einsetzende Veränderung der »Großwetterlage« mit Unternehmensübernahme, Neubesetzungen der Unternehmensspitze sowie die strategische und strukturelle Neupositionierungen der Unternehmenseinheiten am Standort machte ein Weiterverfolgen des Projektes leider unmöglich. Als OE-Projekt kam die Integrierte Personalarbeit damit zu einem Ende, zu dem leider zu viele OE-Projekte kommen. Es blieben Lernerfahrungen der Beteiligten als Erfolg des Projektes, die z.B. über diesen Bericht weitergegeben werden. Für welche Projekte Fachleute und Unternehmen wirklich reif sind, kann aufgrund dieser Erfahrungen besser abgeschätzt werden. Ob Anbieter wie Kunden in der Krise darauf hören wollen, steht auf einem anderen Blatt. In jedem Fall schien das Projekt geeignet, das Arbeiten mit der Theatermetapher zu erläutern.

Obwohl es im konkreten Fall nicht zur Implementierung kam, sollen noch einige Überlegungen zur Integration einer gelungenen Pilotinszenierung den Abschluss bilden.

9.4 Die Implementierung neuer Inszenierungen mithilfe der Theatermetapher

Implementierung meint die Überführung einer inszenierten Veränderungsidee aus der Pilotphase in den Regelvollzug einer Organisation. Mit der

Theatermetapher gesprochen stellt sich die Frage, wie Neuinszenierungen zum Stück »Integrierte Personalarbeit« ins Standardrepertoire übernommen werden könnten. Nehmen wir an, in Pilotinszenierungen wären Vorstellungen über regelmäßige Aufführungen entstanden. Auf dem Weg von der Idee über die Pilotinszenierung zur Regelvorstellung soll jetzt noch auf das Zusammenspiel zwischen Beratern und Kunden (dann meist die Linienvorgesetzten) und auf die Bedeutung von prototypischen Designs eingegangen werden.

Eine wesentliche Perspektive bei der Implementierung ist die Interaktion zwischen externen oder internen Beratern und den Linienvorgesetzten. Die Erfahrung zeigt, dass Veränderungsprozesse in der Regel oben beginnen müssen. Darüber hinaus helfen Fachleute den in der Organisation Berufenen, Drehbücher zu schreiben und Innovationen zu etablieren. Die Betreiberverantwortung (Ownership) bleibt bei den jeweils verantwortlichen Führungskräften. Externe wie interne Fachleute sind verantwortlich für die Qualität und Anschlussfähigkeit ihrer Dienstleistungsprodukte, nicht jedoch für die Implementierung.

▶ 6.4.2 Formen des Zusammenspiels zwischen Berater und Teamleiter

In den so geschaffenen Stücken wird es immer auch Mitspieler oder Unterregisseure (je nach Betrachtungsebene) geben (z.B. Linienvorgesetzte), welche die Dramaturgie des Stücks (zunächst) nicht verstehen können oder wollen. Sie wollen oft – berechtigterweise – nur ihr Blatt mit einem kurzen Handlungsdrehbuch und Rollendrehbuch für sie selbst für ein kurzes Einstudieren ihrer Rolle, so dass ihr Spiel auch zum neuen Stück passt. Ihnen ist aber nicht daran gelegen, andere Rollen spielen zu können oder gar die Dramaturgie zu gestalten. Bei der Vielzahl der Systeme (EDV-, Produkt-, Marketingsystem, usw.) und Inszenierungen, mit denen sie vertraut sein sollten, ist dies berechtigt. Von hier aus stellt sich mehr die Frage, wie viel Überblick für die einzelnen Protagonisten des Ereignisses nötig ist und wer die Materie verdaubar für sie aufbereitet.

Der Regelvollzug von Neuinszenierungen muss meist weit länger und sorgfältiger überwacht und begleitet werden als die Initiatoren glauben. Die Macht der alten Gewohnheiten ist enorm und die Pilotverantwortlichen unterschätzen leicht den Bedarf an vielfachen Wiederholungen, bis neue Inszenierungen wirklich in neue Gewohnheiten übergegangen sind. Auch unterschätzen die obersten Führungsebenen, für wie lange sie das Innovationsvorhaben mit Aufmerksamkeit und Rückenwind versorgen müssen, bis es schließlich eine Eigendynamik erhält.

Wie aus dem Projektverlauf auch deutlich wird, kann ein anfangs so simpel wie wichtig anmutendes Innovationsanliegen wie die Verwirklichung integrierter Personalarbeit enorm viele Fragen aufwerfen, die erst in konkreten Uminszenierungen auftreten und maßgeschneiderte Antworten verlangen. Der Verlauf dieses Projektes macht vielleicht auch besser verständlich, warum so viele Vorhaben scheitern. Sich die Bedeutungen in konkreten Inszenierungen schon bei Innovationsentscheidungen klar zu machen, würde viele deklarierte Vorhaben bescheidener, bewältigbarer und daher wirtschaftlicher und motivierender ausfallen lassen.

10. Das Perspektiven-Ereignis-Modell zur gedanklichen Strukturierung von Innovationsprozessen

Wenn bei Innovationsvorhaben Perspektiven nicht genügend herausgearbeitet werden, sondern eher schnell Maßnahmen ergriffen werden, lassen diese oft entscheidende Systemzusammenhänge unbeachtet und die Maßnahmen verpuffen oder belasten die Organisation zusätzlich. Das Perspektiven-Ereignis-Modell unterstützt darin, grundlegende rollen- und personenbezogene Perspektiven herauszuarbeiten und in stimmige Inszenierungen auf der Maßnahmen- und Prozessebene zu integrieren. Das hier dargestellte vertikale und horizontale Denken stellt aus unserer Sicht eine Schlüsselkompetenz für die erfolgreiche Selbst- und Interventionssteuerung von Innovationsprozessen in Organisationen dar.

10.1 Nutzen des Perspektiven-Ereignis-Modells

- Das Modell hilft bei der Klärung von Ideen und Maßnahmen und verbessert damit die Chancen, dass kompetente Innovationsdesigns mit den gewünschten Wirkungen entwickelt werden können.

- Im Licht der geklärten Perspektiven betrachtet, können relevante Prozesse, Strukturen, Systeme und Kulturen als Ganzes durchdrungen, überprüft und neu gedacht werden und trotzdem überschaubar bleiben.

- Das Modell dient dazu, Inszenierungen in Organisationen systematisch auf Tauglichkeit und Verträglichkeit zu überprüfen, bevor größere Vorhaben mit belastenden Folgen angestoßen werden.

Wer kennt folgende Situation nicht: Es wird eine Besprechung angesetzt zur Klärung der Frage, wie die Kundenorientierung verbessert werden kann. Man holt alle möglichen Leute zusammen, von denen man annimmt, dass sie dafür wichtig sind. Es gibt eine lange Besprechung, an deren Ende man einen riesigen gutgemeinten Vorrat von Überlegungen dazu gesammelt hat, was zu Kundenorientierung gehört, welche Vorgaben sinnvoll sind und wie, wo, wann und durch wen Verbesserungen umgesetzt werden könnten. Was normalerweise daraus wird, weiß man!

Das Problem liegt in der Klärung und Planung, welche von vornherein ganz anders laufen sollten. Erfolgreiche Konzipierung und Umsetzung von Innovationen sind das Resultat eines konsequenten gedanklichen Klärungsprozesses, welcher auf die entscheidenden Gesichtspunkte einerseits und auf den konkreten Vollzug im praktischen Handeln und auf das Zusammenspiel aller Beteiligten ausgerichtet ist.

Damit dies gelingt, müssen

- einerseits die Beteiligten sich vom ganz Konkreten lösen können, welches von Gewohnheiten geprägt ist, um frisch und grundlegend auf eine Situation hinschauen zu können,

- andererseits die Ideen wiederum auf die ganz praktische Ebene »hinuntergedacht« werden, damit plausible Vorstellungen entwickelt werden können, wie die Ideen im praktischen Vollzug der Beteiligten angesichts vielfältiger Anforderungen umsetzbar sind.

Dies zu können verlangt Einsicht in die Kernprozesse der Organisation und Dialog mit den dafür Verantwortlichen. Es auch zu wollen verlangt die Bereitschaft, sich nicht nur »horizontal«, also auf der eigenen Ebene, sondern sich auch »vertikal«, also in Bezug auf Umsetzbarkeit, über die Führungsketten hinweg zu optimieren.

Das Perspektiven-Ereignis-Modell leistet zu solcher gedanklichen Strukturierungsarbeit einen nützlichen Beitrag. Die Logik und Anwendung des Schemas kann zunächst an einem einfachen Beispiel ohne fachlichen Hintergrund dargestellt werden. Wir beschreiben dabei einen Vorgang zuerst in einer – oft üblichen – gewohnheitsmäßigen Version, um danach eine nach dem Prinzip des Perspektiven-Ereignis-Modells gedanklich strukturierte, »geläuterte« Version darzustellen.

***Gewohnheitsmäßige Version:** Herr Müller, ein freiberuflicher Berater, erwägt nach längerer Zeit, den freundschaftlichen Kontakt zu einem Kollegen wieder aufzunehmen. Als erstes kommt ihm wie meist die Idee, den Kollegen – wenn er irgendwo in der Nähe ist – zum Abendessen einzuladen. Dabei würde sich dann schon etwas ergeben. Am vereinbarten Zeitpunkt ist dann die Begegnung zunächst ganz herzlich. Nach einiger Zeit jedoch, nachdem gegenseitig News und Erfahrungen ausgetauscht worden sind, stockt das Gespräch oder die Ideen, wie es miteinander weitergehen könnte, werden abenteuerlich, bleiben aber im Nachgang ohne Konsequenzen.*

Geläuterte Version: Lassen wir nun diese Szenerie nochmals von vorne beginnen. Nach dem ersten Impuls, Kontakt aufzunehmen, überlegt sich der Berater, worum es ihm bei diesem Treffen eigentlich geht und macht sich dabei folgende Gedanken:

- *Er scheint erfolgreich zu sein. Möchte ich erfahren, ob das stimmt und was das genau heißt? Möchte ich sein Rezept erfahren, von ihm lernen?*
- *Möchte ich von seiner Reputation und Marktposition profitieren? Könnte er für Kooperationen oder ein Gemeinschaftsunternehmen interessant sein?*
- *Wir hatten uns einst fachlich inspiriert. Ist das noch so? Wohin haben wir uns entwickelt? Ist weitere gegenseitige Bereicherung in fachlicher Hinsicht wahrscheinlich?*
- *Wir haben uns gemocht. Könnten wir eine tiefere Freundschaft entwickeln? Ist dies bei den aktuellen Lebensinteressen und -entwicklungen und von den jeweiligen Umfeldern her möglich?*
- *Ich habe mich gewürdigt gefühlt und Spiegelung erhalten wie sonst von wenigen. Möchte ich danken, etwas zurückgeben? Könnte ich das wieder aufleben lassen, ja sogar vertiefen?*

Kommentar: In diesem Prozess fragt sich Herr Müller, was eigentlich seine Hauptperspektiven bezüglich dieses Vorhabens sind. Statt gewohnheitsmäßig einen Impuls mit einem konkreten Ereignis zu verbinden, stellt er sich zuerst die Frage nach seinen wichtigsten Gesichtspunkten, nach welchen er ein eventuelles Ereignis betrachten, planen und gestalten will. Je nach Antworten auf die Perspektivfragen bzw. Prioritäten kann das Ereignis »Wiederbegegnung« ganz verschieden gedacht und geplant werden. Herr Müller könnte dann z.B. folgende Überlegungen anstellen:

- *Wenn die fachlichen Gesichtspunkte im Vordergrund stehen, dann sollte ich vielleicht vorher etwas von ihm lesen, ihn zu einem Gedankenaustausch einladen, oder ihn nach einem Vortrag vielleicht auch an einem entfernteren Ort treffen. Ein Essen in der Nähe und in den Randzeiten irgendeines Tages wäre dann vielleicht gar nicht so geeignet.*
- *Wenn ich einen Kooperationspartner suche, wie könnten Ereignisse dann aussehen, in denen wir leicht Einblick in unsere Arbeitsweise nehmen und dabei schnell klären können, ob bei beiden Interesse und freie Kräfte für vertiefte Kooperation vorhanden sind?*

- *Wenn es um gemeinsames Unternehmertum geht, sollten wir vielleicht mehr über unseren jeweiligen unternehmerischen Stil als über unsere fachlichen Inspirationen erfahren.*
- *Wenn es um Seelenverwandtschaft und Spiegelungspartnerschaft geht, wie könnten Formen dafür aussehen, was sollte leitend für eine angemessene Beziehung sein? Sollte ich bei ihm Supervision nehmen oder könnten wir uns gegenseitig auf kollegialer Basis bereichern?*
- *Wenn es um Freundschaft geht, zwischen wem? Sollen die Familien beteiligt sein? Wer sollte dann wen in welchem Zusammenhang kennen lernen, um ein Gefühl zu bekommen, was machbar ist und wie es in unsere Lebensgestaltungen integriert werden könnte?*
- *In der Auseinandersetzung mit diesen Optionen wird Herrn Müller vielleicht klar, dass er primär an einer möglichen Kooperation interessiert ist, dass er sich aber auch zusätzlich eine Freundschaft mit dieser Person, vielleicht sogar zwischen den Familien, gut vorstellen könnte, da sie beide Kinder im gleichen Alter haben.*

Kommentar: Nachdem in dieser Weise relevante Perspektiven geprüft und erste Prioritäten gesetzt worden sind, kann man prüfen, ob man dazu überhaupt neue Ereignisse braucht oder ob sich Antworten nicht auch in vorhandenen Ereignissen finden lassen. Ein erster Gedankenaustausch in kleinem Rahmen könnte schon Klarheit bringen bzw. den Kollegen anregen, selbst seine Perspektiven zu klären. Sollen neue Ereignisse Klarheit bringen, könnten Überlegungen so aussehen:

- *Da ich mich als Kooperationspartner anbieten möchte, könnte ich vielleicht auf seiner Homepage seinen neuesten Newsletter herunterladen, um erste Ideen zu bekommen, welches attraktive fachliche Berührungspunkte und sich ergänzende Leistungs- und Kompetenzbereiche sein könnten. Als zweites könnte ich dann ein Telefongespräch führen, um zu spüren, was ihn bewegt und ob überhaupt Kooperationsspielräume in Sicht sind. Erst dann könnte ich einen Austausch zu einem passenden Fokus in seinem oder meinem Büro vorschlagen und diesen auch entsprechend vorbereiten.*
- *Eine anziehende Option könnte aber auch eine Freundschaft sein, bei welcher auch unsere beiden Familien integriert sein könnten. Sollte ich zuerst unser beider Anziehungskraft in einer Begegnung zu zweit anspüren? Wie wären die Chancen, aber auch Risiken einer Familienbe-*

gegnung zu bewerten? Nicht selten ist nach einem Zusammentreffen der Familien eine mögliche Zweierbeziehung am Ende. Wie könnten sich die Familien in einer Weise kennen lernen, die Chancen bietet ohne zuviel zu riskieren? Vielleicht eignet sich ein Treffen auf einem Grillplatz bei getrennten Familienausflügen besser als ein gemeinsames Wochenende auf einer Hütte.

Kommentar: Hier wird über die Inszenierung von zu den Hauptperspektiven (Kooperation, Freundschaft) passenden Ereignissen nachgedacht. Die Perspektiven der dabei beteiligten Personen werden bedacht und mögliche stimmige Inszenierungen der Ereignisse daraus abgeleitet. So entstehen erste Überlegungen zu geeigneten Szenen, beteiligten Personen, Bühnen und Drehbüchern.

An diesem Beispiel mögen so ausdrückliche Überlegungen überzogen erscheinen, weil sich diese Dinge oft beiläufig, eher intuitiv gesteuert ergeben. Doch wer hat nicht schon bei so einfachen Vorhaben Schiffbruch erlitten? In komplexeren Organisationen kann sich eine solche Strukturierung von Innovationsprozessen als äußerst hilfreich erweisen. Dies insbesondere, wenn die entwickelte Abstimmungskultur keine guten intuitiv gesteuerten Ergebnisse erwarten lässt.

10.1.1 Verwirrung bei der Entwicklung von Innovationsdesigns

Verwirrung kann dadurch entstehen, dass Ideen und Ereignisse gleichzeitig und ungeordnet diskutiert werden. Dies kann vermieden werden, wenn abwechslungsweise jeweils entweder von den Perspektiven ausgegangen wird und die dazu passenden Ereignisse entwickelt oder überprüft werden, oder wenn von den Ereignissen ausgegangen wird und die dazu relevanten Ideen entwickelt, resp. geprüft, priorisiert und integriert werden.

Dieser Prozess kann mit dem sorgfältigen Gehen über schwieriges Gelände verglichen werden. Dabei ist es wichtig, jeweils einen Fuß gut verankert auf dem Boden zu halten, während der andere Fuß die von dort erreichbaren Alternativen prüfen kann, bevor er sich wieder an einem ausgewählten Ort niederlässt, um da die notwendige Verankerung für den Suchprozess des anderen Fußes sicherzustellen. Unter heute oft enormem Veränderungsdruck scheint es ratsam, beide Füße gleichzeitig in der Luft zu haben. In dieser Metapher sind die Folgen naheliegend.

Wenn bei Innovationsvorhaben Perspektiven nicht genügend herausgearbeitet, sondern eher schnell Maßnahmen ergriffen werden, lassen diese

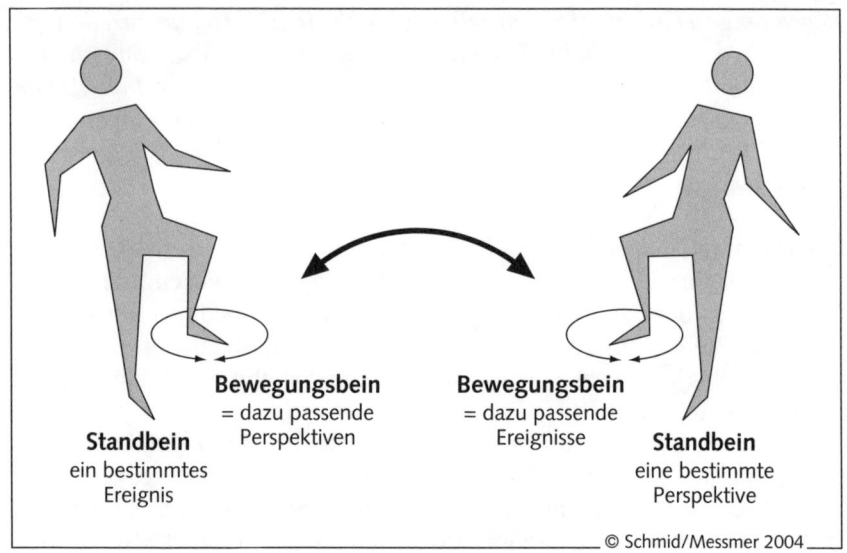

Abb. 24: Perspektiven und Ereignisse im Wechselschritt

oft entscheidende Systemzusammenhänge unbeachtet und die Maßnahmen verpuffen oder belasten die Organisation zusätzlich.

10.2 Abstraktes und konkretes Denken in Organisationen

Von Managern wird zurecht Entschlossenheit und Tatbereitschaft erwartet. Doch werden leicht beide Tugenden zu Lastern, wenn nicht sorgfältiges und umfassendes Denken dazukommt. Es spalten sich sonst durchdachte Aktionen in Aktionismus auf der einen Seite und Gedankenspiele auf der andern. Um dem entgegenzuwirken müssen abstraktes und konkretes Denken als steuernder Hintergrund für Entschlossenheit und Tatkraft wohl entwickelt zur Verfügung stehen.

10.2.1 Gedankliche Verwirrungen in der Innovationsgestaltung

Wenn abstraktes und konkretes Denken nicht gut entwickelt und miteinander verbunden sind, kommt es zu aufreibenden und teuren Fehlstarts. Seltsamerweise scheint man sich daran in vielen Organisationen so gewöhnt zu haben, dass dies als normal angesehen wird. Damit braucht man sich jedoch nicht abzufinden.

10.2.1.1 Fehlstart Typ 1: Gewohnheitsmäßiges Maßnahmendenken

Innovationen werden oft von vornherein in Maßnahmen gedacht, ohne dass wirklich geprüft wird, ob diese die wesentlichen Anliegen überhaupt treffen. So werden z.b. Projekte aufgesetzt in der hintergründigen Hoffnung, über Bypässe Führungskulturprobleme lösen zu können. Die zu erwartenden Projektprobleme werden dann durch Projektleiterschulungen zu lösen versucht, weil das so üblich ist. Dabei müsste hier zunächst von konkreten Maßnahmen abstrahiert geklärt werden, worum es überhaupt geht, bevor über geeignete Maßnahmen entschieden werden kann.

10.2.1.2 Fehlstart Typ 2: Idee = Umsetzung

Es werden wohlklingende Innovationsideen kreiert und am besten gleich verkündet, für deren Umsetzung es keine konkreten Vorstellungen gibt. Man meint, dass Umsetzung Sache der nachfolgenden Führungskette ist, die ja deshalb auch der Kick-off-Veranstaltung beiwohnen durfte.

10.2.1.3 Fehlstart Typ 3: Innovationsisolation

Man beschließt gleichzeitig Maßnahmen, deren Zusammenhang nicht nur zu den propagierten Innovationsideen, sondern auch zu den Perspektiven und Maßnahmen anderer Initiativen sowie des unternehmerischen Alltags ungeklärt ist. In gewohnten Sitzungs- und Prozessritualen wird dann etwas umzusetzen versucht, was so nicht zum Tragen kommen kann. Viele kennen das und gehen mehr oder weniger elegant auf »Tauchstation«, bis auch diese Welle durch ist.

Wenn solche Fehlstarts trotz bestem Willen und honorigen Motivationen an der Tagesordnung sind, ist dies oft die Folge davon, dass abstrakte und konkrete Denkprozesse getrennt voneinander ablaufen und dabei je eigenen Gewohnheiten folgen oder verwirrend vermischt werden. Denken in Perspektiven und Denken in Maßnahmen werden nicht angemessen voneinander getrennt und dann wieder aufeinander bezogen. Um Innovationsperspektiven von der Maßnahmenebene einerseits sorgfältig unterscheiden und andererseits beides schlüssig aufeinander beziehen zu können, brauchen Führungskräfte als Innovationsregisseure und/oder deren Berater Abstrahierungs- und Konkretisierungskompetenz und Denkmodelle, wie sie diese im Designprozess umsetzen können. Dazu ist es wichtig, die grundlegenden Logiken des abstrahierenden und des konkretisierenden Denkens zu verstehen.

10.2.2 Denken in Perspektiven

Was verstehen wir unter Perspektiven? Perspektiven können mit Scheinwerfern verglichen werden, die verschiedene Ereignisse in einem bestimmten Licht erscheinen lassen. So lässt in unserem Eingangsbeispiel die Perspektive »fachlicher Austausch« die konkreten Ereignisse einer Kontaktaufnahme und Kontaktgestaltung in einem anderen Licht erscheinen, als die Perspektiven »Gemeinschaftsunternehmen« oder »Freundschaft«.

> **Perspektiven** sind von den einzelnen Ereignissen unabhängige
> - Beobachtungs-,
> - Erkenntnis- oder
> - Gestaltungsgesichtspunkte,
>
> unter denen Ereignisse reflektiert, konzipiert und inszeniert werden können.

Jeder kennt Menschen, die übermäßig im konkreten Denken verhaftet sind, und auf die Frage nach dem gemeinsamen Nenner oder dem entscheidenden Punkt mit einem neuen Beispiel antworten. Man kann solche Menschen zur Abstraktion und damit zur Klärung ihrer Perspektiven herausfordern durch die wiederholt gestellte Frage: »Und wofür ist das ein Beispiel?«

10.2.3 Denken in Ereignissen (und Maßnahmen)

> Unter Ereignis verstehen wir alles, was konkret in Zeit und Raum geschieht, was mit den fünf Sinnen beobachtbar ist.

Menschen, die immer wieder in abstrakten Begriffen antworten, wenn wir nach konkreten Geschehnissen fragen, bitten wir durch folgende Fragen um Konkretisierung: »Wenn die beschriebene Wirklichkeit von einem Kamerateam aufgezeichnet wurde, was ist konkret auf dem Bildschirm zu sehen, was aus dem Lautsprecher zu hören?« Oder: »Wenn ich einen Regisseur und ein Team von Schauspielern, die nicht wissen, worum es geht, bitte, die Maßnahme zu inszenieren, wie müssen die konkreten Anweisungen lauten?«

Antworten wie: »Eine große Unsicherheit!« oder »Bessere Kommunikation!« gelten nicht, sondern müssen in konkret Beobachtbares und Handlungen von Spielern übersetzt werden. »Wer tut wann was mit wem?«

➤ 9. Die Theatermetapher in der Praxis

10.2.4 Zusammenspiel zwischen Perspektiven und Ereignissen

Natürlich wäre es viel zu umständlich, alles so zu operationalisieren. Doch hilft punktuelle Klärung, »schillernde Schaumbildung« zu reduzieren und einen einigermaßen gesicherten Zusammenhang zwischen Beschreibungen und konkreten Ereignissen bzw. Handlungen herzustellen. Nur wenn dieser Zusammenhang gegeben ist, kann man auf solche Klärungen verzichten. Allerdings muss man sie nachholen, wenn es Anzeichen gibt, dass etwas nicht stimmt. Verzichtet man zu großzügig auf eine gemeinsame Vorstellung im Konkreten oder auf gemeinsame oder zumindest komplementäre Perspektiven, erlebt man unliebsame Überraschungen und hat später einen vielfachen Nachbesserungsaufwand.

> Konkretisierungen stärken die Relevanz des abstrakten Denkens für das wirkliche Leben, während Abstrahierungen konkrete Maßnahmen in ihrer Sinnhaftigkeit auf den Prüfstand holen.

Letztlich misst sich also der Erfolg einer Innovation im gelingenden Handeln und in schlüssigen Ereignissen. Jede Idee muss sich im Lebensvollzug, in einer überzeugenden Raum-Zeit-Dramaturgie bewähren. Einfache Inszenierungen können hier die entscheidenden Perspektiven oft überzeugender bedienen als aufwendige. In Innovationsprozessen in Organisationen ist oft zu beobachten, dass sich anspruchsvolle Ideen im Alltag nicht bewähren, da die Umsetzungen keine Beispiele für die propagierte Perspektive sind, sondern für etwas ganz anderes. Ein Super-Event zum Thema Kundenorientierung mit prominenten Experten verwirklicht vielleicht eher die Lust am aufpeitschenden punktuellen Großereignis, als Interesse an der Stärkung sorgfältiger und nachhaltiger Maßnahmen der kontinuierlichen Verbesserung und an der Würdigung der täglich für Kundenorientierung verantwortlichen Mitarbeiter zu vermitteln.

10.3 Abstrahierungs- und Konkretisierungsprozess

An einem einfachen Beispiel aus dem Bereich der Kundenorientierung soll die Logik der Prozessgestaltung mit dem Perspektiven-Ereignis-Modell dargestellt werden.

10.3.1 Der Abstraktionsprozess

Ein Geschäftsführer möchte etwas für die Verbesserung der Kundenorientierung tun. Er denkt da an ein Seminar für den Vertrieb und will dem Personalentwickler einen entsprechenden Auftrag geben.

Dem Personalentwickler kommt hier die wichtige Rolle zu, den Geschäftsführer in der Anliegensklärung zu unterstützen. Für den erforderlichen Abstraktionsprozess kann er in folgender Weise unterstützen:

Auf die Frage, worum es ihm dabei geht, könnte er z.B. antworten, er hätte gehört, dass sich die Kundenreklamationen häufen, dass telefonisch angebrachte Anliegen oft ungenügend bearbeitet oder gar vergessen werden. Dabei wird ihm selbst klar, dass es nicht unbedingt um den Vertrieb allgemein, sondern speziell darum geht, den Kunden am Telefon in jeder Kontaktphase das Gefühl zu geben, verlässlich und kompetent bedient zu werden.

10.3.2 Der Konkretisierungsprozess

Nun kann spezifisch über die dafür relevanten Ereignisse nachgedacht werden.

Die betreffenden Sachbearbeiter müssen befragt werden. Dabei stellt sich vielleicht heraus, dass

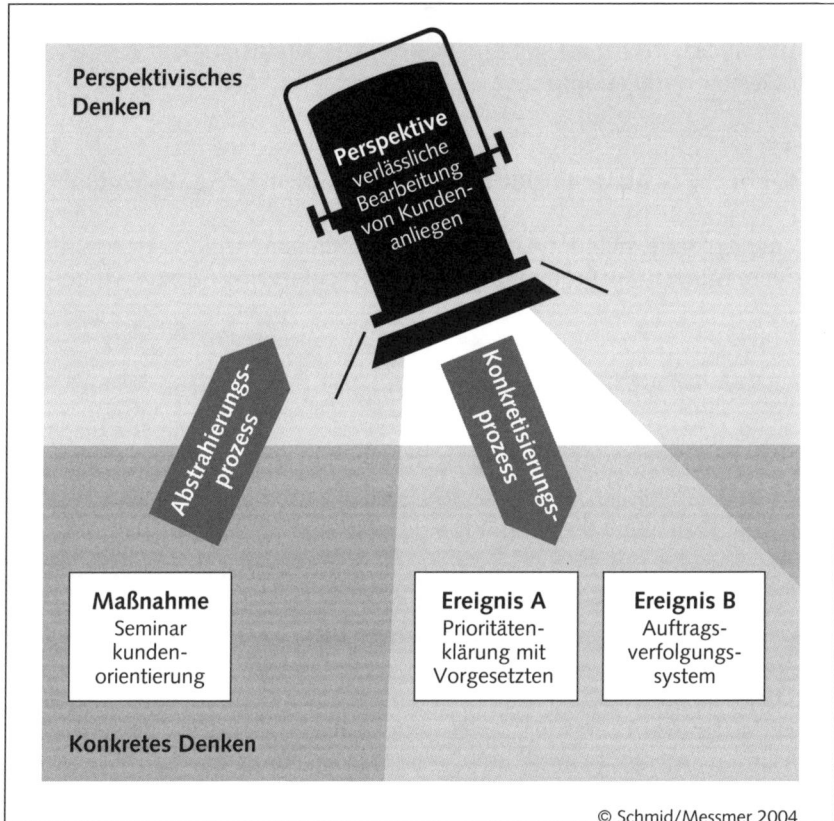

Abb. 25: *Abstraktion zu Perspektiven und Konkretisierung in Ereignisse*

- deren Chef sie laufend mit anderen Aufgaben überlädt, wobei zu wenig geklärt ist, wo die Prioritäten liegen und dass
- unklar ist, wer dem Kunden gegenüber für eine zeitgerechte Antwort verantwortlich ist, wenn die Anfrage weitergegeben wird.

Auf beide Fragen müssen Antworten nicht über eine Weiterbildung in Kundenorientierung, sondern durch Klärungen von Verantwortungen und Prozessen gefunden werden. Hierzu können nun in einem Konkretisierungsprozess entsprechende Ereignisse A (Prioritätenklärung in den Führungsbeziehungen) und B (Verbesserungen im Auftragsverfolgungssystem) geplant und gestaltet werden.

Bei jedem dabei ins Auge gefassten Ereignis sind außer der aktuellen Perspektive andere zu berücksichtigen. Sonst würde einseitig auf Kosten anderer Gesichtspunkte optimiert.

10.4 Sechs Schritte mithilfe des Perspektiven-Ereignis-Modells

Allgemeiner stellt sich der Ablauf der gedanklichen Strukturierungsarbeit bei einem Innovationsvorhaben mit dem Perspektiven-Ereignis-Modell so dar:

10.4.1 Schritt 1: Liste der Hauptperspektiven erstellen:

Auf welche Fragen muss das Vorhaben Antwort geben? Hier werden zunächst die relevanten Perspektiven des Auftraggebers/Initiators herausgearbeitet. Diese bilden die Leitperspektiven der Innovation.

Beispiel Kundenorientierung:

- *Was muss alles geklärt und getan werden, damit die Kunden das Gefühl bekommen, bei telefonischen Anfragen verlässlich und kompetent bedient zu werden?*

10.4.2 Schritt 2: Ereignisse definieren

In welchen existierenden oder neu zu schaffenden Ereignissen könnten die Anliegen aus der Leitperspektive konkretisiert werden?

Beispiel Kundenorientierung: mögliche zu untersuchende resp. zu gestaltende Ereignisse:

- *Wöchentliche Arbeitsbesprechung der verantwortlichen Sachbearbeiter mit ihrem Chef, um die konsequente Aufgabenerledigung mit Sonderaufträgen abzustimmen*

- *Erstkontakt am Telefon, Übergabe an Sachbearbeiter, Klärung des Kundenanliegens und Verabredung der Abwicklung, Einbeziehung oder Übergabe an andere Sachbearbeiter, Sicherung der verabredeten Abwicklung, evtl. weiterführend Entwicklung eines elektronischen Auftragsverfolgungssystems*

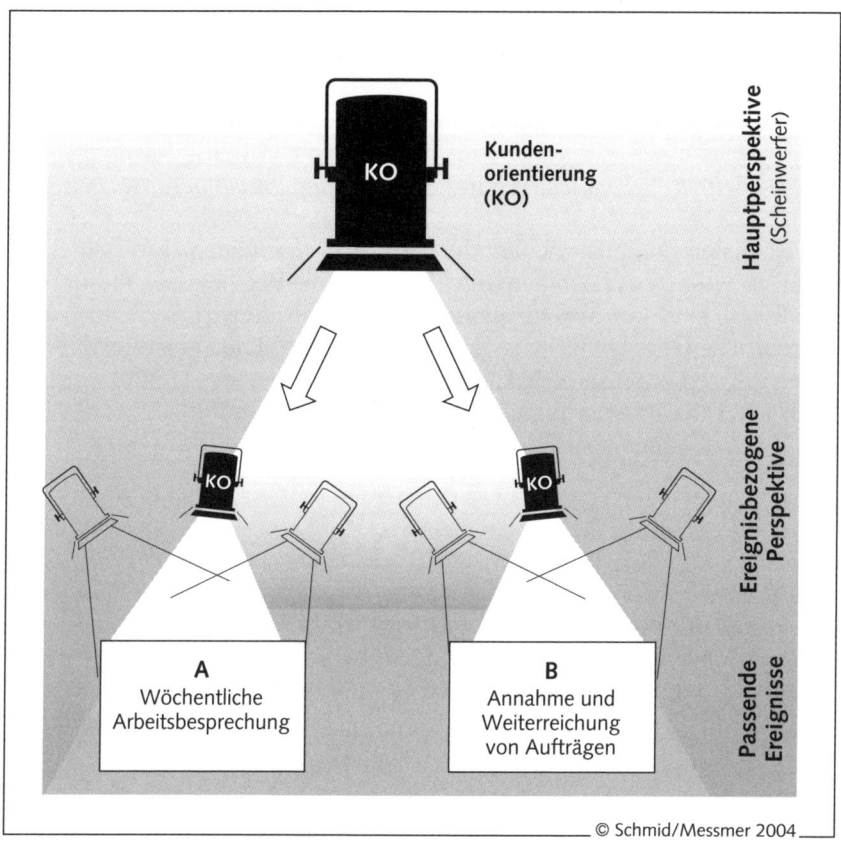

Abb. 26: Spezifizierung einer Perspektive und Konkretisierung in Ereignissen

10.4.3 Schritt 3: Abgleich mit anderen Perspektiven

Die ausgewählten Ereignisse sollen i.d.R. weiterhin der Verwirklichung anderer Anliegen dienen, z.B. sollen sich Vorgesetzte und Sachbearbeiter relativ selbstständig organisieren dürfen. Man will das Prinzip »one face to the customer« verwirklichen, doch sollten wegen der Rechtssicherheit nur fundierte Stellungnahmen erfolgen. Gleichzeitig will man sich als flexibel und »unbürokratisch« darstellen. Die Optimierung eines Ereignisses aus einer Perspektive kann eine der anderen Perspektiven beeinträchtigen. Hier muss geklärt werden, welche Varianten die kombinierten Perspektiven optimieren. Ist dies nicht möglich, müssen Perspektiven in anderen Ereignissen versorgt werden oder für dieses Ereignis andere Perspektivenprioritäten definiert werden.

10.4.4 Schritt 4: Perspektiven der anderen Beteiligten herausarbeiten

Wer ist an den Ereignissen, über die man die eigenen Perspektiven in Szene setzen will, sonst noch beteiligt? Was sind die Perspektiven dieser Akteure? Was sind gewohnheitsmäßige, zur Disposition zu stellende, was erforderliche resp. wünschenswerte Perspektiven? Die Perspektivenprioritäten müssen gegenseitig bekannt sein und evtl. neu abgestimmt werden, damit jeder die Perspektive des anderen verstehen und im eigenen Agieren berücksichtigen kann.

Beispiel Kundenorientierung:

- *Bezogen auf die Klärung der Arbeitsprozesse und Aufgabenprioritäten wird deutlich, dass die Supportkapazitäten des Vorgesetzten durch die Geschäftsführung unter hohem Kostendruck reduziert wurden und dieser auf geeigneten Support des Sachbearbeiters angewiesen ist oder aber die Bearbeitung dieser Aufträge anders regeln muss.*

- *Der Sachbearbeiter neigt dazu, bestimmten Projekten ein hohes Interesse zuzuwenden und die Kundenanliegen als lästig weiter zu delegieren.*

10.4.5 Schritt 5: Rollenveränderungen der am Ereignis Beteiligten ableiten

Hier ist insbesondere zu klären, wie sich die Rollen der Beteiligten angesichts der geplanten Innovationen verändern müssen, so dass ein erfolgreiches Zusammenwirken möglich wird.

Beispiel Kundenorientierung:

- *Der Vorgesetzte muss vielleicht gegenüber dem Sachbearbeiter seine Führungsrolle direkter wahrnehmen und allenfalls mit diesem prüfen, ob das Tätigkeitsprofil zu seinen Interessen und Neigungen passt.*

- *Wenn der Sachbearbeiter für die Verfolgung der Aufträge verantwortlich gemacht wird, muss er seinem Vorgesetzten dies als Priorität ent-*

gegenhalten und ihn für bessere Bedingungen in Anspruch nehmen dürfen, damit er mehr Kapazität für Sonderaufträge bereitstellen kann.

Diese Veränderungen bringen evtl. Rollenveränderungen in anderen Ereignissen mit sich:

- *Der Vorgesetzte muss evtl. manche Supportaufgaben an seinem Personalcomputer selbst erledigen oder an einen zentralen Dienstleistungspool delegieren.*

- *Oder er muss mit dem Geschäftsführer die vor einem Jahr vollzogene Reduktion des Personalbestandes überprüfen und die Neuordnung der Prioritäten mit den entsprechenden Ressourcenzuweisungen einfordern, evtl. einen Konflikt wagen.*

10.4.6 Schritt 6: Neue Abläufe für Ereignisse entwickeln

Aus Sicht der Leitperspektiven werden Abläufe (Szenendrehbücher) für ein Ereignis neu definiert.

Beispiel Kundenorientierung:

- *Die wöchentliche Abstimmung der Arbeitsvorhaben beginnt nicht mit den Sonderwünschen, sondern mit den Kundenanliegen und deren Bearbeitung in der bevorstehenden Woche.*

- *Dem Kunden wird nach kurzer Vorklärung ein Rückruf angeboten, so dass inzwischen geklärt werden kann, mit wem als Gegenüber er sinnvoller Weise Kontakt aufbaut.*

- *Parallel dazu müssen andere relevante Ereignisse geplant und gestaltet werden, soweit sie für eine aus der Hauptperspektive funktionierende Systemlösung erforderlich sind.*

- *Klärung der Zusammenarbeit mit dem zentralen Supportteam für definierte Supportaufträge des Vorgesetzten etc.*

- *Zum Beispiel Definition und Implementieren eines einfachen Auftragsverfolgungssystems auf der Basis des vorhandenen EDV-Systems.*

10.4.7 Schritt 7: Erstellen der Dramaturgie aller Ereignisse

Wie wirken die Ereignisse zusammen, um die angestrebte Innovation zu verwirklichen? Dabei entsteht eine Dramaturgie von zusammenhängenden Ereignissen (Szenen), durch die sichergestellt wird, dass die relevanten Prozesse auf die Hauptperspektive hin synchronisiert werden können. Viele Innovationen können eben nur realisiert werden, wenn sie in vielerlei Ereignisse integriert verfolgt werden und damit nicht als »Hauruck-Ereignis« existieren, sondern in ihrer intelligenten Integration und Synchronisation eine »kritische Masse« bilden.

Beispiel Kundenorientierung: In sorgfältig geplanten Besprechungen und Workshops werden die Ereignisse

- *Erstkontakt mit dem Kunden*
- *Aufgabenklärung und Prioritätensetzung des Sachbearbeiters*
- *Verfolgung der Auftragserledigung durch ein einfaches elektronisches Auftragsverfolgungssystem*

so geklärt und gestaltet, dass die Beteiligten ihre Aufgaben gut wahrnehmen können und der Kunde gut bedient wird. Daneben werden Maßnahmen ergriffen, dass die Frage der Sonderaufträge auf den dafür geeigneten Bühnen geklärt wird, um den Druck, der vom Vorgesetzten auf die Sachbearbeiter »strahlt«, herauszunehmen.

Die sieben Schritte werden keineswegs linear (wie hier auf dem Papier) abgearbeitet. Vielmehr handelt es sich um einen zirkulären iterativen Prozess, bei dem man immer wieder zu vorhergegangenen Punkten zurückkommt, die Perspektiven überarbeitet, Ereignisse neu untersucht und gestaltet, Ereignisse fallen lässt und ihre Anliegen in andere integriert, aber auch (so sparsam wie möglich) neue Ereignisse kreiert, die für eine Gesamtdramaturgie zur Schaffung einer nachhaltigen Systemlösung gebraucht werden.

10.5 Fazit

Wenn – wie in diesen Ausführungen – etwas genau befragt wird, was normalerweise irgendwie sowieso intuitiv gesteuert wird, fürchtet mancher den »Tausendfüßler-Effekt«, bei dem dieser nicht mehr gehen kann, nachdem er erst einmal über seine Fortbewegung nachzudenken begonnen hat. Auch konnten wir aus didaktischen Gründen nur ein Einfachstbeispiel erläutern, für das man normalerweise wirklich nicht so viel gedanklichen Überbau braucht. So könnte das Perspektiven-Ereignis-Modell beim ersten Hinsehen banal und bei differenzierter Anwendung als zu anspruchsvoll angesehen werden. Doch es wird von Professionellen als eines unserer Kernkonzepte sehr geschätzt, insbesondere von denjenigen, die sich am konkreten Vorhaben immer wieder damit auseinander gesetzt haben. Dabei lösen sie sich von dem aus didaktischen Gründen notwendigen Aufbau und nutzen das Modell als Metaperspektive für ihr Denken und ihre Angebote an ihre Kunden. So kann schon bei der Perspektivenklärung und der Ereignisdefinition dem Auftraggeber klar werden, dass die angestrebte Innovation nicht durch eine Einzelmaßnahme, sondern nur durch verschiedene, aufeinander abgestimmte Maßnahmen erreicht werden kann. Dies bewahrt auch vor abgehobenen Innovationsvorstellungen. Die Gesamtdramaturgie wird in der Praxis nicht erst am Ende des Prozesses entworfen, sondern steht intuitiv ständig Pate, wird aber erst noch grob skizziert und dann immer ausdifferenzierter konkretisiert.

TEIL II

11. Coaching als Perspektive –
Vom Umgang mit Modellen im Coaching

Die im Coaching verwendeten Modelle und das Verständnis, was Coaching ist oder sein kann, stehen in engem Zusammenhang. Modelle organisieren Wahrnehmungen und Handlungen. Und sie haben Konsequenzen. Daher kann eine Metaperspektive auf die im Coaching verwendeten Modelle die Selbstreflexion als Coach unterstützen.

11.1 Einleitende Bemerkungen

Modelle und Methoden organisieren Wahrnehmungen und Handlungen. Somit transportieren sie Wirklichkeitsvorstellungen. Sie haben Implikationen und Konsequenzen, schaffen demnach auch Wirklichkeiten. **Modelle sind schematisierende Beschreibungen von Wirklichkeitsvorstellungen.** Zwei Ansatzpunkte lassen sich unterscheiden:

- **der erklärende Ansatz:** Wie ist der Mensch? Hier gibt es Antworten, wie wir sie z.B. von den verschiedenen Psychotherapieschulen kennen. Diese Modelle kleiden sich oft als Aussagen über das Wesen des Menschen.

- **der pragmatische Ansatz:** Wie kann man nach Persönlichkeit so fragen, dass man etwas bewirken kann? Hier liegt näher mitzubedenken: Wer fragt? Was will der Frager mit den Antworten anfangen? Der Beobachter und sein Interesse kommen also ins Blickfeld, z.B. sein Berufsverständnis, die Verantwortlichkeiten, denen er sich gegenüber sieht, die Dienstleistungen, die er konfigurieren möchte.

Im Coaching werden Methoden und Modelle im pragmatischen Sinne benutzt. Sie bewähren sich also nicht an der Wahrheit, die man glaubt, gefunden zu haben, sondern an der Wirklichkeit, die sie erzeugen und am Nutzen, den sie stiften.

Stärker als bei einem Welterklärungsmodell liegt es bei einem Werkzeug nahe, beispielsweise folgende Fragen zu stellen:

- Was leistet das Werkzeug?
- Ist es flexibel und doch spezifisch verwendbar?
- Wie gut ist es mit anderen Werkzeugen und Entwicklungen kombinierbar?
- Welche weiteren Ressourcen verbraucht sein Einsatz?
- Braucht man dauerhaft Spezialisten oder ist es integrierbar?

Ohne solche Fragen, die nur von einem Metastandpunkt aus und mit Kontextbewusstsein qualifiziert beantwortet werden können, werden auch gute Konzepte leicht zu Scheuklappen. Als Scheuklappen genutzte Konzepte schaffen durchaus Übersichtlichkeit, tun dies aber, indem sie irritierende Wirklichkeit ausblenden, meist ohne das deutlich zu machen. Natürlich brauchen wir Übersichtlichkeit und Handlungsfähigkeit, aber nicht um den Preis solcher Behinderungen. Kein Modell und erst recht keine Methode sollte heute zum unverzichtbaren Bestandteil einer beruflichen Identität werden. Den Kaminfeger erkennt man heute auch nicht mehr unbedingt am Ruß im Gesicht.

Professionelle im Bereich Humanressourcen sollten sich eher über Professionskultur, Haltungen oder Perspektiven definieren. Wer sich über bestimmte Modelle, Methoden oder gar Settings wie etwa Aufstellungen definiert, schränkt sich unnötig ein oder muss gar die Kunden mit Arbeitsformen beglücken, die oft nur wenig zu passen scheinen.

11.2 Coaching und der Kontext

Definition Coaching

Mein Vorschlag lautet hier: Coaching ist Beratung aus der Coachingperspektive. Wenn von der Führungskraft als Coach gesprochen werden soll, kann man auch Führung einbeziehen, wenn sie aus der Coachingperspektive angegangen wird. Dennoch darf man dabei nicht die Unterschiede zwischen Beratung und Führung verwischen. Beratung ist eine auf Freiwilligkeit und gegenseitiger Autorisierung beruhende, meist kurzfristige Beziehung; Führung beruht auf vom aktuellen Anlass unabhängig geregelter Organisationszugehörigkeit und institutioneller Autorisierung. Zwar gibt es Überschneidungsbereiche, doch sind die Unterschiede in der Regel noch bedeutsam. Damit ist natürlich das Definitionsproblem nur verschoben – von

> Tätigkeiten auf dabei vorherrschende Perspektiven. Nun gilt es zu definieren, was als Coachingperspektive gelten kann.

Die Coachingperspektive einzunehmen, meint allgemein »im Hinblick auf die Gestaltung von Arbeits- und Lebensvollzügen von Menschen im Beruf und als Mitwirkende in Organisationen [...]«. Es folgen drei Perspektiven, wie diese allgemeine Beschreibung spezifiziert werden kann:

11.2.1 Coaching als die persönlichkeitsberaterische Perspektive

Hier ist der Coach zwar auch bezüglich Fragen der Organisationsentwicklung, Personalentwicklung oder psychologischen Beratung kundig, insbesondere aber ist er Experte für die Wechselwirkungen und Zusammenhänge der Persönlichkeitsentwicklungen in diesen Welten und Experte für kombinierte Betrachtungen und Maßnahmen. Eine solche Profession gibt es bislang nicht. Hier hätte Coaching als Professionsbild ein Alleinstellungsmerkmal.

Neben Ortskenntnissen in den Lebenswelten geht es im Coaching um die Fähigkeit zum Urteil darüber, wie Entwicklungen im Wechselspiel verstanden werden können: Wo, wann und von wem kann jeweils der nächste Schritt mit kleinstem Aufwand gemacht werden? Maßnahmen sollen Unterschiede machen, die auch in anderen Welten positive komplementäre Entwicklungen anstoßen. Ein systemischer Coach muss hierfür mit sich selbst und dem Klienten sowie mit der Professions- und Organisationswelt in eine vielschichtige und sensible Begegnung eintreten, auch um der Person und den Vorhaben gemäße Wertigkeiten herauszukristallisieren.

11.2.2 Coaching als die Professionalisierungsperspektive

Hier ist der Coach Experte für professionelle Entwicklung: für persönlichkeitsgerechtes, aber auch der Professionswelt gerechtes Lernen, für persönlich passende, aber auch markttaugliche berufliche Lebenswege, für die Optimierung persönlicher professioneller Kompetenz. Für diese kann man folgende Gleichung aufstellen:

**Persönliche professionelle Kompetenz =
Rollenkompetenz x Kontextkompetenz x Sinn**

Diese Gleichung zeigt, dass die Kompetenz eben mit der Beherrschung von Rollen, der Fähigkeit, Inszenierungen zu verstehen und mit dem Sinn, mit dem Rollen und Inszenierungen für die eigene Wesensentwicklung gefüllt werden können, zu tun hat. Der Coach hilft zu klären, wo und in welchem Zusammenspiel Entwicklungen gefördert werden müssen und beschreitet mit dem Coachee sowohl in der persönlichen Betreuung wie in der Gestaltung von Professionalisierungsmaßnahmen dafür geeignete Wege. Hier geht es in der Regel um Investition in Personen und Berufsgruppen. Positive Effekte für bestimmte Organisationen sind willkommene Nebeneffekte. Dies unterscheidet diese Perspektive von der folgenden.

11.2.2 Coaching als Perspektive der Passung von Mensch und Organisation

Die Entfaltung professioneller Kompetenz in bestimmten Organisationen steht hier im Zentrum. Jeder kennt die Erfahrung, dass persönliche professionelle Kompetenz in manchen Organisationen voll zur Entfaltung kommen und in anderen verkümmern kann. Man muss also die Organisation zur Bestimmung dieser Kompetenz mit in Betracht ziehen und in etwa folgende Gleichung aufmachen:

**Kompetenz in Organisationsfunktionen =
Rollenkompetenz x Kontextkompetenz x Passung**

Man spricht in Organisationen statt von Rollen eher von Funktionen. Ob man in einer Funktion kompetent wirkt, hat damit zu tun, ob man sich selbst und anderen darin Sinn macht. Dies hat mit Passung zu tun. Passung ist einerseits eine Personeneigenschaft, andererseits aber auch eine Organisationseigenschaft. Das Schaubild zum Passungssystemkreis (siehe Kap. 1.1.1) deutet an, dass die optimale Konfiguration einer Funktion aus der Organisation heraus und die optimale Stimmigkeit der Funktion zu den Kernkompetenzen eines Professionellen erst gemeinsam Passung und damit Kompetenz erzeugen. Diese hängt dann auch noch von Faktoren wie Team, Vorgesetzten etc. ab.

Optimale Passungen sind gegeben, wenn folgende Entsprechungen hoch sind:

Kernkompetenz $\cong$ Kerntätigkeit $\cong$ Funktion $\cong$ Beitrag zu Kernprozessen $\cong$ Kerngeschäft

Wenn jemand die meiste Zeit mit einer Tätigkeit verbringt, die seiner Kernkompetenz, nicht aber seiner Funktion entspricht oder umgekehrt, kommt für die Kompetenz in der Funktion nicht viel heraus (z.B.: Topberater wird Leiter der Personalentwicklung, tourt aber weiter auf Beratung oder macht als Führungskraft eine glücklose Figur). Von der Organisation her sollte die Funktion einen wesentlichen, zumindest aber geklärten Beitrag zu den Kernprozessen leisten, sonst kommt die Kernkompetenz des Funktionsträgers dort nicht zum Tragen.

➤ 1.1.2 Anforderungen der Organisationen und ihrer Kernprozesse

➤ 1.1.3 Anforderungen an Personen und ihre Kernkompetenzen

➤ 1.2.1 Individuelle Kernkompetenzen und Funktionen

Sind die Entsprechungen unklar oder gering, kann Coaching zu einem verantwortlichen Umgang damit verhelfen. Ob dies am sinnvollsten über Einzelberatung, in der Ausrichtung von Supervision, in Führungs- oder Teamberatung oder durch Expertenempfehlungen zu leisten ist, bleibt den situativen Entscheidungen überlassen. Maßgebend ist die Coachingperspektive, die sich hier an Organisationsentwicklungsperspektiven anschließt.

> Zu einer Coachingperspektive »Persönlichkeit« zusammengefasst kann man formulieren: **Der Coach als Experte für den Umgang mit Menschen im Beruf und in Organisationen**

Der Beschreibung der Coachingperspektive »Kultur« werden drei dafür grundlegende Kommunikationsmodelle vorangestellt.

11.3 Drei Kommunikationsmodelle

Wir vergleichen ein eher klassisches, technisches Kommunikationsmodell mit zwei anderen, am Institut für systemische Beratung verwendeten und gelehrten Modellen. Fokus der Betrachtung sind die Bauprinzipien und Wirklichkeitsvorstellungen, die sie transportieren. Und es geht darüber hinaus um weitere Perspektiven von Coaching, deren Ausdruck sie sind.

11.3.1 Das Übertragungsmodell der Kommunikation

Das Übertragungsmodell der Kommunikation geht davon aus, dass – kompatible Techniken vorausgesetzt – ein eindeutiges Signal beim Empfänger genau so ankommt, wie es vom Sender abgesandt wird. Wenn ein solches Signal etwas schaltet, kann der Sender damit die Wirklichkeit der Empfängerwelt verändern. Solche Erwartungen haben wir zu Recht etwa bei der technischen Übertragung einer E-Mail an den Empfänger. Kommt die E-Mail nicht an, liegt eine Kommunikationsstörung vor, die beseitigt werden muss.

11.3.2 Das Kulturbegegnungsmodell der Kommunikation

Jeder kennt allerdings auch die Erfahrung, dass der Mensch als Empfänger völlig anders reagiert, als sich das der Sender vorgestellt hat, etwas anderes aus der E-Mail herausliest oder ganz andere Schlüsse aus der richtig verstandenen Botschaft zieht.

Spätestens hier kann man merken, dass die Voraussetzung für die Gültigkeit des Übertragungsmodells, nämlich »bekannte und kompatible Technik«, oft nicht gegeben ist. Das Gegenteil ist bei lebenden Systemen und in ihrer Kommunikation der Normalfall. Jeder Kommunikant lebt in sei-

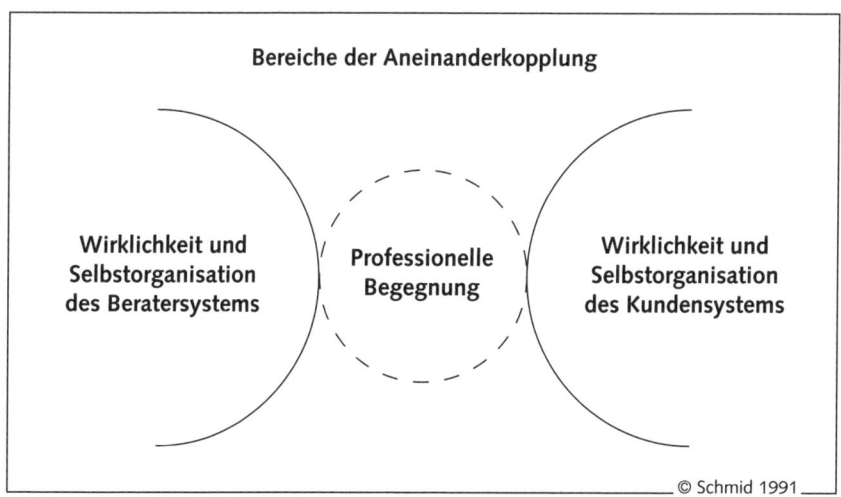

Abb. 27: Das Kulturbegegnungsmodell der Kommunikation

nem eigenen Universum, und es ist eine beachtliche Abstimmungsleistung, wenn der eine sich anlässlich der Äußerungen des anderen so umorganisiert, dass dieser den Eindruck gewinnt, man lebe in einer gemeinsamen Wirklichkeit, habe wirksamen Einfluss aufeinander.

Sollte Kommunikation schwierig werden, hat hier das Kulturbegegnungsmodell der Kommunikation einige pragmatische Vorteile (siehe dazu auch SCHMID 2003f, Kap. 3.3.1).

Es legt nahe, nicht nach Störungen, gar nach Fehlverhalten zu suchen, sondern das Aneinanderkoppeln von in sich verständlichen, aber zueinander noch nicht kompatiblen Wirklichkeiten als reizvolle Forschungs- und Gestaltungsaufgabe ernst zu nehmen, dafür Ressourcen einzuplanen und – wenn nötig – Expertise zu bemühen. Das Modell impliziert z.B., dass die Begegnung selbst der professionellen Gestaltung bedarf. Zur entsprechenden Kompetenz gehört, die eigene Wirklichkeit und deren Logik zu verstehen und aus diesem Verständnis heraus das eigene Verhalten zu steuern. Hierfür ist die interessierte und wertschätzende Haltung eines Ethnologen beim Besuch einer fremden Kultur sowohl beim Studium der eigenen, gewohnheitsmäßig gelebten Wirklichkeit wie beim Studium der Kultur des Gegenübers hilfreich.

11.3.3 Intuition und das Dialogmodell der Kommunikation

Schon das Kulturbegegnungsmodell macht deutlich, wie komplex Wirklichkeitsbegegnung in der Kommunikation ist. Komplex meint nicht »kompliziert, aber beherrschbar«, sondern »letztlich unberechenbar«, weil man nur einen geringen Teil der Wirkfaktoren kennt. Das merkt man nicht immer, wenn man aufeinander eingespielt ist oder sich schnell als wesensverwandt erkennt. Trifft man mit Menschen anderer Kulturen, aus anderen Unternehmen, Berufen oder Gesellschaftsschichten zusammen, ist dies unübersehbar. Dennoch muss man sich Urteile bilden, Entscheidungen treffen, gemeinsam Wirklichkeit gestalten. Dies geschieht neben einem bewusst-methodischen Modus hauptsächlich in einem unbewusst-intuitiven Modus. Nur die Intuition ist in der Lage, so viele Eindrücke auf den unterschiedlichsten Ebenen zu verarbeiten und zu einem Wirklichkeitsbild zu verdichten. Die Kommunikation über solche Verdichtungen findet in metaphorischer Sprache statt, weshalb es wichtig ist, diese Sprache zum Bestandteil der professionellen Kommunikation zu machen. Man ist weniger abgesichert in dieser Sprache, dafür aber urteils- und ausdrucksstärker. Man kann zwar versuchen, die Wirklichkeit auf das juristisch, buchhalterisch, technisch oder wissenschaftsmethodisch Beschreibbare zu beschränken, doch legt man sich aus Sicht dieses Modells damit lediglich wie einen Jagdhund an die Kette. Intuitive Bilder haben direkte Auswirkung auf Erleben und Verhalten und bestimmen daher die Selbststeuerung, lange bevor sich das Bewusstsein eine Meinung gebildet hat.

Intuitionen können aber falsch oder für die aktuelle Begegnung unwesentlich sein, müssen also geläutert und auf professionelle Belange ausgerichtet werden. Hierzu ist einmal der Dialog innerhalb dieser beiden Sphären innerhalb der Person und zwischen den Personen wichtig. Sonst geschieht leicht, was jeder kennt: Man strebt durch Kommunikation bewusst die eine gemeinsame Wirklichkeit an und inszeniert in unbewusster Abstimmung eine andere. Auf dieses Verständnis von Selbststeuerung und Kommunikation verweist das Dialogmodell der Kommunikation (siehe dazu auch SCHMID 2003f, Kap. 3.3.5).

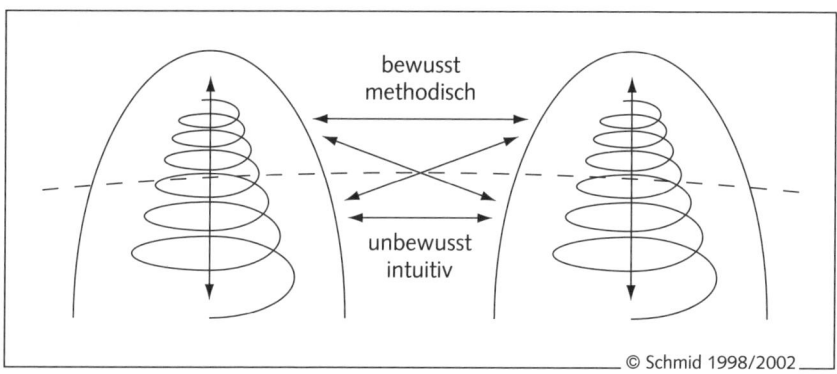

Abb. 28: Das Dialogmodell der Kommunikation

Das Dialogmodell der Kommunikation legt z.B. als Gütekriterium für gutes Coaching nahe, dass nicht nur der Coach in gutem Dialog mit sich und dem Gegenüber sein sollte, sondern dass auch die Klienten durch das Coaching in diesem Dialog gestärkt werden sollten. Dies hat weit über das aktuelle Coachingthema hinaus persönlichkeits- und organisationskulturbildende Wirkung. Erkennt man diese Dialogfähigkeit als wesentlich an, hat dies Auswirkungen beispielsweise auf die Methodik in Teamsitzungen oder auf die Didaktik einer Coachingausbildung.

11.4 Coachingperspektive »Kultur«

Nach den Ausführungen zur Gestaltung von Wirklichkeit durch Kommunikation kann man eine weitere Coachingperspektive benennen, nämlich die Expertise für Kultur. Hier geht es, bildlich gesprochen, nicht um sonntägliche Kulturereignisse, über die im Feuilleton berichtet wird, sondern um die Art und Weise des täglichen miteinander Wirtschaftens, also um die Kultur, die sich im Wirtschaftsteil der Zeitung zeigt. Kultur kann selbstverständlich nicht an Coaching delegiert werden, und viele andere Perspektiven, für die Coaches wenig Expertise haben, haben entscheidenden Einfluss auf Kultur. Dennoch kann Coaching mit Expertise für Kulturentwicklung wichtiger Partner für die Verantwortlichen sein. Wichtiger als Einzelcoaching ist hierbei die Berücksichtigung von Kulturperspektiven in allen Prozessen der Organisation.

Die Expertise des Coaches für Kulturbegegnung zeigt sich z.B. in der Begegnung von:

- Vertretern von verschiedenen Berufsgruppen in Organisationen,
- Mitarbeitern verschiedener Kulturherkunft,
- Unternehmensbereichen bei Unternehmungszusammenschlüssen oder
- Fachleuten bei der interkulturellen Arbeit im Zuge der Globalisierung.

Nimmt man Komplexität ernst und macht sich klar, dass Unternehmen heute nicht zu steuern sind, ohne dass selbstständig sich organisierende Einheiten koordiniert und an Kernprozessen orientiert zusammenwirken, dann ist deutlich, dass Steuerung nur durch Zusammenspiel von Konstruktion und Selbstorganisation funktionieren kann. Dafür braucht es Fachleute: **Der Coach als Experte für Kommunikation und die Steuerung durch Kultur.**

Je nach pragmatischem Anliegen können Kulturperspektiven anders gefasst und mit anderen Modellen abgebildet und anderen Werkzeugen gestaltet werden.

12. Systemisches Teamcoaching – Was ist das eigentlich?

Teamcoaching ist eine Beratung von Teams, bei der Coachingperspektiven im Vordergrund stehen.
Dass definiert und spezifiziert werden muss, was jeweils unter Coaching zu verstehen ist, wurde schon im vorigen Kapitel ausgeführt. Wenn jetzt eine Klientengruppe, genannt Team hinzukommt, muss zusätzlich geklärt werden, was unter Team zu verstehen ist.

12.1 Team: Face-to-face?

Es gibt neuerdings eine Diskussion um den Begriff »Virtuelle Teams«. Damit ist eine Gruppe von Menschen gemeint, die zusammen eine Leistung erbringen sollen, jedoch nicht als Team anwesend sind. Dass ein solches Team virtuell genannt wird, lässt auf einen eher veralteten Begriff von Team schließen. Klassischerweise sind Teams Mitglieder einer Abteilung oder eben Menschen, die normalerweise face to face zusammensitzen.

Das ist heute selbst in klassischen Abteilungen im Alltag ohnehin meist nicht mehr der Fall. Außerdem hat jeder mehrere Netze von Menschen, mit denen er gemeinsam Leistung erbringen und Verantwortung tragen muss.

Statt von virtuellen Teams zu sprechen, sollte man vielleicht eher von medial gesteuerten Teams sprechen. Die beteiligten Menschen sind ja nicht virtuell, lediglich ihre Kommunikation ist nicht oder nur selten face-to-face. Und: Wer dazugehört, kann erst im Zusammenhang mit der diskutierten Aufgabe bestimmt werden. Möglicherweise gehört er nicht einmal zum selben Unternehmen.

Eine solche Teamdiskussion findet ihre Fortsetzung in der Diskussion von »Value networks«, das sind (auch) unternehmensübergreifende Netzwerke, die zusammen Mehrwert generieren.

12.2 Klassisches Teamverständnis: ein Sonderfall

Festzuhalten bleibt also, dass das klassische Verständnis von Team ein Sonderfall ist. Ein Team sollte vielleicht eher durch die gemeinsame Verantwortung für die Erbringung einer Leistung definiert werden. Wenn dann zum Team Menschen anderer Abteilungen oder gar anderer Unternehmen gehören, zeigen sich z.b. Beziehungs-, Führungs- und Machtfragen im Team in einem anderen Licht. Dementsprechend gestaltet sich auch ein Teamcoaching nach vielfältigeren Gesichtspunkten. Das fängt schon mit der Kontraktfrage, der Bestimmung der Ziele des Coachings und der Verantwortung gegenüber den verschiedenen Shareholdern und Stakeholdern der Teamaufgabe an.

Wenn die Organisation und ihre Entwicklung mehr ins Blickfeld kommt, ergeben sich so viele weitere spannende Perspektiven. Spätestens jetzt wird auch deutlich, dass Teamcoaching ohne Kenntnisse in und Bezüge zu PE, OE und Kulturentwicklung ein Produkt für spezielle Fragestellungen bleiben muss.

12.3 Definition »Team«

Als Team ist eine Gruppe von Menschen zu verstehen, die durch gemeinsame Leistungsanforderungen und Verantwortungen miteinander in Beziehung stehen.

Systemisch betrachtet gehört auch hier bei der Definition von Team die Rückbezüglichkeit auf den Beobachter dazu, denn dessen Ansichten über Leistungsanforderungen und Verantwortungen bestimmen seine Vorstellungen von Team.

Ein Team zu bestimmen heißt also, ein Teilsystem der Organisation unter einer bestimmten Perspektive zu betrachten. Ohne Klärung der Leistung und Verantwortung, um die es geht, kann das Team nicht bestimmt werden. Und ohne die Perspektive des Beratungsauftrags kann ein mögliches Coaching im Vergleich zu anderen Maßnahmen nicht fokussiert werden.

Hieraus wird deutlich, dass Team kein natürliches Gebilde und Teamcoaching kein definiertes Ereignis ist. Beides entsteht erst im Lichte der notwendigen Klärungen.

12.4 Designdreieck für Teamcoaching

Letztlich kann also nicht konkret vordefiniert werden, was unter Teamcoaching zu verstehen ist. Es können nur Orientierungen gegeben werden, wie man jeweils zu solchen Konkretisierungen kommen kann. Im Sinne eines Kompasses für solche Orientierungen kann das Designdreieck für Teamcoaching verwendet werden.

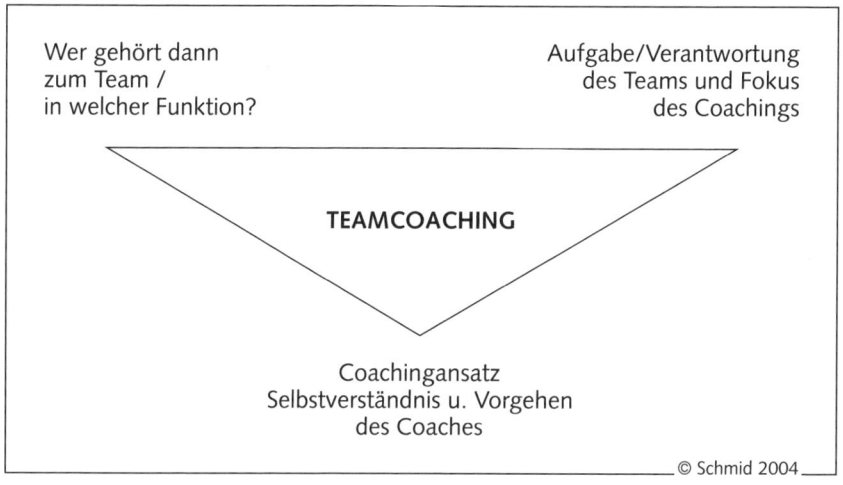

Abb. 29: Designdreieck für Teamcoaching

12.5 Ein Anwendungsbeispiel

Zur Verbesserung der Kundenorientierung soll ein Teamcoaching mit allen Teams im Servicebereich gemacht werden. Da es sich um mehrere Teams handelt, müssten entweder eine Großveranstaltung oder mehrere kleinere Teammaßnahmen angesetzt werden. Ergibt eine nähere Klärung, dass die gemeinsame Pflege eines IT-basierten Informationssystems im Fokus stehen sollte, empfiehlt sich dafür eine Teamzusammenstellung der Menschen, die dieses System entwickeln und pflegen, zusammen mit einer Auswahl aus denen, die das System täglich bedienen werden. Sie sind dabei als Anwender und Fachleute für menschenorientierte IT-Konfigurationen gefragt. So käme man auf eine für ein Teamcoaching geeignete Gruppengröße. Das Selbstverständnis der Coaches sollte etwas mit der Schnittstelle Mensch und Technik, aber auch mit kooperativer und nachhaltiger Ar-

beitsorganisation zu tun haben. Ihr Vorgehen müsste geeignet sein, bisherige Mängel im Zusammenspiel von Anwender und IT-Tool zu konkretisieren und an Beispielen die Vorteile einer alternativen Nutzung bzw. Konfiguration des Tools erfahrbar zu machen. Durch die Beteiligung der Toolentwickler könnten diese in notwendige Dialoge über praxisgeeignete Verbesserungen einbezogen werden, was wiederum die Anwender zu einem neuen Engagement bewegen könnte. Sollte letztere Perspektive ein eigenes Gewicht erhalten, könnte dafür wieder ein eigenes Teamcoaching mit anderer Zusammensetzung und evtl. anderen Coaches mit anderem Vorgehen sinnvoll sein.

Sollte sich daneben die Schwierigkeit des Etablierens von verbindlichen Haltungen und Vorgehensweisen als Führungsproblem darstellen, könnte dafür ein eigenes Teamcoaching angesetzt werden. Zu diesem wären dann beispielsweise die Leiter der entsprechenden Abteilungen zusammen mit je einem bis drei Mitarbeitern, welche taugliche Vorgaben nicht umsetzen, eingeladen. Diese sind dann als Führungskräfte und Mitarbeiter gefragt. Das Selbstverständnis und Vorgehen der Coaches sollte daher etwas mit Expertise für Führungsbeziehungen zu tun haben.

Bezogen darauf kann man für die Coachingmaßnahme »Team« definieren und klären, in welchen Rollen die Teammitglieder einbezogen sein sollen.

Teamcoaching – ein Platzhalter

Letztlich ist der Begriff Teamcoaching ein verbaler Platzhalter für einen zu definierenden Ort. Teamcoaching definiert eine Bühne, für die je nach vorgesehener Inszenierung bestimmt werden muss, wer auftritt und wie gespielt werden soll. Oft dürfte schon die Bestimmung dieses Ortes bzw. der Inszenierung zusammen mit den Auftraggebern eines Teamcoachings entscheidende Klärungen bringen. Im Folgenden wird an zwei weiteren Beispielen illustriert, wie vielgestaltig dieser Ort sein könnte.

12.6 Teamcoaching als Bühne für die Gestaltung von Führung und Kooperation
(dazu Beispiel in 12.7)

Im vorigen Beispiel ist schon angeklungen, dass im Umgang mit Teams eigentlich immer die horizontale Ebene – also Fragen der Rollendifferenzierung, der verteilten und abzustimmenden Zuständigkeiten sowie der täglichen Kooperation und Beziehungsgestaltung – mit Fragen der Führungsbeziehungen – also der vertikalen Ebene – untrennbar verbunden sind.

➤ 5.6 Perspektive 3: Führung und Kooperation (horizontale und vertikale Steuerung)

Fast jede Gestaltung der Führungsbeziehung muss in Abstimmung mit ihren Auswirkungen auf das Zusammenspiel im Team vorgenommen werden. Einäugige Betrachtungen etwa der Förderung eines Mitarbeiters können kontraproduktive Folgen im Team haben. Erst gleichzeitige Betrachtungen der Auswirkungen auf das Zusammenwirken im Team ermöglichen das gebotene perspektivische Sehen. Demnach bieten sich diese beiden Dimensionen für jedes Coaching an, da die Coachees meist in beiden Bezügen stehen. Für Teamcoachingmaßnahmen gilt das gleichermaßen, zumal diese nicht selten sowohl im Kontext von vielschichtigen Führungsbeziehungen über mehrere Ebenen als auch im Kontext von komplexen Kooperationsbeziehungen über mehrere Abteilungen hinweg stehen. Um damit nicht unnötigen Komplexitätsstress in die Coachingmaßnahme zu holen, muss entschieden werden, was jeweils in den Vordergrund gehoben werden soll und was im Hintergrund, sozusagen am Rande des Sehfeldes verbleiben soll.

Als symbolische Veranschaulichung des Zusammenspiels von horizontalen und vertikalen Betrachtungen und Steuerungen kann Abb. 32 dienen.

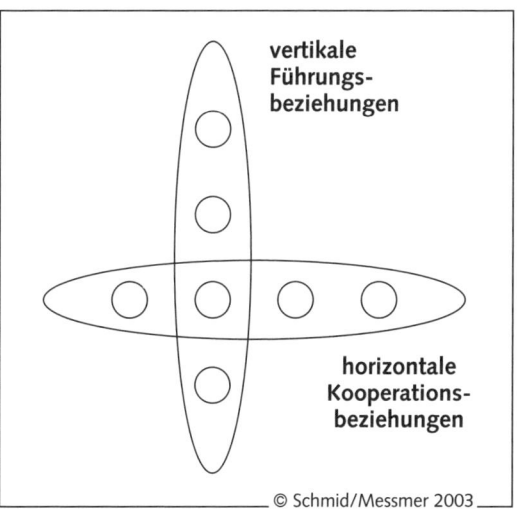

Abb. 30: Schnittpunkt vertikale und horizontale Steuerung

Da die Einäugigkeiten bezüglich horizontaler und/oder vertikaler Steuerung ein häufiges Problem auch im Coaching darstellen, soll an dieser Stelle ausführlicher darauf eingegangen werden.

Unter Steuerung verstehen wir dabei alle Abstimmungs- und Entscheidungsprozesse, die dazu notwendig sind, eine schlüssige Idee erfolgreich umsetzen zu können. Diese Prozesse erfolgen auf vertikaler wie auch auf horizontaler Ebene.
Klassische Teamentwicklung leistet einer horizontalen Optimierung Vorschub. Erst wenn die Führungsdimension und das Zusammenspiel zwischen den Ebenen angemessen einbezogen sind, bewegt man sich auf eine horizontal-vertikale Optimierung zu, die für die Gesamtleistung einer hierarchischen Organisation entscheidend ist. Will man sogar zunächst vertikal optimieren, dann empfiehlt sich vertikale Teamentwicklung.

12.7 Vertikale Teamentwicklung

Gemäß der obigen Definition können Teammitglieder auch aus verschiedenen Hierarchieebenen stammen. Diese werden gemäß einem Fokus so ausgewählt, wie sie zur Bearbeitung einer bestimmten Fragestellung im Teamcoaching nützlich sein können.

Das Organigramm in Abb. 33 zeigt ein Beispiel (aus SCHMID/HIPP 1998n) eines Designs für eine vertikale Teamentwicklung:

In einer Bank sollte die Dienstleistung »Wertpapierberatung« in eine umfassende Vermögensberatung ausgeweitet werden, weil die reine Wertpapierberatung an Rentabilität verloren hatte. Da das Know-how für die neue Dienstleistung nicht vorhanden war, wurde eine kleine Vermögensberatungsgesellschaft ($V_1 - V_n$) mit entsprechendem Know-how zugekauft und eingegliedert. Die bisherigen Wertpapierberater ($W_1 - W_n$) sollten in Mentoringbeziehungen mit ($V_1 - V_n$) und externer Weiterqualifikation in die neue Aufgabe »Vermögensberatung« hineinwachsen.

Obwohl der verantwortliche Geschäftsbereichsleiter (G_1) mit Predigten versucht hatte, die Wertpapierberater von der Weiterentwicklung der Dienstleistung zu überzeugen, hatte sich nur einer (W_3) in die gewünschte Richtung bewegt. Alle anderen, selbst diejenigen mit einer Weiterqualifikation, machten ihren alten Job. Der Geschäftsbereichsleiter (G_1) sah die einzige Möglichkeit, die Geschäftsstrategie zu verwirklichen, darin, diese Wertpapierberater zu entlassen und neue Leute einzustellen. In Gesprächen stellte sich heraus, dass er sich kein Bild davon gemacht hatte, aus welchen Gründen die Wertpapierberater die Innovation nicht mittrugen und verwirklichten. Die Know-how-Träger der zugekauften Gesellschaft waren nicht, wie ursprünglich geplant, als Multiplikatoren eingesetzt und die Filialleiter als direkte Vorgesetzte nicht miteinbezogen worden. Dem Geschäftsbereichsleiter (G_1) wurde vorgeschlagen, diesen Fall als Beispiel für Lernen anhand von strategischen Experimenten zu konzipieren und damit Erfahrungen zu sammeln, wie eine funktionierende Kultur strategischer Projekte aussehen kann. Als vertikales Team wurden ausgewählt: der Geschäftsbereichsleiter (G_1), zwei Filialleiter ($F_2 + F_3$), der Wertpapierberater (W_3), der sich weiterentwickelt hatte und zwei Wertpapierberater ($W_1 + W_2$), die bei ihrer alten Tätigkeit geblieben waren, denen aber eine Entwicklung zugetraut wurde. Außerdem sollten miteinbezogen werden der Vermögensberater (V_2), der W_3 erfolgreich betreut hatte, V_3, dessen Partner ($W_1 + W_2$) im alten System geblieben waren, und V_1 als Leiter der Vermögensberatung. Dieser hatte ihr Ursprungsgeschäft weitergeführt und sollte bei einem Scheitern des strategischen Projektes wieder verkauft werden.

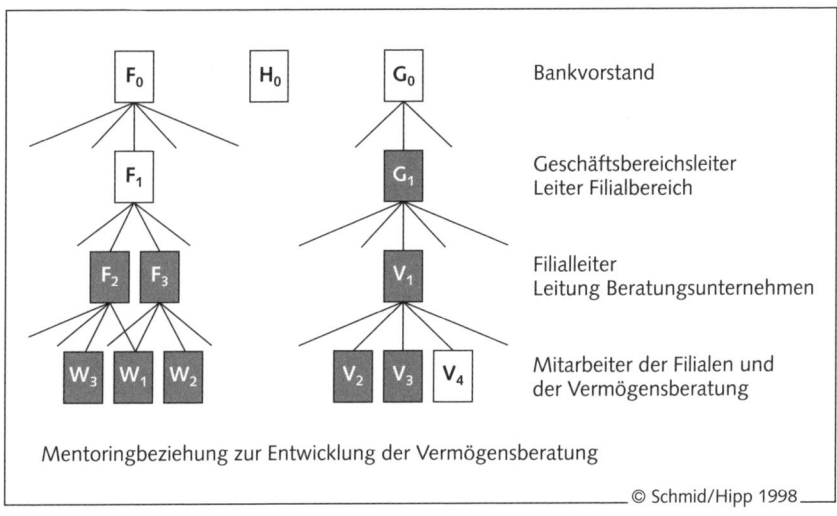

Abb. 31: Beispiel für fokusspezifische Selektion vertikaler Teams

12.8 Teamcoaching als Bühne für Passungsdialoge zwischen Mensch und Organisation

»Gegenstand der Passung ist die Funktion (einer Person) im Spannungsfeld zwischen der Organisation (und ihren Kernprozessen) und der Persönlichkeit des Funktionsträgers (und seinen Kernkompetenzen). Wenn die Funktion so gestaltet ist, dass sie optimal den Kernprozessen und damit dem Kerngeschäft dient und gleichzeitig darin die Kernkompetenzen der Person zum Tragen kommen können, können wir von einer optimalen Passung sprechen.« (SCHMID/MESSMER 2003i)

➤ 1.1 Wie entsteht Passung?

Das Beispiel aus einem Einzelcoaching (SCHMID 2004f):

Es geht um einen Werksleiter in einem Weltunternehmen für Werkzeugmaschinen. Er hat einen Kompetenzverlust erlitten, den er selbst und seine Vorgesetzten nicht einordnen können. Die ganzen Jahre hatte er als Leiter einer Fertigung und später als Werksleiter kraftvoll und erfolgreich gearbeitet.

Durch Umorganisation im Konzern ist er jetzt statt für alle Bereiche an einem Standort für einen Teilbereich in mehreren, über ganz Europa verstreuten Standorten zuständig. Eigentlich ist dies ein Aufstieg und fachlich hat er alle Voraussetzungen dafür.

Klärungen im Hinblick auf seine sinnstiftenden Hintergrundbilder (SCHMID 2004k) verweisen darauf, dass Stimmigkeit bei dem Coachee damit verbunden ist, dass er als Haupt einer lokalen Gemeinschaft agiert. Durch die Umstrukturierung im Konzern ist die Passung zwischen ihm und dem Unternehmen verloren gegangen.

Auch im Zusammenhang mit Coachingweiterbildungen kommt es häufig dazu, dass sich die Interessen und Kernkompetenzen eines Mitarbeiters verlagern und die Passung zu den in seiner Funktion unabdingbaren Kerntätigkeiten verloren geht. Wenn hier nicht durch Funktionsveränderungen Passung neu abgestimmt wird, kann für die Organisation die Bilanz negativ ausfallen. Also: Personenqualifizierungen und Systemqualifizierungen sollten komplementär angelegt sein und von Zeit zu Zeit abgestimmt werden.

12.9 Passung im Teamcoaching

Was hier an plausiblen Beispielen wie ein überschaubarer Prozess aussieht, ist wegen der Komplexität und der Vielfalt der Ansichten und Wirklichkeitsentwürfe in größeren Organisationen schwer zu durchschauen und noch schwerer abzustimmen. Umso mehr kommt Passungsklärungen und

Passungsdialogen im Rahmen von Teamcoachingmaßnahmen wesentliche Bedeutung zu. Auch wenn kaum Ergebnisse festgeschrieben werden, so bewegen doch Dialoge darüber Klärungs- und Suchprozesse, die zu besseren und verständnisvolleren intuitiven Abstimmungen führen. Sie können erkennbar werden lassen, dass sich die gewünschten Entsprechungen nicht halten lassen und Maßnahmen ergriffen werden sollten. Sollten in diesem Rahmen Neubesetzungen von Teamrollen anstehen, kann mit solchen Passungsüberlegungen sondiert werden, wer wie passen könnte. Aber auch für solche, die sich neu orientieren (müssen), bieten Passungsdialoge mit neuen Teams bessere Chancen, richtig zu landen (SCHMID 2002a).

Dies waren zwei Beispiele für wesentliche Perspektiven, unter denen Teamcoaching sinnvoll inszeniert werden kann. Viele andere sind denkbar und müssen situativ definiert werden.

12.10 Schluss

In diesem Beitrag sollte die Vielfalt der Orientierungsfragen, die mit Coaching und noch mehr mit Teamcoaching aus systemischer Sicht verbunden sind, aufgezeigt werden. Auch sollte deutlich gemacht werden, dass zum Coaching der Bezug auf bzw. der Anschluss an Personal-, Organisations- und Kulturentwicklung gehört. Auch sollten Orientierungsmöglichkeiten angesichts der daraus folgenden Komplexität angeboten und an Beispielen veranschaulicht werden. Beides gibt hoffentlich dem Coachingfeld Orientierungshilfe im Sinne eines Kompasses, auf den man unterwegs wenigstens gelegentlich schauen kann.

13. Organisationskultur und Professionskultur – Überlegungen zu Zeichen am Horizont

»OB KINDER LERNEN, WAS WIR IHNEN BEIBRINGEN WOLLEN, IST FRAGLICH.
UNSER BENEHMEN DABEI LERNEN SIE ALLEMAL« (SCHMID 1998w).

13.1 Was kann Kultur und Kulturentwicklung meinen?

Zu dem Begriff Organisationsentwicklung und zur Personalentwicklung hat sich in jüngster Zeit Kulturentwicklung hinzugesellt. Was kann Kultur und Kulturentwicklung im Zusammenhang mit Organisationen bedeuten?

Nicht gemeint ist, was einem normalerweise zu dem Begriff »Kultur« einfällt: Theater oder eine Kunstausstellung – auch nicht Kultursponsoring zur Imagepflege. Ebenfalls nicht gemeint ist Kultur als eigener Fernsehkanal neben Kommerz und Unterhaltung. Kultur im Zusammenhang mit Organisationen und Professionen muss etwas anderes meinen.

Zum Wesen von Kultur gehört, dass sie nicht leicht auf einen Nenner zu bringen ist. Die Kultur einer Organisation oder einer Professionsgemeinschaft ist ähnlich schwer zu definieren wie der Persönlichkeitsstil eines Menschen. Obwohl man ein deutliches Gefühl dafür hat, ob etwas einer Kultur entspricht oder nicht, wirkt jede operationale Beschreibung oberflächlich. Das Phänomen ist genauso wie der Begriff auf Umschreibungen angewiesen, auf Beispiele, die auf das Gemeinte verweisen.

Zur Kultur in Organisationen gehören Begriffe wie:

- *Arbeitskultur:* Hat Arbeit einen gesunden Rhythmus? Ist sie effektiv und macht sie zufrieden?

- *Kommunikationskultur:* Warum erfahren die Mitarbeiter von der Werkstilllegung aus der Zeitung?

- *Verbindlichkeitskultur:* Gilt das gesprochene Wort? Kann man sich auf Vereinbarungen, auch mündliche, später berufen?

- *Verantwortungskultur:* Darf es kritische Diskussionen darüber geben, wer für welche Antworten zuständig ist und ob damit notwendige Verantwortung gesichert ist? (SCHMID/CASPARI 1997b)
- *Konfrontationskultur:* Gibt es ein Recht und die Pflicht, sich und andere mit Anforderungen und Versäumnissen zu konfrontieren, d.h. in kritischen Dialog zu bringen?
- *Führungskultur:* Wie kann es geschehen, dass über Jahre Mitarbeiterbeurteilungen gut ausfielen und dann wegen Minderleistung ein Entlassungsgespräch in der Personalabteilung ansteht?

Alle diese Dinge kann man auch mit anderen Begriffen beschreiben. Warum dann der Begriff »Kultur«? Ist Organisationskultur nur ein Sammelbegriff für auch anderweitig abgedeckte Perspektiven? Der Begriff erinnert an Werteorientierung mit Vorstellungen und Regeln, wie effektives und zugleich menschenwürdiges Wirtschaften aussehen soll. Kultur hat auch mit geistiger Orientierung zu tun, mit Tiefenschärfe, mit Stimmigkeit, Sinn und Ästhetik. Es geht darum, wie Antworten auf wesentliche *Fragen der Leistungs- und Lebenskultur in Organisationen* gelebt werden.

Fragen der Leistungserbringung sind z.B.: *Was wird geleistet? Wie wird geleistet? Wozu wird geleistet? Auf Kosten welcher Ressourcen wird geleistet?*

Fragen der Lebenskultur sind z.B.: *Wird die mit dieser Arbeit verbrachte Lebenszeit als sinnvoll erlebt? Können sich die Menschen mit dem, was sie sind und wie sie sich entwickeln wollen, in der Arbeit verwirklichen? Welche Auswirkungen haben Inhalte sowie Art und Weise des Arbeitens auf andere Lebensbereiche und auf andere Lebensphasen, z.B. in der Lebensentwicklung einer Familie?*

Eine Definition von Kultur im Zusammenhang mit Organisationen könnte demnach lauten:

- Organisationskultur meint gelebte Antworten auf Fragen der Leistungserbringung und der Lebensqualität der beteiligten Menschen in formellen und informellen Bereichen des Zusammenwirkens.
- Der Begriff »Kultur« kann dabei beschreibend verwendet werden oder Werte setzend. Zum einen geht es also um die Beschreibung gegenwärtig gelebter Antworten, zum anderen um Vorstellungen, wie Antworten ausfallen könnten und sollten.

Kultur ist hierbei nicht nur eine Sache der Softfactors. Auch Hardfactors gehören kulturgestaltend eingesetzt. Wenn z.B. Ein- und Fortkommen in einer Organisation nur an persönliche Umsätze mit Kunden gebunden sind, ist auch durch Motivationsworkshops kaum ein Engagement für gemeinschaftliche Kundenbetreuung oder gar Pflege der Gemeinschaftskultur nach innen zu bewirken.

Der Begriff Kulturentwicklung kann irreführend sein, weil man Kultur nicht separat entwickeln kann. Ähnlich wie in der Medizin die Psychosomatik nicht in erster Linie eine Fachabteilung sein kann, sondern eine Perspektive in allen medizinischen Disziplinen sein muss, muss die Entwicklung der Kultur zu den Perspektiven täglicher Arbeitsgestaltung und jeglicher Entwicklungsprojekte gehören. Versucht man daraus Sonderthemen von Sonderabteilungen zu machen, bekommt man »Sonntagsveranstaltungen«, deren Integration in den Werktag selten gelingt.

Kultur meint also hier die Kultur des Wirtschaftsteils der Zeitungen. In Bezug auf Wirtschaft und Gesellschaft hat Niklas Luhman herausgestellt, dass Wirtschaft nicht ein separater Teil der Gesellschaft ist, sondern eine ihrer essentiellen Funktionsweisen. Daher der Titel seines Buches »Die Wirtschaft der Gesellschaft«. Analog dazu geht es hier um Kultur *der* Wirtschaft und nicht um Kultur *in der* Wirtschaft.

Kultur kann nicht eingekauft, einfach oben draufgesetzt werden, sondern durchdringt alle Vorgänge in einer Organisation. Genauso meint Bildung eigentlich die Art und Weise, in der Menschen ihr Leben aus ihr heraus organisieren. Kultur meint oft mehr den Umgang mit dem »Wie« als dem »Was«.

13.2 Wofür steht Organisationskulturentwicklung?

Der Begriff Kultur kann am ehesten wie ein Suchscheinwerfer benutzt werden. Mit diesem Suchscheinwerfer holt man angesichts zunehmender Anforderungen aufgrund von Komplexität und Dynamik neue Arten von Antworten auf das Bedürfnis nach Überschaubarkeit, nach Orientierung, nach Sinn und Identität ins Blickfeld. Neue Antworten findet man jedoch meist nur, wenn man auch Problembeschreibungen und Fragestellungen neu formuliert. Dies wird in diesen Ausführungen versucht.

13.3 Komplexität, Dynamik und das menschliche Maß

Mittlerweile ist vielerorts ins Bewusstsein gedrungen, dass komplexere Organisationsprozesse nur begrenzt systematisch geplant und durchgeführt werden können. Noch begrenzter ist die lückenlose Umsetzung und Überwachung durch Führungskommunikation. Man ist zunehmend auf das Begreifen, Mitgestalten und Mitverantworten von relativ eigenständig agierenden Einheiten und deren Schlüsselfiguren, auf das Ineinandergreifen von selbstlaufenden Prozessen angewiesen. Hochqualifizierte selbstständige Einheiten brauchen nicht weniger Führung, sondern bessere. Qualifikationen und Instrumente hierfür fehlen noch in weiten Bereichen. Auch werden die aus verzweifelter Notwendigkeit geborenen Vorstellungen, wie schnell alles gehen soll, nun doch wieder ins Maß gerückt. Nachhaltigkeit neben der notwendigen Schnelligkeit ist wieder gefragt, weil man so letztlich schneller und billiger davonkommt. Allein das tägliche Aufrechterhalten des Wirtschaftens unter Erhalt von Qualität ist anspruchsvoll genug. Erst recht anspruchsvoll ist die Weiterentwicklung solcher Prozesse neben den dahinter wirkenden Strukturen, also Organisationsentwicklung.

Organisationsentwicklung ist ein komplexes Gebiet, dessen wesentlichen Fragestellungen durch die Theatermetapher (SCHMID/WENGEL 2001a) bildhaft gemacht werden können.

❋ In Begriffen der Theatermetapher gefasst meint Organisationsentwicklung das Spektrum von der Neuinszenierung bekannter Stücke bis hin zu kompletten Neuinszenierungen komplexer Aufführungen mit nur rudimentären Drehbüchern.

❋ Dies geschieht in der Regel im Rahmen und mit dem Personal eines Programmtheaters, das mit der täglichen Wiederinszenierung des laufenden Programms in guter Qualität eigentlich reichlich zu tun hat.

➤ 9.1 Innovationsbeschreibungen mit der Theatermetapher

Die erlebten Differenzen zwischen Ansprüchen und Leistbarkeit, zwischen Visionen und Vollzug werden von Seiten der Innovatoren oft mit illusionären Erwartungen und schemenhaften Vorstellungen sowie von Seiten der Betroffenen mit unkritischem Eifer und nachfolgender Resignation bis hin zum zynischen Rückzug beantwortet. Idealismus und Zynismus sind ebenso Geschwister wie Sentimentalität und Brutalität.

Damit ein realistisches und menschliches Maß gefunden werden kann, braucht es ein neues Zusammenwirken von nüchternem Idealismus und kreativem Realitätssinn. Dabei gilt es erstens festzustellen, dass der Bedarf an Steuerung, an Menge und Qualität dramatisch das übersteigt, was an Kompetenz und Kapazität tatsächlich zur Verfügung steht. Zweitens sind die entscheidenden Prozesse meist nicht nur kompliziert, sondern eben auch komplex. Komplex meint, dass auch gut kontrollierte Prozesse prinzipiell unbeherrschbar bleiben, weil sie von Wirkkräften und Wechselwirkungen mitbestimmt sind, über die keine sichere Kontrolle erlangt werden kann, die oft nicht einmal hinreichend bekannt sind. Dies gilt z.B. für das menschliche Verhalten, von dem jede lebendige Organisation abhängig ist.

Drittens gilt es zu erforschen, welche Dynamik richtig ist und welcher Zeit es bedarf, damit die Dinge bei richtiger Pflege wachsen können. Lebendige Prozesse brauchen eben ihre Zeit auch dann, wenn sie mit Elan angegangen werden. Zu oft erlahmt das Interesse vor der Zeit. Bevor Neues wachsen, die dafür veränderte Bodenkultur entstehen kann, wird umgepflügt. Zeit ist eben nicht nur ein quantitatives Maß, das man nach Belieben bestimmen kann, sondern spiegelt die Logik lebendiger Organismen und Prozesse, mit denen man sich vertraut machen muss.

»Control« im Sinne von «unter sichere Kontrolle bringen«, ist unmöglich. »Control« im Sinne von Steuerung, Koordination und Integration eigenständiger kreativer Prozesse bleibt notwendig. Verantwortliche werden auch daran gemessen werden, ob sie solche Prozesse »in den Griff« bekommen. Doch was können sie realistisch versprechen? Sicher nicht systematische Kontrolle und das Erfüllen beliebiger Erwartungen. Dennoch gelingt es einigen, Kraftfelder (SCHMID/HIPP 1998i) zu schaffen, zu denen andere Vertrauen entwickeln und in denen sich die Dinge fügen lassen. Kraftfelder und Vertrauen entstehen in erster Linie durch gelebte Beispiele.

Qualitativ hochwertige Beispiele ziehen, wie leider die schlechten auch, schnell ihre Kreise über Verbreitungs- und Wirkmechanismen, die ebenso komplex wie effektiv sind. Für das Wecken von Verständnis und Vertrauen, für das Erzeugen und die Ausbreitung von Kraftfeldern sind gute Beispiele nicht nur notwendig, sondern auch hinreichend. Flächendeckende Maßnahmen sind unnötig, denn gut angelegte Kulturen erzeugen neue Kulturen nach demselben Bauplan. Das ist das Prinzip des Lebens. Hier kommt an Wirksamkeit kein klassisches Kommunikations- oder Transferkonzept mit. Wir sprechen hier vom fragmentarischen Ansatz und vom qualitativen Transfer. Neuerliche Überforderungen können so vermieden und Wünschenswertes kann mit Machbarem verbunden werden. Entwicklungsmaßnahmen, die in einem vernünftigen Zeitraum nicht mindestens so viel Entlastung wie Zusatzbelastung bringen, haben heute wenig Chancen. Die Verantwortlichen können sich also ruhig der Einsicht stellen, dass Kultur nur durch Kultur entsteht, eher durch das »Wie« als durch das »Was« der Maßnahmen. Wichtig ist nicht so sehr die Flächendeckung um den Preis der Oberflächlichkeit, sondern dass Maßnahmen für die gewünschte Kultur beispielhaft sind. Dann werden sie im lebendigen Umgang miteinander vielschichtig verstanden und beantwortet. So entsteht Kulturdialog (SCHMID/WAHLICH 1998j). Beispiele machen also Schule, wie die Volksweisheit längst weiß. Andere richten sich an Beispielen maßgebender Akteure allerdings nur dann eigenständig aus, wenn sie sowohl für die Organisation als auch persönlich als sinnstiftend und erfolgversprechend erlebt werden. Je eingefahrener die Gewohnheiten, je enttäuschender die Vorerfahrungen und je größer die Organisation, desto mehr »Härtetests« sind zu bestehen und desto mehr »kritische Masse« positiver Beispiele muss erzeugt werden, bis neue Kultur trägt. Auch wird oft unangemessen sofortige und vollständige Umsetzung erwartet. Sich langsam aufbauende Annäherungen werden nicht als Früchte der Kulturarbeit erkannt. Daher werden viele konstruktive Entwicklungen mittendrin abgebrochen.

Mit zunehmender Größe und Heterogenität der Organisationen verschärfen sich die Anforderungen, da einerseits Prozesse dezentral gesteuert, andererseits an zentralen Orientierungen ausgerichtet werden müssen. Dezentralisierung und zentrale Normierung müssen vereinbar gemacht und ins Gleichgewicht gebracht werden (KRUSE 2002). Sonst misslingt die Koordination der Prozesse und Abstimmungsprobleme nehmen Überhand.

Um die schwerfälligen zentralistischen Organisationen in Bewegung zu bringen, hat man es in den 80er-Jahren des letzten Jahrhunderts zunächst mit Dezentralisierung allein versucht. Die Bildung von Profit-, Kosten- oder Kompetenzzentren wurde ohne hinreichende Klärung, wie diese künftig zentral geführt werden können, propagiert und betrieben – mit zum Teil skurrilen Folgen. Auch hatte man wohl die Faktoren »Identität« und »Integration« der Gesamtorganisation als Bedingungen erfolgreichen gemeinsamen Handelns sowie für die Koordination der Kraftfelder und Erkennbarkeit am Markt vorübergehend aus den Augen verloren. In einer Gegenbewegung entstanden die Diskussionen um Kerngeschäfte und um Unternehmensidentität.

Die Motivations- und Identifizierungskampagnen, mit denen Mitarbeiter an ihre Unternehmen und ihre »Mission« gebunden werden sollten, waren wohl auch ein Versuch, der sich auflösenden Identität der Unternehmen als Ganzes und der sich lösenden Bindungen der Schlüsselfiguren etwas entgegenzusetzen. Vielerorts versuchte man nach oder neben der unternehmerischen Dezentralisierung die Gesamtintegration durch bürokratische Normierung zu erhalten. Dies führte oft zu Widersprüchen. Nun macht neuerdings der Begriff »Führung durch Vertrauen« die Runde. Dieser Versuch, einen Mittelweg zwischen zentraler und dezentraler Steuerung zu finden, macht Sinn, wenn eine Kultur Vertrauen verdient.

- In die Theatermetapher übertragen, ist der Kulturmarkt anspruchsvoller geworden. Dies gilt für das Gewinnen und Halten von Publikum wie auch qualifizierter Akteure. Viel mehr Häuser werben um ein beweglicheres und anspruchsvolleres Publikum. Wegen des Wegbrechens manch sicherer Umsätze muss nun Publikum täglich gewonnen werden, oder die Theater machen zu.

- Selbst dort, wo noch klassische Programme gespielt werden können, muss dies mit wesentlich besserer Qualität geschehen. Die notwendigen Neuinszenierungen klassischer Stücke erfordern bessere Schauspieler, die mit Tiefsinn und Kreativität ihre Rollen ausgestalten können. Gerade diese brauchen aber auch nicht weniger Regie, sondern bessere, weil sonst die Company und die Gesamtaufführung kein Gesicht bekommen.

- Dort, wo ganz neue Stücke und diese oft nur für kurze Spielperioden mit wenig Einstudierzeit angesagt sind, verschärfen sich die Anforderungen. Hier scheint Improvisation häufig der kürzere Weg zum Erfolg. Doch fehlt es dann oft an der Nachhaltigkeit der Entwicklungen. Um diese zu gewährleisten, müssen trotz der höheren »Vergänglichkeit« der einzelnen Inszenierungen diese so gestaltet werden, dass der Stil des Hauses sowohl in der Wahrnehmung des Publikums, als auch im eigenen Haus und bei den Meinungsmachern in Theaterkreisen weiterentwickelt wird.

- Noch komplexer wird die Angelegenheit, wenn man sich einen in verschiedenen Sparten und international tätigen Theaterkonzern vorstellt, der nicht nur eine wirtschaftliche Holding sein soll. Einem so komplexen Gebilde bei aller Vielfalt und dezentraler Kreativität an jedem Arbeitsplatz gemeinsame Wirkprinzipien und ein Gesicht zu geben, ist eine anspruchsvolle Aufgabe.

Zur kulturellen Orientierung gehört die Balance zwischen Individualität und Standards der Profession bzw. Organisation. Dezentrale Leistungserbringung und Entwicklung braucht mehr und intelligentere Standardisierungen und braucht mehr und intelligentere Führung, wenn nicht babylonische Verwirrung und Desintegration der Gesamtorganisation die Folge sein soll.

13.4 Entwicklungen auf dem Markt für Professionelle

Bleiben wir noch einen Moment in der Theatermetapher.

❁ Die Ansprüche nicht nur ans Theater, sondern auch an seine Leistungsträger sind gestiegen. Auch bei Stücken, Drehbüchern, Regisseuren, Schauspielern etc. gibt es ein Überangebot an Mitwirkungswilligen. Der Kulturbetrieb hat nicht für alle Platz. Qualifizierte Angebote können zunehmend über moderne Medien einem kritischen Publikum, das eine gute Konserve einem mäßigen Original vorzieht, nahe gebracht werden. Man muss schon auserlesen sein, um in guten Häusern unterzukommen. Aber auch Häuser müssen erlesen sein, um für die Besten attraktiv zu sein.

Wir leben in einer Gesellschaft, in der es von kommerziell verwertbaren Gütern meist zu viel gibt. Ruth Cohn hat dafür den Begriff eines unbekannten Sprayers aufgegriffen: »Zuvielisation«. Gleichzeitig gibt es zu wenig von kulturell wichtigen, jedoch kommerziell kaum verwertbaren Gütern wie z.B. Familienhilfen aller Art.
 Anbieter sehen sich enormer Konkurrenz um die Nachfrage ausgesetzt. Dies gilt auch – von situativen Ausnahmen abgesehen – für die Anbieter von hochwertiger Arbeit bzw. von entsprechenden Potenzialen. Immer mehr Menschen rangeln um immer weniger und immer anspruchsvollere Arbeitsplätze. Wer es schafft, hat Zugang zu Privilegien, fürstlicher Bezahlung und zu Wichtigkeitserleben, aber auch zu Dauerstress. Wer es nicht schafft, hat etliche Probleme oder muss andere Wege zu meist viel schlechter bezahlter Arbeit finden. Auch hier tut sich die Schere immer mehr auf, verstärken sich Spaltungen unserer Gesellschaft.
 Man kann von einer zentrifugalen Dynamik sprechen. Bildlich gesprochen kann man nachfragende Organisationen oder Märkte mit rotierenden Tellern vergleichen, auf denen sich Leistungsträger befinden. Drum herum befinden sich diejenigen, die gerne auf die Teller wollen. Je schneller

sich die Teller drehen, um so schwieriger wird es, hinauf zu kommen und sich auf ihnen zu halten. Je mehr man es in die Nähe des Zentrums schafft, um so geringer ist die Gefahr, wieder vom Teller zu fliegen. Allerdings fliegen immer häufiger ganze Teller von den rotierenden Tischen. Das Zentrum eines Tellers steht für die Kernprozesse und die Kernprodukte, für die man entscheidend wichtig sein muss, um relative Sicherheit und weitere Entfaltungsmöglichkeiten zu erlangen.

Wer am Rand bleibt oder wen es dorthin treibt, wird bei zunehmender Geschwindigkeit oder bei Erschütterungen zermürbt und fliegt vom Teller. Sprich: wird abgeschafft, ausgegliedert, entlassen, durch situativen Zukauf ersetzt, schlicht nicht mehr nachgefragt etc. Viele einst wichtige Tätigkeiten erübrigen sich oder werden aufgrund gewachsener Qualitätsansprüche bei weiträumig operierenden Anbietern nachgefragt. Diese können allerdings in der gewünschten Qualität nur begrenzt liefern und bedienen daher nur die wichtigsten Märkte. Auch hier findet ein Ringen um die besseren Ressourcen statt. Oft wird auch von den Nachfragern erkannt, dass Weltläufigkeit nicht alles ist. Sie führt oft zu Überfremdungen, die der Besinnung auf eigene Kernkompetenzen entgegenstehen kann. Daher besinnen sich viele Nachfrager wieder auf eigene oder naheliegende Kompetenzen.

Hieraus ergibt sich in einer Gegenbewegung die Notwendigkeit für viele Organisationen, hochqualifizierten Nachwuchs auf den Teller und ins Zentrum des Geschehens zu bekommen. Personalbeschaffung und Personalentwicklung stehen vor neuen Höchstanforderungen, um aus dem Heer von Interessierten und Begabten qualifiziert auszuwählen und aus den Erkorenen schnell und effektiv Leistungsträger zu machen. Kandidaten möglichst von Anfang an optimal zu nutzen, ist schwer vereinbar damit, sie mit angemessener Ruhe zu entwickeln und auf gute Weise ins Zentrum zu bringen. Viele werden unreif verbraucht. Ihr Scheitern wird dann ihnen selbst und nicht einer ausbeuterischen Nachwuchsnutzung zugeschrieben.

In der Personalentwicklung entsteht nun ein analoges Problem zu dem in der Organisationsentwicklung. Eine umfassende Nachwuchsbetreuung im Unternehmen, sorgfältige Einführung in die eigeneUnternehmenskultur und die ihrer Partner, konsequente Begleitung durch Führung und umfassende inhaltliche wie methodische Ausbildungen in allen wünschenswerten Kompetenzen sind auch hier wegen der Komplexität nicht möglich. Wirklich qualifizierte Betreuer sind teuer und werden in Kernprozessen gebraucht, zu denen Nachwuchsförderung meist nicht gehört. Man ist auf selbstgesteuerte Lernprozesse angewiesen. Für systematische PE müssten Organisationsalltag, OE, PE und KE zusammenspielen, damit professionelle Entwicklung gezielt gelingt und in die Entwicklung der Organisation passt bzw. zu ihr beiträgt. Meist ist dies noch Zukunftsmusik. Die Prozesse der Personalentwicklung sollten in gutem Dialog mit OE- und KE-Prozessen der wichtigsten Organisationen stehen, in denen der Mitarbeiter unterwegs ist. Dies stellt andere Anforderungen an die Stellung der PE im Unternehmen und an die Qualifikation der Personalentwickler. Meist lernen künftige Schlüsselfiguren auch in eigenen internen und externen Bildungsmaßnahmen. Die dort tätigen Bildungsanbieter haben oft eigene Professionskulturvorstellungen und eine gelebte Lernkultur, die völlig losgelöst vom tatsächlichen Einsatz der Lernenden oder ihrem Entwicklungsweg in der Organisation bleibt. Ihre Lernkultur müsste eigentlich sorgfältig an die Personalentwicklung der entsendenden Organisation und an deren Kultur angekoppelt werden. Auch das könnte wegen der Komplexität nur beispielhaft geschehen. Meist wird es jedoch gar nicht erst versucht.

13.5 Persönliche Stimmigkeit für Leistungsträger

Um auf das Bild der Teller zurückzukommen: Es gibt nicht nur eine Mitte im Sinne von Kernkompetenz der Organisation. Es gibt auch eine Mitte im Sinne von Kernkompetenz der Person. Es gibt dementsprechend ein mindestens doppeltes Problem der »Vermittlung«. Leistungsträger müssen zentrale Rollen im Kerngeschäft der Organisation einnehmen können und sie müssen in der beruflichen Arbeit die eigene Mitte finden. Sonst sind sie nicht so produktiv und erfüllt, wie sie sein könnten und/oder müssen großen seelischen Verschleiß in Kauf nehmen. Viele sind mit wesensfremden Tätigkeiten so identifiziert, dass sie es gar nicht mehr merken. Andere haben sich in einer Spaltung ihrer Welt neben dem Beruf Bühnen geschaffen, in denen sie dann Mensch sind. Unerfüllte Sehnsüchte nach dem besseren Arbeitsleben verirren sich und führen zu Erlebnissucht und Aussteigerphantasien. Dort, wo das Geschäft ohne Beachtung dieser Vorgänge zu machen ist, sehen die Organisationen keinen Handlungsbedarf, ja nicht einmal einen Beschreibungsbedarf. Stimmige berufliche Lebensentwicklung betrachten sie als Privatproblem der Mitarbeiter oder als ein humanistisches Anliegen, das im Gegensatz zur harten Realität steht. Allerdings sind solche Meinungen im Bereich komplexer Tätigkeiten weder richtig noch nützlich.

Heute hat professionelle Kompetenz zunehmend mit stimmiger Komplexitätsreduktion zu tun. Entsprechende Orientierungen und Kraftfelder sind nur glaubhaft, vertrauenswürdig und damit wirksam, wenn der Mensch darin stimmig ist. Er sollte in seiner Funktion für andere nicht nur oberflächlich, sondern auch in seinen Tiefenschichten, die für Komplexitätssteuerung maßgebend sind, zum Ausdruck kommen. Sonst entsteht nicht das Kraftfeld, das bei aller Unübersichtlichkeit selbstgesteuerte Handlungsfähigkeit und intuitives Zusammenwirken erzeugt. Es geht also um Persönlichkeit (SCHMID 2001f), die im Falle besonderer Strahlkraft auch Charisma genannt wird. Persönlichkeit ist daher nicht nur Privatsache, sondern muss sich auch als professionelle Persönlichkeit auf organisationsgerechte Weise zum Ausdruck bringen und entwickeln, will man auf längere Zeit zu den gesuchten Leistungsträgern gehören.

➤ 1.2 Herausforderungen im Passungsprozess

13.6 Innovationsfallen

Es ist auch für erfolgreiche Professionelle und Organisationen nicht einfach, Effizienzfallen (SCHMID 1997e) zu entgehen. Diese zeigen sich als ständig weiterdrehende Spiralen der Rationalisierung und Leistungssteigerung, ohne dass daraus nachhaltige Fitness, Sicherheit im Markt oder Stimmigkeit des beruflichen Lebens der Beteiligten gewonnen werden könnte. Innovationsbemühungen können für Organisationen zu Fallen werden, wenn Ressourcen nicht in einer anspruchsvollen Dramaturgie und Regie kombiniert werden.

Zu oft werden Innovationen von vornherein in einem unrealistischen Zeitrahmen auf unrealistische Ziele hin geplant. Vorsichtige Zweifel, dass zunächst geprüft werden müsse, welche Ressourcen wirklich zur Verfügung stehen und was damit in welcher Zeit realistisch erreicht werden kann, werden mit Anspannung des Gegenübers und mit dem Wechsel von der Kann- auf die Muss-Ebene beantwortet. Christian Morgenstern lässt grüßen: »Und so schließt er messerscharf, dass nicht sein kann, was nicht sein darf.« Es entsteht eine Kultur der Fiktionen, in denen keine Warnlampen blinken, wenn Innovationsszenarien nicht mit Realitäten zu vereinbaren sind, wenn die Nichterreichung von Zielen und die Nichteinhaltung von Zeitplänen nicht zu Lernvorgängen, sondern zu neuen fiktiven Vorgaben führen. Auch wird jede Innovationsidee als Sonderinszenierung aufgesetzt, was einfacher und erfolgversprechender erscheint. Oft werden Initiativen nicht mit anderen Initiativen und schon gar nicht mit dem Tagesgeschäft in Einklang gebracht. Vorhandene Ressourcen, insbesondere qualifizierte Schlüsselfiguren, werden mehrfach verplant. So werden Herausforderungen zu Dilemmata (SCHMID/HIPP 1998a). Zu Dilemmata führt der Versuch, verschiedene Innovationen gleichzeitig mit denselben Ressourcen zu inszenieren oder unverträgliche Anforderungen an eine Inszenierung zu stellen, wie z.b. kurz- und längerfristige Wirkungen.

❀ Dies entspräche im Theater dem Versuch, verschiedene Neuinszenierungen zu beschließen, ohne dass auffiele, dass alle auf dieselben Ressourcen zugreifen müssten. Die Schauspieler müssten mehrere Stücke gleichzeitig proben. Proben und Aufführungen sind für dieselben Termine und dieselben Bühnen geplant. Es gibt Ideen, doch Drehbücher sind noch nicht geschrieben, Regisseure noch nicht verpflichtet, angemessene Qualifikationen vielleicht noch gar nicht vorhanden. Doch Premieren sind bereits publikumswirksam angekündigt. Immerhin sind die Schauspieler zur aktiven, kreativen und sogar partizipativen Mitwirkung aufgerufen – natürlich neben der Weiterführung des laufenden Programms.

Viele Innovationen sind projektartig aufgezogene Bypasslösungen, weil man die Hauptverantwortlichen als Innovationsengpass sieht. Allerdings scheitern demzufolge solche Projekte häufig an der Integration in den Regelvollzug. Innovationsökonomie bedeutet eben auch Innovationsperspektiven in laufende Prozesse einzubringen, anstatt aus jeder Idee ein eigenes Projekt zu machen (SCHMID/HIPP 1997c). Diese Art von Projekten bedeutet oft genug Raubbau an den Kräften der Mitarbeiter und deren Bereitschaft zum Engagement. Dadurch werden nicht nur die notwendigen Innovationen verfehlt, sondern gleichzeitig auch die Möglichkeiten minimiert, die Kraft und das Engagement der Mitarbeiter für neue Innovationen zu mobilisieren. Innovationsökologie ist hier noch ein Fremdwort. Zur Stärkung einer redlichen Innovationskultur müssten neben Kreativität auch Realitätssinn, Bescheidenheit sowie Ankoppelungs- und Integrationsbereitschaft entwickelt werden.

Selbst professionelle Qualifizierung kann für Professionelle zur Falle werden, wenn nicht gleichzeitig Kulturkompetenz erworben wird, kein gefühltes »Wofür« entsteht. Es bedarf einer Antwort auf die Frage: »Was wird besser, wenn wir effektiver werden?« Wir haben lange Zeit die Philosophie der Kompetenzsteigerung vertreten mit der Idee, gesellschaftliche und wirtschaftliche Probleme könnten dadurch gelöst werden. Heute sind zwar alle irgendwie kompetenter, aber ist dadurch irgendetwas besser geworden?

13.7 Wer bekommt die Besten?

Von der anderen Seite betrachtet: Der Markt ist auch für Anbieter der eigenen Professionalität transparenter und beweglicher geworden. Wer sich als kompetent und zentral wichtig für Kernprozesse erkennt, sieht sich weniger zu nicht akzeptablen Anpassungen veranlasst.

Nicht nur Erfahrene bewerten die Ressource Lebenszeit und Engagement mit zunehmender Lebenserfahrung neu. Auch Jüngere werden zunehmend anspruchsvoller, was die Sinnhaftigkeit ihrer Arbeit wie auch den Wert der Arbeitszeit als verbrachter Lebenszeit betrifft. Viele haben noch im Stress von Dynamik und Komplexität Orientierungsschwierigkeiten und versuchen sogar um den Preis der Selbstentäußerung mitzuhalten. Auch lassen sich viele von aus dem Maß geratenen Verlockungen des Marktes und ihres eigenen Ehrgeizes bestimmen. Die Generation der Erben ist jedoch zunehmend materiell abgesättigt und wird mit der Zeit den bezahlten Preis an Wesensentwicklung und Lebenssinn erkennen und unwillig werden, ihn zu entrichten. Wer es nicht merkt, wird eine der Mitten, wahrscheinlich aber beide verlieren und wegen Verflachung der Persönlichkeit für Topleistungen untauglich. Wer es merkt, wird in Berufe, Unternehmen und Branchen abwandern, die bessere kulturelle Bedingungen bieten. Dort werden Selbstverantwortung, Kreativität, Individualität und Anspruch auf Sinnerleben nicht nur positiv gesehen, sondern durch sinnvolle Einbindung in die Leistungserbringung und Entwicklung des Unternehmens auch gewürdigt.

Die Attraktivität von Organisationen und damit ihr Zukunftspotenzial wird vermutlich zunehmend davon abhängen. Um diese Bewertungsdimension zu markieren, haben wir sie Lifespender Value (SCHMID 1997d) genannt. Professionelle bewerten die eingesetzte Lebenskraft und den Nutzen des Engagements bei der Arbeit für die eigene Selbstverwirklichung neu und lassen sich dies nur bedingt durch Ein- und Fortkommen abkaufen. Auch hier interessieren qualitative Entwicklungen neben den quantitativen immer mehr. Humane Gesichtspunkte und Gesichtspunkte der Wirtschaftlichkeit in Organisationen ergänzen sich auf Dauer.

13.8 Was also meint Professionskultur?

Das Gegenstück zur Organisationskultur ist die Professionskultur. Also die Kultur der eigenen Professionalität bzw. der professionellen Gemeinschaft, der jemand angehört.

Der Individualisierungsdruck in unserer Gesellschaft nimmt zu. Die Zugehörigkeiten zu Organisationen und Arbeitsplätzen, zu Prozessen und Rollen und den damit verbundenen beruflichen Beziehungen werden unsteter. Jeder muss sehen, wo er bleibt und wird aus guten und weniger guten Gründen an das Unternehmertum in eigener Sache erinnert. Je unsicherer die Zugehörigkeiten zu Organisationen werden, je weniger Identität diese bieten, desto wichtiger werden die Zugehörigkeit zu Professionsgemeinschaften und die eigene professionelle Identität. Professionalität ihrerseits ist auch immer weniger an bestimmte Arbeitsfelder, Inhalte, Methoden, Tätigkeiten, Partner und Orte gebunden. Auch in der Professionalität findet eine Ablösung von einem Set an Inhalten und Methoden zugunsten von Grundfiguren, Wertehaltungen, Lernverhalten und Inszenierungsstilen statt. Auch Professionalität wird immer mehr durch das »Wie« als durch das »Was« definiert, also durch Kultur der Profession. Nicht dass Inhalte, Methoden oder Feldkenntnisse unwichtig würden, sie sind jedoch flexible Ausdrucksformen einer Professionskultur. Die Professionskultur ist Sammelbegriff dafür, wie Professionelle situativ Wirklichkeiten erzeugen, sich an andere ankoppeln und zusammen mit ihnen beim Finden neuer Ansätze und Lösungen lernen. Darin spiegeln sich die jeweiligen Persönlichkeiten, aber auch die Kultur der professionellen Gemeinschaften, innerhalb derer sich die professionellen Persönlichkeiten entwickeln und ein erkennbares und lebendiges Gesicht bekommen.

13.9 Die Kulturen begegnen sich

Dienstleister und professionelle Gemeinschaften, insbesondere im Bereich Bildung und Beratung, sollten also sowohl in der Präsentation am Markt wie auch in der konkreten Arbeit die Kultur herausstellen, aus der heraus sie arbeiten und zu der sie beitragen.

Das Kernprodukt ist Kultur. Der Haupteffekt ist Kultur. Die Inhalte und Formen dafür sind wichtig, aber austauschbar.

Diese Professionskultur als zweiter wichtiger Hintergrund begegnet der Organisationskultur im beruflich handelnden Menschen. Es dringt bei Anbietern und Nachfragern nach professionellen Leistungen ins Bewusstsein, dass beim Austausch von Dienst- und Arbeitsleistungen eine Kulturbegegnung zwischen Organisations- und Professionskulturen stattfindet. Für gemeinsame Wirksamkeit ist Kulturverträglichkeit und die Produktivität der Kulturbegegnung entscheidend. Zumindest intuitiv werden solche Dimensionen miteinander abgestimmt, während über Inhalte und

Methoden gesprochen wird. Doch zu oft geschieht dies auch nicht. Beispielsweise werden Projektmanagementqualifikationen irgendwo eingekauft, womöglich von Anbietern mit unterschiedlichsten Vorstellungen von Professions- und Unternehmenskultur. Manchmal steht die Idee dahinter, auf diese Weise überall das Beste zu bekommen. Doch wenn viele Köche am Werk sind, entsteht eher babylonische Verwirrung und Ressourcenverschleiß, ohne dass dies produktiv wäre.

13.10 Kulturinfektionen

Beim Einkaufen von IT-Produkten hat es auch gedauert, bis den Abnehmern klar wurde, dass sie mit der Technik eine komplette Unternehmenslogik ins Haus holen, sich sogar dieser Logik unterwerfen, auch wenn dies viele unternehmensökologische Schäden und Folgeprobleme verursacht hat. Mittlerweile haben Anbieter und Nachfrager gelernt, mit mehr Respekt vor den Partnersystemen zu agieren. Bei vielen Einkäufen von professionellen Leistungen z.B. im Bildungs- und Beratungsbereich werden – meist ohne Bewusstsein oder gar böse Absicht – die dahinterliegenden Kulturen ins Haus geschleppt. Diese zu identifizieren und zu bereinigen, ist komplizierter als der Umgang mit Computerviren. Erst langsam entwickelt sich ein Bewusstsein für eigene Organisationskultur und die einkaufenden internen Fachleute werden zu Wächtern gegen unnötig belastende Kulturinfektionen. Die Qualifizierung dieser Diskussionen wird zu einer stärkenden Differenzierung des Marktes führen, denn dadurch kann Ökonomie, also die intelligente Ressourcenkombination zur Erzeugung eines Mehrwertes, verbessert werden.

13.11 Schluss

Die obigen Überlegungen gelten für anspruchsvolle Organisationen und für begabte und gebildete Professionelle im Wohlstandssektor der Welt.
Was allerdings mit den vielen Menschen werden soll, für die nur wenige dieser Überlegungen bedeutsam sind, weiß derzeit wohl niemand.

14. Kritische Argumente zur Ethik und zur Professionalität in Organisationen

14.1 Privater Anstand reicht nicht

Private Ethik ist wichtig, doch nicht ausreichend, um in der Berufswelt ethische Fragestellungen angemessen zu formulieren. Die persönliche Bereitschaft Einzelner, anständig zu handeln, reicht für das Erfassen zentraler Fragen der Ethik in größeren Organisationen nicht aus. Die Komplexität des heutigen Wirtschaftens und der heutigen Großorganisationen ist längst über ein für das private Gemüt fassbares Maß hinausgewachsen. Ansichten, Entscheidungen, Handlungen oder deren Unterlassung wirken oft über Mechanismen, die der Einzelne heute kaum noch überschauen kann.

Sicher gibt es genug Skrupellosigkeit und zynische Haltungen im Bereich des Managements und der Eigentümer-Verantwortung; Skrupellosigkeit, soweit sie aus Persönlichkeitsdeformation erwächst, soll hier nicht das Thema sein. Häufig ist Skrupellosigkeit die Folge von inkompetentem Wirtschaften und dem Mangel an komplexen und effektiven Managementstrategien. Skrupellosigkeit erwächst auch aus dem Verlust von Würde: auch darauf kommt es dann nicht mehr so an. Die Würde des Managers ist antastbar. Daher ist es wichtig, Mechanismen in Organisationen zu untersuchen, die Menschen als Privatpersonen wie auch als Positionsinhaber entwürdigen. Psychologisch gesehen sind Täter häufig ehemals oder gleichzeitig Opfer. Dies rechtfertigt nicht ihre Taten, lässt jedoch nach den Mechanismen forschen, die Opfer und Täter hervorbringen.

Insgesamt sind Manager sicher nicht besser oder schlechter als andere Menschen. Dadurch aber, dass sie in ihren beruflichen Rollen und gesellschaftlichen Positionen oft größere Hebel betätigen, haben ihre Nachlässigkeiten, ihre Inkompetenz und fehlende Skrupel größere Auswirkungen als die von Privatpersonen. Ihre Sünden werden daher in der Öffentlichkeit zu Recht angeprangert. Das Auffinden und Anklagen von Schuldigen stellt jedoch den anderen kein Unschuldszeugnis aus. Ethische Erwägungen werden erst anspruchsvoll, wo sie über das Identifizieren von Schurken hinausgehen und sich mit den systemischen Vernetzungen und der Banalität des Bösen (ARENDT 1987) auseinander setzen.

14.2 Komplexität und das Dilemma der Zauberlehrlinge

Immer mehr Menschen empfinden die Komplexität der Zusammenhänge in unserer Gesellschaft als bedrückend. Schon in der privaten Umwelt wundern sich viele, dass sie sich trotz der vielen heute möglichen Vereinfachungen wie gestresste Jongleure des Alltags erleben. Die Vorstellung, dass das Privatleben einfach sein müsste, ist vielleicht eine bürgerlich-romantische Illusion, die insbesondere Männer gerne mit sich herumtragen. Erst in privaten Lebenskrisen wird oft deutlich, wie unaufmerksam und naiv man mit vielen Lebenszusammenhängen umgegangen ist.

Wirtschaft und Gesellschaft haben komplexe Eigengesetzlichkeiten selbst geschaffen, wie z.B. Finanzmärkte, Verkehrssysteme, Marktregulierungs- und Subventionssysteme, die zunehmend ihre Eigendynamik entwickeln, und mit deren Unüberschaubarkeit und Unberechenbarkeit die Menschen heute – wie früher mit Naturgewalten – leben. Die Spielregeln für wirtschaftliches Verhalten können mit den in Jahrhunderten gewachsenen Erfahrungen handwerklicher oder kleinunternehmerischer Kunst oft nicht mehr verstanden werden.

Auch unter ethischen Gesichtspunkten scheint sich die Bewertung von Vorgängen und deren Folgen immer stärker einer Beurteilung durch persönliche Vernunft und persönliches Gewissen zu entziehen. Oft genug fühlt man sich vor der Schwierigkeit, es entweder den Fachleuten zu überlassen oder sich auf den unsicheren Boden der emotionalen Begründungen von Entscheidungen über ethisch bedeutsame Fragen zu bewegen. Gleichzeitig besteht Beurteilungs- und Handlungsnotwendigkeit.

Immer mehr Menschen kommen zu dem Schluss, dass wir uns in unserer Zivilisation in gefährliche Bereiche verstiegen und destruktive Kräfte entfesselt haben. Wir können uns nicht erlauben, die Kompliziertheit und Bedrängnis unserer Situation nicht zu verantworten, etwa indem wir gerade jetzt unsere romantischen Neigungen zum einfachen Leben entdecken und lediglich nach entsprechenden Nischen suchen. Auch wenn wir uns nicht an der Situation schuldig fühlen (oder sind), müssen wir sie dennoch verantworten. Ansonsten würden wir zu Erduldern und Verwaltern eines nicht mehr steuerbaren Zivilisationsereignisses werden.

Natürlich muss der Einzelne sich auch Muße und Regenerationsmöglichkeiten schaffen, da übermäßiger Stress Lernfähigkeit und Verantwortungsbereitschaft mindert. Hierbei könnte häufig eine Verkleinerung der Macht- und Verantwortungsbereiche helfen. Dies würde Erleichterung, eine Verbesserung der Lebensqualität und mehr empfundene Würde bringen, die aus dem Ausfüllenkönnen der übernommenen Rollen er-

wächst. Seltsamerweise werden solche Begrenzungen häufig als Verlust betrachtet, als könnte man Macht und Verantwortung als Besitzstände mit ins Grab nehmen. Das letzte Hemd hat auch bezüglich Macht keine Taschen.
Menschen neigen offenbar dazu, mehr Macht und Verantwortung anzustreben, als sie mit Können und Kapazität ausfüllen können. Dadurch entsteht häufig tatsächlich ein Macht- und Verantwortungsvakuum. Sorgfältiges und maßvolles Einschätzen der Verantwortung, die man übernehmen kann, hätte vielleicht zur Folge, dass immer mehr Menschen bemerken, wie viel Verantwortung überhaupt nicht übernommen wird, bzw. beim gegenwärtigen Können der verfügbaren Personen auch nicht übernommen werden kann. Dies könnte uns vorsichtig machen, organisatorische und professionelle Komplexität heraufzubeschwören.

14.3 Entmündigung durch Sachzwänge

Kritischen und ethisch verantwortlichen Argumenten werden oft sogenannte Sachzwänge entgegengehalten. Dieses Wort steht in der Regel für den Glauben, dass Dinge nicht verändert werden können, sondern wir ihren Gesetzmäßigkeiten folgen müssen. Wenn nicht gerade Einfallslosigkeit, Trägheit oder Korrumpierbarkeit dahinterstecken, spiegelt dieser Begriff häufig eine Entmündigung, die zusammen mit der erwähnten Entwürdigung wiederum den Boden für ethische Verantwortungslosigkeit bereitet. Die Schwierigkeit besteht darin, die Meinungs-, Entscheidungs- und Handlungsfreiheit wieder herzustellen.
Kürzlich hörte ich von einem Südtiroler Obstbauern mit 300.000 Obstbäumen, dem sich die Haare sträuben, wenn Freunde von seinen 21-mal gespritzten Äpfeln essen möchten. Er führt sie dann in seinen Privatgarten zu ungespritzten köstlichen Bauernsorten. Er bedauert, dass ihm der Markt den Spritzmitteleinsatz diktiere. Wenn er diesen um zehn Prozent reduzieren würde, müsste er kleinere optische Veränderungen der Äpfel in Kauf nehmen, die ihm den Marktpreis unter die Wirtschaftlichkeitsgrenze drücken würden. Achselzuckend passt er sich an. Er hat keine Idee, wie er seine private Werthaltung professionell realisieren könnte. Persönlich sichtlich unglücklich sieht er nur die Alternative, sich nicht an diesem Markt zu beteiligen oder eben mitzumachen. Ob durch innovative unternehmerische Strategien hier weitere Alternativen zugänglich wären, ist ungewiss. Allerdings ist durch die Spaltung der Welten der Impuls, innovative Alternativen zu suchen, auch geschwächt.

14.4 Keine Zeit für schöpferische Strategien?

Positionsinhaber in Organisationen verlieren sich leicht in deren Logik und scheinbaren Sachzwängen. Sie funktionieren und erledigen das Tagesgeschäft. So erleben viele, auch mächtige Positionsinhaber ihre Spielräume für Nachdenken und schöpferisches Beeinflussen der unternehmerischen Strategien der Organisationskultur als gering. Daher glauben sie, auch Vorgänge ertragen oder mitgestalten zu müssen, die sie aus ihren privaten Werthaltungen heraus ablehnen würden.

Je komplizierter Organisationen werden, desto schwerer sind die Zusammenhänge zu begreifen und zu managen. Gleichzeitig ist auch der Einfluss des Einzelnen kleiner, und umso weniger mag er diesen Einfluss für die ohnehin so schwierig integrierbaren ethischen Gesichtspunkte verwenden. Man hat häufig durchaus gute Absichten, verschiebt das Ganze aber wegen der Brisanz anderer Dinge in die Zukunft. Das Tagesgeschäft bietet immer Gründe für das Zurückstellen unternehmerischer Weitsicht und das ernsthafte Einbeziehen ethischer Gesichtspunkte. So verhalten sich viele Manager auch in ethischer Hinsicht wie die Holzfäller, die mit einer stumpfen Kettensäge arbeiten, und denen ein Betrachter von außen zuruft, sie sollen doch ihre Kette erst einmal schärfen, und die antworten, sie hätten dazu keine Zeit, da sie viel Holz fällen müssten.

Eine Schwierigkeit liegt auch darin, dass sich viele Manager mit dem strategischen Denken schwer tun, ohne sich dies einzugestehen. Sie glauben eher an das überwältigende Tagesgeschäft und daran, über zu wenig Zeit, Informationen, Kommunikations- und Kooperationsbereitschaft anderer zu verfügen. Daran stimmt, dass man aus einem übermäßigen Tagesstress heraus auch nicht schöpferisch sein kann, es sei denn, man ist außergewöhnlich begabt und jahrelang in schöpferischem, strategischem Arbeiten geschult. Es ist verständlich, dass ein Manager die Verschnaufpausen, die sich ergeben, wenn er erst einmal die Betriebsamkeit unterbricht, zur Erholung braucht. Es ist schwierig, sich die Anstrengung schöpferischen Denkens zuzumuten, wenn man sich ausgebrannt und auch zu wenig geschult erlebt und außerdem schnelle Früchte einer solchen Anstrengung nicht zu erwarten sind. Notwendigkeit, ja Dringlichkeit allein hilft dabei nicht, sondern vergrößert nur das Unbehagen.

Schwierigkeiten mit dem schöpferischen strategischen Denken sind im Gespräch zwischen Managern tabuisiert. Auch weil man viel Geld dafür bekommt, wird die Fiktion aufrecht erhalten, dass es jeder könnte, wenn er nur dazu käme. Hierbei spielen vielleicht auch geringe Kenntnisse oder wenig ausgeprägte Maßstäbe über die Natur des schöpferischen Prozesses eine Rolle. Schöpferisches Denken bedarf der Übung und kann deshalb in qualifizierter professioneller Weiterbildung gelernt oder verbessert werden. Man muss es erlernen wie Klavierspielen. Auch hier ist viel Übung erforderlich, auch dann, wenn man Talent zur Musik hat. Niemand würde auf die Idee kommen, sich innerhalb eines gestressten Alltags irgendwann eine Stunde ans Klavier zu setzen und zu glauben, er könne – nur weil er jetzt Zeit dazu habe – Klavier spielen.

14.5 Spaltung der Lebenswelten

Der Zusammenhang zwischen sich verselbständigenden wirtschaftlichen Gesetzmäßigkeiten und persönlichen Lebenshaltungen scheint in vielen Lebensbereichen zerrissen zu sein. Die Menschen reagieren darauf – psychologisch verständlich – mit einer Spaltung ihrer inneren Lebenswelt. Es entstehen Risse in der Persönlichkeit, die als Verlust an Integrität erlebt werden. Die Scham darüber wird abgewehrt. Sie wird nicht als wichtiges Signal, das an die eigenen menschlichen Möglichkeiten und ethischen Bedürfnisse erinnert, erkannt. Diese Scham wird mit dem schmerzlichen Gefühl früher erlebter unangemessener Beschämungen verwechselt und daher nicht als ein möglicher Schlüssel zur Selbstfindung und Wiederinanspruchnahme von Würde erkannt.

Auch die äußere Welt wird gespalten. Dadurch, dass die einflussreicheren Mitarbeiter in Unternehmen ihr Bedürfnis nach naturorientiertem Leben in privilegierten Wohngebieten und Fernurlauben befriedigen können, ist für sie weniger *Not-Wendigkeit* vorhanden, Arbeitsplätze, Arbeitsumgebungen und normale Wohnsiedlungen mit mehr Lebensqualität zu versehen. Man stelle sich vor, wie es anders wäre, wenn die Führungsschichten von Unternehmen und maßgebenden Organisationen in der unmittelbaren Nähe ihrer Produktionsstätten oder im Geschäfts- oder Verwaltungsbereich von Innenstädten in üblichen Wohnformen wohnen müssten. Dort, wo innere Spaltungen oder die Spaltungen der äußeren Lebenswelten möglich sind, geht auch für diejenigen, welche die Macht hätten, Zusammenhänge wesentlich mitzubestimmen, die täglich erlebte Notwendigkeit, umgestaltend einzugreifen, verloren. Allerdings ist das Ende der Ausfluchtmöglichkeiten durch die zunehmenden ökologischen Schäden und die Aufmerksamkeit, die ihnen geschenkt wird, in Sicht.

Durch die zunehmende Beachtung ethischer und ökologischer Themen in den Medien entsteht Betroffenheit. Doch wird vermutlich entscheidend sein, ob die manchmal schwierigen Pfade von der privaten Betroffenheit zur Handlungsfähigkeit in beruflichen und öffentlichen Rollen gefunden werden. Private Betroffenheit muss mit Professionalität und dem Wirken in Organisationen vernetzt werden, damit aus gutem Willen Wirksamkeit werden kann. Sonst besteht die Gefahr, dass enttäuschter Idealismus in Frustration und Zynismus umschlägt und die Spaltung der Lebenswelten verstärkt.

Es ist problematisch, gute Vorsätze zu erzeugen und emotional hoch zu besetzen, wenn nicht gleichzeitig gangbare Wege gefunden werden, solche Maßstäbe in Lebenswirklichkeit umzusetzen. Es besteht sonst die Gefahr, dass Betroffenheit zeitweilig zu Kulturmode wird und dann wegen Überdruss völlig verschwindet. Beides würde der Abwehr der Problematik dienen. Kostbare Motivationen würden zu früh verpulvert, wenn eine Generation von Managern die Erfahrung macht, dass sie in Bezug auf ethische und ökologische Fragen nicht wirksam und schöpferisch befriedigend tätig sein kann. Ethische Gesichtspunkte müssen sorgfältig in Unternehmensstrategien integriert werden. Hochlodernde ethische und ökologische Feuer beleuchten die Szene, können aber auch das für längere Aufwärmung benötigtes Heizmaterial verbrennen, ohne dass für Nachschub gesorgt ist.

14.6 Beruhigung durch unkonventionelle Nischen

Bei ethisch kritischen Themen findet man neben Ausblendungen – gerade bei geistig interessierteren Menschen – eine andere Form der psychischen Abwehr. Sie äußern in privaten Zirkeln fundamentale Kritik in einer Weise, dass der Eindruck entsteht, als würden sie sich eine mentale revolutionäre Nische schaffen, die eine aufrührerische Reaktion auf ihre Betroffenheit ermöglicht. Dies klingt oft so, als würden sie sich eine zweite irreale Identität mit ökologisch-fundamentalistischen und sozial-revolutionären Zügen schaffen. Das Engagement, Alternativen auszuprobieren, wird entweder überhaupt nur in der Phantasie oder aber in vergleichsweise unbedeutenden privaten Rollen ausgelebt. Dies liefert dann die psychische Rechtfertigung, sich in der professionellen und organisatorischen Umgebung in das scheinbar Unvermeidliche zu fügen. Manche tragen so die Absicht, eines Tages »auszusteigen«, bis zur Pensionierung vor sich her.

Wie können Anliegen der persönlichen Ökologie und der professionellen Lebensqualität in Organisationen Gewicht bekommen? Neben einem Umdenken und Ändern von Lebenspraxis in vielen kleinen Schritten durch Einzelne werden hier vermutlich Marktmechanismen auf dem Arbeitsmarkt für Führungskräfte wirken. Man kann sich vorstellen, dass Unternehmen um Führungskräfte mit dem Angebot an Lebensqualität, familienorientierten Karrieremöglichkeiten und ähnlichem werben müssen, da neue Generationen von Führungskräften häufig schon durch Erbschaft und ähnliches materiell abgesättigt sind und ihre verbleibenden Bedürfnisse nach Einkommen ohnehin befriedigen können. Unternehmerische Konzepte zur persönlichen Ökologie der Führungskräfte werden vielleicht zu einem entscheidenden Wettbewerbsfaktor.

14.7 Ethik als Thema in Unternehmen

In Unternehmen werden ethische Fragen immer mehr zum Gegenstand der Diskussion. Kritische Fragen, die vor zehn Jahren nur selten und hinter vorgehaltener Hand geäußert wurden, werden jetzt Inhalte von Veranstaltungen und Fortbildungen. Allerdings besteht auch hier die Gefahr, dass sich Großunternehmen Ethik-Veranstaltungen und Spezialisten für ethische Fragestellungen wie Konzerte und interessante Künstler leisten. Ein solcher Umgang mit ethischen Fragen kann als Aushängeschild und zur inneren Gewissensberuhigung gewagt werden, weil man gemerkt hat, dass Diskussionen dieser Art zumindest kurzfristig ohne beunruhigende Folgen bleiben. Ethik ist erlaubt und interessant, solange sie nur genügend Abstand zu täglichen Entscheidungen hat. Sie darf das Bewusstsein anreichern, solange sie keine irritierenden Auswirkungen auf das professionelle Handeln und auf die Kultur der Wirtschaftsorganisationen hat. Dennoch können solche Ethik-Veranstaltungen zur Entwicklung einer neuen Mentalität beitragen. Doch bleibt im Einzelfall zu überprüfen, ob Mentalitäten Handlungsweisen beeinflussen oder ob mit geschönter Mentalität alles beim Alten bleibt.

14.8 Spezielle ethische Fragen für Stabsfunktionen und Berater

Es ist wichtig und hilfreich, wenn die besondere Beachtung von ethischen Fragestellungen über interne und externe Spezialisten an die Unternehmenskultur herangetragen wird. Jedoch ist darauf zu achten, dass auf diese Weise nicht eine Verantwortungsverschiebung vom Management weg, hin zu Spezialfunktionen und externen Beratern stattfindet. Das enorme Wachstum des Beratungsmarktes hat auch mit solchen problematischen Verantwortungsverschiebungen zu tun. Unbequeme Dinge werden intern oder extern an Spezialisten delegiert und von diesen gegen entsprechendes Entgelt zum Teil in professionell unverantwortlicher Weise übernommen. Hier entstehen eine Reihe von speziellen ethischen Fragen ihrer Profession für externe Berater und interne Stabsfunktionen. Es ist wichtig, dass Berater wissen, welche Verantwortung sie haben müssen, welche Aufgaben sie übernehmen können und welche Macht sie nicht haben dürfen, damit sie nicht mithelfen, Manager aus ihrer Verantwortung zu entlassen oder zu verdrängen. Allerdings scheint es vielen Beratern schwer zu fallen, selbst zu begreifen oder verständlich zu machen, welche ergänzenden Funktionen sie sinnvollerweise ausfüllen können, und wo sie sich aus Unkenntnis oder Taktik in Konkurrenz oder Alibi-Funktionen begeben. Spezialisten- und Beratungstätigkeiten geraten dann zu Bärendiensten, wenn sie die institutionell Verantwortlichen nicht zu einer kritischen Auseinandersetzungen mit ihren Verantwortlichkeiten herausfordern.

14.9 Vitale Interessen und erweiterte Horizonte

Bei der Frage, ob ethische Werte, wenn sie eigenen Vorteilen zu widersprechen scheinen, in unserer heutigen Gesellschaft bedeutungsvoll werden können, ist Skepsis angebracht. Stattdessen scheint es eher sinnvoll, ein neues Verständnis von vitalen Interessen zu wecken, das Konsequenzen im Sinne ethischer Werte hat. Die Frage, welches unsere vitalen Interessen sind und wie sie vernünftig verfolgt werden können, stellt sich neu. Während wir vielleicht vor 30 Jahren noch glauben konnten, dass es unserer Lebensqualität dienlich ist, pflegeleichte und haltbare Tropenhölzer bei unseren Bauten zu verwenden, erkennen wir heute, dass dies bei anhaltenden Raubbau-Methoden unserem vitalen Interesse an einem gesunden Klima widerspricht.

Durch geistige Vergegenwärtigung der Zusammenhänge werden ethisch wünschenswerte Entscheidungen zu Geboten der Vernunft. Ethische Gebote und vitale Interessen beim Wirtschaften fallen bei genügend komplexer Betrachtung häufig lange nicht so weit auseinander, wie dies oft angenommen wird. Die Erweiterung der Zusammenhänge ermöglicht es, ethisch Richtiges mit Argumenten der Vernunft und der langfristigen Ökonomie zu begründen und verbessert damit die Chance, bei wirtschaftlich denkenden Menschen Beachtung zu finden.

14.10 Persönlichkeit und das Zusammenspiel dreier Welten

Neue Verständnisse von vitalen Interessen sind relativ schwer in Organisationswelten zu integrieren. Wichtige Voraussetzungen dafür sind neben organisationsstrukturellen Maßnahmen Selbstverständnisse und Integrationsfähigkeit der handelnden Persönlichkeiten. Der Begriff *Persönlichkeit* wird hier nicht wie ein erworbener Besitzstand behandelt, sondern als eine Fähigkeit, verschiedene Lebensbereiche immer wieder verantwortlich, kompetent und seelisch lebendig zu erfahren und zu gestalten. Die gelungene Lösung für den 30-Jährigen kann zur Fehlentwicklung werden, wenn der 50-Jährige sie immer nur fortgeschrieben hat. Persönlichkeit drückt die unverwechselbare Art und Weise aus, die einem Menschen wesensgemäß ist, und sie zeigt sich in der Art und Weise, wie er seine sozialen Rollen in den verschiedenen Lebensbereichen ausfüllt. Eine integrierte Persönlichkeit hat mit der Fähigkeit zur Integration, also mehr mit Vollständigkeit und dem Zusammenfügen verschiedener Lebenswelten zu tun als mit Versuchen, in bestimmten Lebensbereichen Vollkommenheit zu erlangen. Je älter ein Mensch wird, desto bedeutsamer wird auch die integrierende Funktion für seine/ihre Persönlichkeitsentwicklung. Die tiefenpsychologische Richtung von Carl Gustav Jung (JUNG u.a. 1968) und seinen Schülern bietet hier reichhaltiges Studienmaterial.

Der Entwicklungspsychologe Erik Erikson (1966) hat darauf hingewiesen, dass Selbstfindung ab den mittleren Lebensjahren nur in dem Maße möglich ist, in dem man sich auf das Leben weiterer Generationen und Werte über die eigene Lebensspanne hinweg bezieht.

Hier soll darauf hingewiesen werden, dass es wichtig ist, die Privatwelt von der Berufs- und Organisationswelt gedanklich zu unterscheiden. Dies könnte für die obengenannten Horizonterweiterungen bezüglich vitaler Interessen in ethischer Hinsicht bedeutsam sein. Damit die Welten sich in einem Lebenszusammenhang angemessen begegnen können, ist wie bei jeder Begegnung statt unreflektierter Vermischung Trennung und ein bewusster Brückenschlag nötig. Abb. 34 (vgl. S. 237) illustriert den Gedanken, dass Persönlichkeit sich verkleinert, wenn eine einseitige Betonung nur einer Lebenswelt versucht wird. Die drei Welten, die zu integrieren sind, können wie folgt geschildert werden:

1. In der *Privatwelt* erfahren und gestalten wir menschliche Lebenszusammenhänge in unseren privaten Rollen. Sie besteht aus dem direkten persönlichen Umfeld mit Familie, Verwandten und Bekannten und reicht in den gesellschaftlichen Raum.

2. In der *Organisationswelt* existiert die eigene Funktion meist unabhängig von der Person, die sie innehat. Der Positionsinhaber tritt in das Kraftfeld der Position ein, kann aber dieses Kraftfeld auch mitgestalten. Um sich zurecht zu finden und wirksam sein zu können, muss er sich an den Systemzusammenhängen der Organisation und deren Umwelt ori-

entieren. Die Spielregeln der eigenen Position werden von vielen Faktoren mitbestimmt, auf die man weder institutionell noch persönlich unmittelbar Einfluss hat. Sie können oft aus der Logik des Systems besser verstanden werden als aus der Mentalität des Positionsinhabers.

3. Die Welt der Organisation wird überlagert von der *Welt der Professionen*, da jeder Positionsinhaber gleichzeitig Angehöriger einer Profession ist und eine bestimmte Professionalität zeigt. Professionalität meint hier das Können und das Selbstverständnis sowie die Wirklichkeits- und Wertvorstellungen, die sich aus einer bestimmten beruflichen Fachrichtung ergeben. Neben den klassischen Berufen und beruflichen Rollen (wie etwa Handwerker, Kaufmann oder Ingenieur) entwickeln sich immer mehr neuartige Fachrichtungen und Rollenverständnisse. Auch der Manager, der nicht nur einfach leitender Ingenieur oder leitender Kaufmann ist, stellt im Grunde eine neue Profession dar, deren eigenständiges Selbstverständnis erst in Entwicklung begriffen ist. Weitere Beispiele für berufliche Funktionen, die sich zu eigenständigen Professionen auswachsen, sind Logistiker, Personalmarketing-Leute oder Organisationsentwickler.

➤ 15.2 Ethisch und ökonomisch sinnvolle Mittelwege

➤ Schmid 2003f, Kap. 3.2.3 Das Drei-Welten-Modell der Persönlichkeit

➤ Schmid 2003f, Kap. 3.2.4 Balancen zwischen den Lebenswelten

14.11 Professionen als Gegengewicht zur Eigengesetzlichkeit von Organisationen

Die Frage nach dem professionellen Selbstverständnis lässt sich unabhängig von bestimmten Organisationen oder Positionen in Organisationen stellen. Man kann einmal versuchen, eine fiktive Bewerbung in ein Land, dessen Wirtschaftsorganisationen man nicht kennt, zu formulieren. Es gilt dabei zu beschreiben, aus welcher Perspektive man sich den Fragen des Wirtschaftens annähert und welche Arten von Antworten man selbst kompetent geben zu können glaubt. Hier könnte auch das Zusammenspiel mit anderen Professionen erläutert werden, die auf andere Fragen zur selben Sache andere Antworten geben, und mit denen man zusammenarbeiten muss, damit die eigene Profession die notwendige Ergänzung erfährt. Sich professioneller Kompetenz und professioneller Verantwortung bewusst zu werden, stellt ein wichtiges Gegengewicht zur Selbstdefinition und Verantwortung dar, die sich aus der Zugehörigkeit zu und aus bestimmten Positionen in Organisationen ergeben. Zur professionellen Kompetenz eines General Managers gehört die Fähigkeit zur Komplexitätssteuerung. Er muss Zusammenhänge begreifen und Komplexität sinnvoll erhöhen bzw. bewusst und spezifisch verringern.

Die eigene Professionalität kann auf niemanden verschoben werden, während sich die Fragestellungen einer bestimmten Organisationsposition oft erst aus dem System heraus verstehen und verantworten lassen. Hierbei können sich Spannungen zwischen dem Selbst- und Weltverständnis der Organisation als Ganzes und der einzelnen in ihnen wirkenden Professionen ergeben. Im Idealfall müssten die verschiedenen in einem Unternehmen wirkenden Professionen in einen effektiven und ausbalancierten Austausch darüber kommen, wie sich die Lebensphase und Spielregeln der Organisation verstehen und verantwortlich gestalten lassen.

Es entstehen oft anonyme Eigengesetzlichkeiten von Märkten und Entwicklungen, denen sich alle Professionen unterordnen. Manchmal findet sich in der Organisation keine Profession mehr, die den angeblichen Erfordernissen ein professionelles Selbstverständnis entgegenzusetzen hat. Die Wachstumsdynamik einer Organisation kann z.B. einem Manager nahe legen, sich ganz unter das Diktat des möglichen Wachsens zu stellen und Überlegungen, die sich aus seiner/ihrer Profession, aus seiner/ihrer Professionsethik und -vernunft ergeben könnten, zurückzustellen.

Eine organisationsunabhängige Professionalität kann sich oft auch innerhalb der Managerpersönlichkeit nicht mehr kritisch-konstruktiv mit der Organisationsposition und ihrem Kraftfeld auseinander setzen. Dies hat seine Ursache darin, dass professionelle Selbstverständnisse oft ausschließlich in bestimmten Organisationspositionen oder in bestimmten Unternehmenskulturen erworben wurden und von daher noch gar nicht eigenständig geworden sind. Bildungssysteme und professionelle Verbände stecken diesbezüglich noch in den Kinderschuhen.

14.12 Professionen und Positionen prägen Organisationen oft einseitig

Unternehmen sind oft auch einseitig von bestimmten Professionen geprägt. Dies ist meist darauf zurückzuführen, dass das Unternehmen aus der Weltsicht und der Leistungsfähigkeit einer Profession heraus entstanden ist und über eine Pionierphase hinweg in seiner Struktur, Organisation und Kultur gestaltet wurde. Wenn nach der Pionierzeit in der Organisationsphase die Ergänzung um die anderen, in einem Unternehmen notwendigen Professionen stattfindet, entstehen wichtige zusätzliche Fragestellungen. Diese sind aus der Profession der Gründer heraus allein nicht mehr zu verstehen und zu beantworten. Die Ingenieure in einem technisch orientierten Unternehmen müssen Gesichtspunkte der kaufmännischen Professionalität, des Personalmanagements, des Finanzmanagements und anderer Professionen immer mehr zur Geltung bringen. Die Gründungsprofessionen ringen häufig darum, die anderen Professionen als Anhängsel ihrer eigenen zu verstehen, was zu destruktiven Einseitigkeiten führen kann. Man sucht technische Lösungen für Führungsprobleme, was zu entsprechenden »Umsetzungsschwierigkeiten« beim Produktionsfaktor Mensch führt.

14.13 Vermischungen von Privat- und Berufswelt

Andere Verirrungen können zwischen den Bezügen der Privatwelt und der Organisations- oder Professionswelt auftreten. Einerseits können, wie oben beschrieben, menschliche Bedürfnisse nach Lebensqualität, Ethik und Würde in den privaten Bereich allein verlagert werden; Menschsein wird im Privaten angesiedelt. Andererseits kann eine Überbetonung privater Bedürfnisse und Beziehungsvorstellungen, die nicht-private Art von Organisationsbeziehungen und professionellen Rollen verkennen und die Kompetenzen zur Steuerung durch kompetentes Handeln unnötig erscheinen lassen. Eine menschlich faire und freundliche Gestaltung von Rollen in der Profession und der Organisation wird auf ein freundschaftliches Miteinander reduziert. Mehrbelastungen ergeben sich dann aus oft enormem informellem Absicherungsaufwand.

14.14 Professionelle Gruppierungen und Ethik

Eine Professionalität, die den Anspruch erfüllt, Organisationswelten von einem relativ unabhängigen professionellen Standpunkt aus kompetenzmäßig wie ethisch zu durchdringen, könnte als Vermittler zwischen privater Ethik und Organisationswelten auftreten. Dies wäre eine ganz eigene Aufgabe von Professionalität und von professionellen Gruppierungen. Professionelle Verbände könnten hier auch als emotionale Rückenstütze eine wesentliche Rolle spielen. Die einzelne Persönlichkeit ist dann in ihrer Organisationswelt nicht nur auf ihre privatweltliche Rechtfertigung für ethische Maximen angewiesen. In professionellen Gruppierungen könnten wichtige Quellen für professionelle Zivilcourage erschlossen werden.

15. Lifespender Value – oder: Hat die Personalarbeit den Menschen aus den Augen verloren?

Man könnte auch umgekehrt fragen: Hat die Personalarbeit den Menschen für die Herausforderungen von morgen überhaupt schon angemessen ins Auge gefasst? Also stellt sich wieder einmal die Gretchenfrage der Personalarbeit:»Wie hältst Du es mit dem Menschen?« Hat man nicht gerade heute Wichtigeres auf der Prioritätenliste? Und welcher Mensch ist überhaupt gemeint? Der, den man zwecks Kostenminderung los sein möchte, oder der, welcher – mit erhöhten Anforderungen konfrontiert – dem Unternehmen erhalten bleiben soll?

In dieser Arbeit wird die Ansicht vertreten, dass eine Neufokussierung auf ein strategie- und ressourcenbewusstes Personalmanagement ansteht. Es wird gezeigt, dass ein kompetenterer Umgang mit Menschen sowohl in Führungsbeziehungen als auch in der Personalentwicklung überfällig ist und wichtige Entwicklungschancen bietet. Die Aussage»Personalressourcen-Management und kompetente Menschenbetreuung gehören zusammen« kann als Kernthese der vorliegenden Arbeit gelten. Fraglich ist, ob die zuständigen Fachleute und Führungskräfte auf die neuen Anforderungen vorbereitet und ernsthaft motiviert sind, Strategieorientierung und Menschenorientierung wertschöpfend zu kombinieren.

Die Ausführungen konzentrieren sich in diesem Zusammenhang im Wesentlichen auf die Menschen, die als innovative Leistungsträger in Unternehmen deren Fortentwicklung sichern sollen. Für ihre Betreuung werden zunehmend neue Maßstäbe gelten. Jedoch dürfen aus gesellschaftlicher Verantwortung die anderen Menschen in dieser Diskussion nicht vergessen werden (SCHMID 1996a).

15.1 Aufbruch zu neuen Horizonten?

Wenn Personalressort-Verantwortliche über Unternehmensentwicklungen referieren, gewinnt man oft den Eindruck, dass sie über Produkte, Märkte, Controlling-Kennzahlen, Tarifabschlüsse und ähnliches zu berichten wissen und bemüht sind, sich durch kompetente Aussagen auf diesen Feldern als für das Unternehmen wichtig zu empfehlen. Weniger wichtig erscheinen Aussagen über den Umgang mit Menschen, zum Lernen in Organisationen oder zu Weiterentwicklungen z.B. in Sachen Führungs- oder Verantwortungskultur. Soweit aus der Personalperspektive gesprochen wird, hört man die Sprachen der Ökonomie, der Technik, des Marketings usw., selten jedoch eine Sprache, die den Umgang mit und die Orientierung auf Menschen in Organisationen repräsentiert. Vielerorts scheint Personalarbeit also noch kaum aus dem Schatten reiner Personalverwaltung und der ergänzenden Verteilung von Incentives herausgetreten zu sein.

Sicher wäre dies ganz anders, wenn die Fehlbewirtschaftung der Ressource Mensch, ähnlich wie beim Geld, ein unmittelbarer Konkursgrund wäre.

> Ein »*Führungs-Konkurs*« z.B. würde dann eintreten, wenn entweder die langfristige Pflege der Führungskultur nicht den persönlichen Gewinn an Lebensqualität durch Arbeit erbringen würde *(Lifespender Value)*, oder wenn das Führungssystem mangels liquider Energie, Kompetenz oder Motivation, es zu betreiben, zusammenbräche. Je mehr jedoch Unternehmen auf die Loyalität weniger Hochleistungsträger angewiesen sind, und je vielschichtiger sich Ansprüche auf Lebensqualität entwickeln, desto eher hängt Unternehmenserfolg auch von Unternehmenskultur bezogen auf den ganzen Menschen ab.

Die Frage wird erneut bedeutsam, ob die Personalarbeit diese Menschen sinnvoll im Auge hat. Oft genug wird dies noch zynisch verneint durch Bonmots (oder besser »Mal«-mots) wie: »Der Mensch steht im Zentrum – und dort ist er im Weg«. Oder: »Der Mensch ist Mittel. Punkt.«

Dem steht klassisch entgegen ein ethischer Imperativ von Immanuel Kant: »Der Mensch darf niemals nur Mittel, sondern muss immer auch Zweck sein.« Menschen zu würdigen, während sie gleichzeitig Gegenstand einer Bewirtschaftung sind, ist sicherlich keine leichte Herausforderung. Schließlich können nur bestimmte Aspekte menschlicher Ressourcen Gegenstand des Bewirtschaftens sein. Und doch ist es wichtig, den ganzen Menschen für Betrachtungen mit Tiefenschärfe einzubeziehen. Dies halten viele noch für humanistische Gesellschaftsromantik, die man sich nicht leisten kann oder will. Natürlich können Unternehmen nicht ausufernd für gesellschaftliche Fragen der Lebenskultur verantwortlich sein.

Dass jedoch andererseits der Versuch, Probleme vorrangig durch Personalabbau und Mehrbelastung der verbleibenden Mitarbeiter lösen zu wollen, eine Milchmädchenrechnung ist, deren Kosten und Belastungen auf Wechsel finanziert sind, kann denkenden Mitmenschen kaum verborgen bleiben.

15.2 Ethisch und ökonomisch sinnvolle Mittelwege

An einem sinnvollen Mittelweg muss gearbeitet werden. Voraussetzung dafür ist, dass die Polarisierung zwischen Wirtschaftsverantwortlichen und Menschenorientierten überwunden wird. Oft kann man hier ein schizophrenes Nebeneinander beobachten. Einerseits werden die Menschen technischen und wirtschaftlichen Belangen unterworfen und ihre Würde und Zugehörigkeit diesen oft kurzsichtigen »Notwendigkeiten« geopfert (SCHMID 1991d). Andererseits gibt es Corporate Identity-Bemühungen, politische Erklärungen und Seminarprogramme, in denen Betroffenen Gelegenheit geboten wird, sich als Mensch angesprochen zu fühlen. Ob beide Welten in den Steuerungsprioritäten der Management- und Führungsverantwortlichen des Unternehmens zusammenkommen, bleibt fraglich.

Lebenstüchtigkeit eines sozialen Organismus hat jedoch viel mit Integration (Gefügtheit) elementarer Lebensperspektiven zu tun. Nur dadurch entsteht Sinn und Bezogenheit nach innen und außen. Wenn das fruchtlose Nebeneinander von Effizienz und Menschenorientierung erkannt wird, bietet sich eine neue Chance, beide Perspektiven wieder in einen engeren Zusammenhang zu stellen. Hierzu ist einiges zu klären: Wie bedeutsam ist wirklich die Würdigung menschlicher Belange für die Vitalität und die Kultur eines Unternehmens? Beziehungsweise: Wie schlank, effizient, intelligent und strategieorientiert müssen Bildungs- und Personalentwicklungsprogramme sein, damit sie längerfristig zu den ökonomischen Bedingungen einer humanen Gesellschaft beitragen? Wie lassen sich gesteigerte Anforderungen mit einem menschlichen Maß verbinden? Wie kann man in der Personal- und Organisationsentwicklung die Integration von Ökonomie, Effizienz und Humanismus vorleben?

Vertreter des Humanismus müssen sich bewusst den Fragen der Ressourcenökonomie und der Strategieorientierung stellen, wenn sie gesellschaftlich bedeutsam sein wollen. Sie müssen intelligente und humane Bildungs-, PE- und OE-Produkte entwickeln, die strategie- und kulturrelevant bei schlanker Eigenorganisation positioniert werden.

Personalarbeit heißt in erster Linie Umgang mit Menschen. Und wer sind die Menschen, um die es geht? Es sind die Menschen, die ihre Lebensvollzüge und -entwicklungen in drei Welten unter einen Hut bringen müssen. Dies wird in Abb. 34 zum *Drei-Welten-Modell der Persönlichkeit* (SCHMID 1994c) zum Ausdruck gebracht.

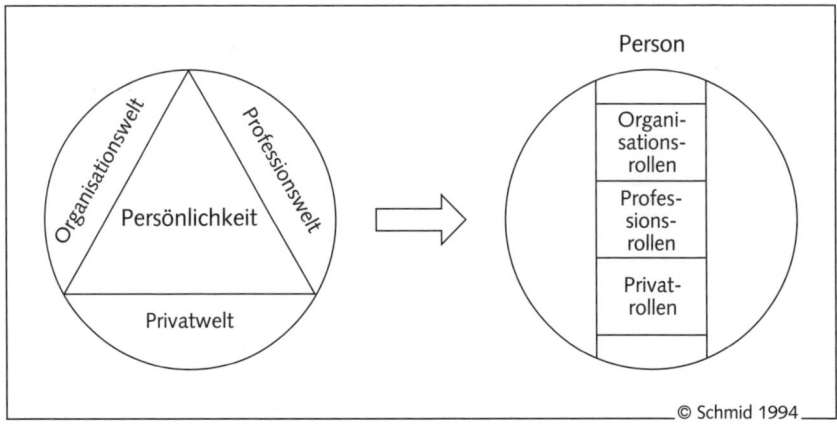

Abb. 32: Drei-Welten-Persönlichkeitsmodell

Hierbei geht es um Lebensentwürfe und integrierte Sinnstiftung in den jeweiligen Rollen in Organisationen und um erlebte Zugehörigkeit *(Organisationswelt)*. Es geht um professionelle Entwicklung und eine eigene Identität auf dem Arbeitsmarkt *(Professionswelt)*. Und es geht um die Vielfalt privater und gesellschaftlicher Rollen und Beziehungen *(Privatwelt)*.

Ob man aus der Sicht der Organisationen die Familien der Mitarbeiter zur Umwelt oder Innenwelt der Betrachtung zählt, ist zweitrangig. Entscheidend ist das Bewusstsein, dass man ihre Lebensqualität durch die Arbeitskultur des Unternehmens mit berührt. Eine Entlastung von Verantwortung durch Berufung auf die Entscheidungsfreiheit der Beteiligten kann nur bedingt gelten. Natürlich unterschreibt jeder Arbeitnehmer seinen Arbeitsvertrag freiwillig. Dies entlastet das Unternehmen dennoch nicht von der Verantwortung, Arbeit und Karrierekultur so zu gestalten, dass die Lebenskultur betroffener Familien mitbedacht wird. Die Bereitschaft junger Menschen, unter Selbst- und Familienausbeutung schnelle Aufstiegsmöglichkeiten zu realisieren, entlastet nicht von der Verantwortung, über Spätfolgen für die Berufskarriere nachzudenken und für die Sinnerfüllung der Mitarbeiter sowie für die Lebenszufriedenheit der Familien positive Voraussetzungen zu schaffen. Dass solche Anliegen klassisch eher bei Arbeitnehmervertretern angesiedelt wurden, kann nur Kurzsichtigen als Entlastung von Verantwortung willkommen sein.

15.3 Missbrauch schafft Missbrauch

Wird der sorgsame Umgang mit dem ganzen Menschen vernachlässigt, ist der Schaden an gesellschaftlicher und unternehmerischer Lebenskultur vielfältig. Denn vernachlässigte oder gar missbrauchte Menschen verlieren selbst den Blick für das menschliche Maß. Ihnen geht nicht nur eine Behandlung ab, die ihrer würdig wäre, sondern sie verlieren auch das Gefühl dafür, was richtige Behandlung ist und werden selbst zu stillschweigenden Duldern und Mittätern einer entsprechenden Kultur. Sie vernachlässigen und missbrauchen ihrerseits andere Menschen.

Ähnliches ist in den generationsübergreifenden Gewalt- und Missbrauchsbeziehungen zu beobachten. Kindesmissbrauch und Gewalt bei Tätern basiert häufig auf entsprechenden Erfahrungen als Opfer. Es wird eine Vernachlässigungs- und Missbrauchskultur gelernt, die auch von den Opfern als spätere Täter weitergegeben wird. Im ersten Schritt müssen sich die Menschen als Opfer erkennen und verstehen, welchen Preis sie bezahlen. Der zweite und entscheidende Schritt besteht darin, sich auch als TäterIn sehen zu können und die Verantwortung dafür zu übernehmen, dass anderen Besseres widerfährt.

Unternehmenskultur ist für jedes Unternehmensmitglied wichtig. Jeder ist betroffen und wirkt mit. Menschen sind von unternehmerischer Wirklichkeit maßgeblich betroffen und gestalten sie maßgeblich mit. Es wäre eine Bankrotterklärung, wenn sich alle im Unternehmen als lediglich betroffen sehen würden. Zwar mag sich dies im Einzelfall so darstellen, doch muss man grundsätzlich davon ausgehen, dass auch in Unternehmen der Mensch des Menschen Schicksal bestimmt. Statt in entfremdeter Weise von Sachzwängen zu sprechen, muss anerkannt werden, dass bei allen situativen Gegebenheiten Menschen durch ihre Entscheidungen (wie durch ihre Unterlassungen) Entwicklungen beeinflussen und zu verantworten haben.

Anzeichen für Schieflagen in persönlichen Entwicklungen und in der Unternehmenskultur werden häufig registriert und beklagt. Einige seien beispielhaft genannt:

- Macht- und Wichtigkeitsanhäufung als vorrangige Motivation mit Eigendynamik im Unternehmen. »Die Größe des Ackers ersetzt dessen Bestellung!« Auf diese Weise werden Äcker in Beschlag genommen, die man nicht bewirtschaften will und kann, aber man verhindert, dass sie von anderen bewirtschaftet werden.

- Aufblähung und Orientierungslosigkeit der Apparate. Hier kreißen die Berge in Scheinschwangerschaften oder gebären nur Mäuslein. Daher muss sicher erheblich verschlankt werden. Aufblähung und Orientierungslosigkeit spielen zusammen.

- Springen von Job zu Job, von Projekt zu Projekt. Mancher Acker verwaist gerade dann, wenn er kontinuierliche Pflege bräuchte, oder er wird zur Unzeit quergepflügt. Nicht nur die aktuelle Ernte, sondern auch das Lernen gehen verloren.

- Rückzug in Selbstoptimierung, in Nischen, in berufliche Hobbygärten oder Freizeitwelten. Es werden pseudowichtige oder stressarme Räume im Unternehmensgefüge geschaffen und nach dem Gesichtspunkt ihrer Erhaltung wird Einfluss ausgeübt.

- Chronische Hektik: Die Menschen wirken unstet, gehetzt und unter Druck. Sie spüren das Versäumnis an Sinnhaftem und beeilen sich noch mehr, um sich in der Eile noch mehr zu verlieren.

- Menschen haben einen feinen Sinn für das Gleichgewicht von Geben und Nehmen. Nimmt jemand mehr als er gibt, führt dies häufig nicht zu einer sinnvollen Mehrleistung oder zum Verzicht. Stattdessen wird die Situation seelisch umgekehrt. Das berechtigt schlechte Gewissen wird in einem inneren Umdeutungsvorgang in noch mehr Ansprüche verdreht. Manche nicht zu befriedigende Gier stellt die Rückseite des inneren Wissens dar, dass man nicht genügend hineingibt in den Topf, aus dem man herausnimmt. Vor einem Anspruch an sich selbst werden immer neue Ansprüche an die Umwelt gestellt.

- Raubbau an den eigenen Kräften und Sinnchancen sowie an den Ressourcen der Familien. Burnout-Syndrome oder zunehmende Sinnentleerung, z.B. weil sinnträchtige Stationen im Eildurchlauf verbraucht wurden, werden ebenso als individuelle Probleme betrachtet wie die Aushöhlung des Privatlebens und die Zerrüttung familiärer Beziehungen.

15.4 Ungelöste Steuerungsprobleme in der Unternehmensentwicklung belasten persönliche Entwicklungen und die Unternehmenskultur

Die Dynamik und Komplexität der unternehmerischen Prozesse hat erheblich zugenommen. Viele Unternehmen sind noch weit davon entfernt, Steuerungen zu entwickeln, die diesen neuen Anforderungen entsprechen. Die hieraus erwachsenden vielfältigen Probleme werden – so lange es geht – durch Belastungen der sogenannten weichen Faktoren, also durch Zusatzbelastung von Menschen, abgefedert. Man versucht, den Stress zu ertragen in der meist illusionären Hoffnung, dass es besser wird, wenn ... Wirkliche Besserung ist jedoch nicht ohne eine dramatische Weiterentwicklung von Menschen und Systemen möglich. In einer Rückverschränkung müssen gleichzeitig wieder Menschen qualifiziert werden, um Systeme sinnvoller zu gestalten, bzw. müssen Systeme besser gestaltet werden, um die Qualifizierung von Personen zu begünstigen.

Benötigt werden *Systemlösungen*, in denen *systemintelligente Personenqualifizierung* und *personensensible Systemqualifizierung* zusammenspielen. Doch gerade bei OE- und PE-Aufträgen glaubt man, mit bruchstückhaften Maßnahmen viel zu früh viel zu umfassende Wirkungen erwarten zu können, und man versucht sich mit Aktionen, die im technologischen Bereich sofort als Augenwischerei oder wenig sinnvolle Halbherzigkeit erkannt würden. Daher müssen sich auch die Qualifikationssysteme und ihre Auftraggeber selbst erheblich qualifizieren. Auch diejenigen, die andere qualifizieren oder dazu beauftragen, müssen fit werden, schlank, intelligent, kreativ, maßvoll, strategie- und menschenorientiert.

➤ 4.2 Erstens: Personen- versus Systemqualifikation

Bei der Einführung von Projektmanagement glaubt man z.B. oft, dass Projekte ab einer entsprechenden Vorstandsentscheidung, in jedem Fall aber nach Einsetzung der Gremien funktionieren können. Der zusätzliche Lernbedarf wird oft nicht erkannt oder nicht ernst genommen, wie z.B. die Entwicklung einer Kultur der Zusammenarbeit in den zum Projektmanagement gehörenden Rollen und Zuständigkeiten. Linienverantwortliche müssen sich zu Projekten konstruktiv stellen und die Projektmitarbeiter angemessen auswählen, begleiten, für ihre Aufgaben freistellen und mit Mitteln und Einfluss ausstatten. Sie müssen sicherstellen, dass das Projekt durch die Führungsebenen, die sie irgendwann in den Regelvollzug ihrer Unternehmenssteuerung übernehmen müssen, autorisiert und gefördert wird. OE bleibt letztlich Chefsache. Bei Innovationsvorhaben muss man mit Kulturinvestitionen in Vorleistung gehen. Diese müssen auch realistisch dimensioniert werden, damit die innovativen Systeme nach vernünftiger Zeit auch ihre Beiträge leisten können. Wie viel wirtschaftliche Kraft und professionelles Engagement hier erfolglos verbraucht und dabei auch geschädigt wird, lässt sich nur erahnen.

15.5 Auch bei Beratung ist Qualität entscheidend

Viele Verantwortliche sind unter ihrer dynamischen Oberfläche verwirrt und mutlos. Dies erklärt teilweise die zunehmende Wichtigkeit von Beratung aller Art. Allerdings muss man auch hier sorgfältig prüfen, ob Beratung vom Auftrag her oder in der Weise, wie sie durchgeführt wird, überhaupt richtig platziert ist und hilfreich sein kann. Der inflationäre und zum Teil konzeptionslose Konsum von Beratung, oft in einer Mixtur von Beratungsansätzen zur selben Sache, sind eher ein Ausdruck von Krise und Zusatzbelastung als entscheidende Hilfe zur Krisenbewältigung. Nicht die Quantität von Beratung, sondern ihre Qualität ist entscheidend. Sie ist durch das Renommee des Anbieters nicht automatisch gegeben. Manche Ansätze haben den Charakter einer Modedroge. Und das Ergebnis von Beratung kann längerfristig nur so gut sein, wie das komplementäre Wahrnehmen von Management- und Führungsverantwortung durch die Internen. Viel zu viele Wert- und Hoffnungsbegriffe im Bereich OE/PE verhindern, diesbezügliche Herausforderungen klar zu erkennen und Verhaltenskonsequenzen ernst zu nehmen. System- und Prozessbetrachtungen und Modelle von dynamischem Chaos und der Selbstorganisation lebender Systeme sind notwendig und richtig; sie tragen jedoch oft auch dazu bei, den Rückbezug auf das handelnde Subjekt aus den Augen zu verlieren.

Die Schwierigkeit besteht darin, die Verantwortungen der Subjekte in der heutigen Dynamik und Komplexität neu zu definieren. Die Erosion der Verantwortung in Systemen hat viel mit der Verwirrung persönlicher Verantwortung zu tun. Selbst aus der Sprache sind oft die handelnden Subjekte eliminiert und durch Scheinsubjekte (»Der Prozess stagniert«) oder Passivformulierungen (»Aktionen wurden unterlassen«) ersetzt. Berater brauchen hier Augenmaß, Urteilsvermögen und Unbestechlichkeit ebenso wie Engagement, Schöpfergeist, Mut zum Konfrontieren sowie Demut und Zuneigung zu den Menschen, für die sie arbeiten und deren Ressourcen sie in Anspruch nehmen.

15.6 Die Neubelebung klassischer Tugenden

Trotz der bekannten Inflation an Modebegriffen ist kaum etwas an Ideen wirklich neu. Die Dienstleistungsanbieter kommen bei der Formulierung ihrer Angebote jedoch in Druck, wenn ihnen abverlangt wird, dass Modebegriffe genannt sein müssen, um Modernität zu dokumentieren. Mit der Förderung klassischer Tugenden, an denen es oft viel mehr mangelt, ist schwer zu überzeugen. Dabei geht es vorrangig um eine Lernkultur, in der Menschen kollegial und unter Anleitung von Supervisoren immer wieder neu versuchen, eingefahrene Lösungswege und Rollenverständnisse zu verlassen und mit Neuem zu experimentieren. Sie reflektieren diese Experimente und relevantes Feedback dazu, um bessere Ansätze aus derselben experimentellen Haltung nachfolgen zu lassen. Es geht um die in Lernkultur kontrollierte schöpferische Anpassung an immer wieder neue Herausforderungen und damit um die Neufassung persönlicher Kompetenz und Verantwortung der Subjekte.

Anstatt neue Begriffe zu prägen, ist es oft hilfreich, klassische Begriffe, die bedeutungsmäßig blass geworden sind oder Fehlentwicklungen erfahren haben, neu zu konturieren und zu nutzen. Als Beispiele möchte ich im Folgenden zwei zentrale klassische Begriffe nennen.

15.7 Strategisches Management

Strategisches Management meint die Fähigkeit, Steuersysteme zu konzipieren, die zielorientiert Steuerung durch Organisationsstrukturen und -abläufe mit zugänglichen Ressourcen ermöglicht.

Wer in Weiterbildungscurricula komplexe, aber handlungsgeeignete Designs skizzieren und kollegial diskutieren lässt, erkennt, welcher Sorgfalt die Entwicklung einer entsprechenden strategischen Managementfähigkeit wirklich bedarf. Das Üben in solchen Designerqualitäten, das Vorstellen von Skizzen in der kollegialen Beratung, das Herstellen von Beratungsfestigkeit nach professionellen Kriterien im Kreise Ebenbürtiger verbessert Management und einen realistischen und konstruktiven Umgang mit der Ressource Managementfähigkeit im Unternehmen.

Manch einer erkennt, dass ihm strategisches Management nicht liegt bzw. seine Talente mangels Weiterbildung brachliegen. Einer Schulung und fortlaufenden Supervision im konkreten Alltag müsste hohe Priorität zuerkannt werden. Nur so können der Managementbedarf und die wirklich verfügbaren Managementfähigkeiten im Unternehmen zum Ausgleich gebracht und ein angemessener Entwicklungsweg beschritten werden. Manch einer, der sich sein Manko an strategischem Management mit fehlender Zeit und überwältigendem Ausmaß an operativer Steuerung erklärt, vermeidet zu merken, dass ihm auch dann, wenn er Zeit hat, strategisch nichts Sinnvolles einfällt.

Gemeint sind hier nicht nur die großen strategischen Managementaufgaben, sondern auch die vielen kleineren Aufgaben. Zum Beispiel die Management-Strategie für die Herstellung einer neuen Bildungsbroschüre im eigenen Bereich. Hier muss neu konzipiert werden, wie künftig Bildungsbedarf festgestellt werden soll, wie – bezogen auf diesen Bedarf – Programme definiert und Angebote erstellt werden können, wie innerhalb der Bildungsabteilung Ressourcen dafür generiert, Aufträge erteilt und deren angemessene Bearbeitung sichergestellt wird. Dies muss alles in eine Zeit- und Arbeitsstruktur gebracht und dann führungsmäßig zwischen Menschen umgesetzt werden. Hinzu kommt also auch strategische Führung.

15. 8 Strategische Führung

Strategische Führung meint den Umgang mit Menschen. Sie erfordert die Fähigkeit, Führungsbeziehungen so zu gestaltet, dass die Steuerprinzipien des strategischen Managements in die Selbststeuerung von Menschen umgesetzt wird.

Es geht also um eine vernetzte Verinnerlichung von strategischem Management in Menschen und menschlichen Beziehungen und deren Etablierung und Kontrolle durch Führungsbeziehungen. Führung ohne Führung geht nicht. Dennoch wird gerade dieses häufig versucht. Wie oft geschieht es: Grundsteinlegung, viel weiter ist nicht geplant. Der/Die GrundsteinlegerIn kommt Monate später wieder und findet wenig oder Irritierendes vor. Schuldzuschreibungen treffen dann oft alle möglichen Leute, nur nicht die Verantwortlichen top-down. Eigentlich scheint es banal zu sein, dass strategisches Management sich nicht auf Grundsatzentscheidungen ohne zureichende Architektur für Verwirklichung und auf unreifes Wegdelegieren dieser Gestaltungsaufgabe beschränken kann. Ebenso wenig kann sich Führung in Personalentscheidungen und Warten, »was daraus wird«, erschöpfen. Gerade dies wird in den oberen Etagen jedoch gelegentlich sogar zum Credo erhoben. Führung und Führungskultur sind jedoch für die Steuerung von Komplexität in Unternehmen elementar und nicht bloß erfreuliche oder unerfreuliche Einfärbung effizienten Handelns.

Führung kann durch Druck nicht ersetzt werden. Auch das Gegenteil dieser These erheben manche zum Credo und hoffen, mit Druck aus Kohle Diamanten machen zu können. Eine zwar übersichtliche, aber recht einfältige Strategie. Richtig ist allerdings, dass schlecht geführten Menschen in einem gewissen Maß Leistung durch Druck abgepresst werden kann. Die negativen Folgen solcher Beeinflussungen zeigen sich oft gerade in Krisenzeiten, in denen man auf gut gewachsene Führungskultur bauen können müsste.

Führung kann durch Training und Beratung nicht ersetzt werden. Ob sich Menschen in Organisationen gewürdigt fühlen, hängt wesentlich vom Erleben der Führungsbeziehungen ab. Trainingsprogramme, Teamentwicklung und Bereichsberatung können tägliche Führung nicht ersetzen. Berater geraten hier immer wieder in Schwierigkeiten, wenn Beratungssituationen unter den Vorzeichen stattfinden, dass OE-/PE-Anliegen ohne angemessenes Engagement der Management- und Führungsverantwortlichen vorangebracht werden sollen.

Ohne weiteres einsichtig und doch sträflich vernachlässigt wird, dass Führungskultur genauso wenig wie Unternehmenskultur durch Proklamationen und Imagebroschüren hergestellt werden kann, sondern sich vorrangig im Verhalten der Schlüsselfiguren, der vorrangigen Kulturträger im Unternehmen ausdrücken muss. Hier geht es so wie in der Kindererziehung: Kinder lernen nur vielleicht das Wohlverhalten, das man ihnen nahe zu bringen versucht. Sie lernen aber auf jeden Fall das dabei gezeigte Benehmen der Erzieher. Und ebenfalls wie in der Kindererziehung: *Strategisches Management wie strategische Führung brauchen Aufmerksamkeit und Zeit.*

Menschen sind zur Verinnerlichung von Steuerungsprinzipien auf verfügbare Mitmenschen angewiesen. Führung bewährt sich an konkreten Beispielen und an Menschen. Wenn sie sich dort bewährt, fördert sie Management- und Führungskultur. Wenn man die Schlüsselkompetenzen Management und Führung ernst nimmt und auf die Komplexität heutiger Steuerungsprobleme ausrichtet, ist ganz schlüssig, dass sie Gegenstand einer ernsthaften Professionalisierung und einer Kulturstrategie sein müssen.

Der Aufbau von Führungskultur erfordert eine Kulturinvestition, die sich erst danach – und dies längerfristig – in Zeitersparnis bei Effizienz auszahlt. Hierzu sind Weitsicht und eine ernsthafte Vergegenwärtigung der mittelfristigen Zusammenhänge nötig.

15.9 Das Produkt der Personalarbeit ist eine effiziente und lebenswerte Arbeitswelt

Unternehmensentwicklungen brauchen also neben Strategien auch Identität. Sie müssen wissen, was sie wollen, wie sie es wollen und wer sie dabei sein wollen. Daher geht Unternehmensentwicklung nicht ohne *strategie- und identitätsorientierte Unternehmenskultur-Entwicklung*. Und Kultur meint immer auch anspruchsvolle Versionen der Lebens- und Arbeitsweisen von Menschen.

Beim Ausgleich von ökonomischen und kulturellen Gesichtspunkten sind Balancestrategien vonnöten. Einmal geht es um die Sicherung des Überlebens und die Kräftigung des Gesamtorganismus in wirtschaftlichen und technischen Dimensionen. Zum anderen aber geht es um Lebensqualität, Sinnerfüllung und Würde der arbeitenden Menschen. Beides ist ohne einander auf Dauer nicht erfolgreich oder sinnlos. Viele Erfolgs- und Zufriedenheitsfaktoren lassen sich bei weitsichtigem und tieferem Einblick nicht auf Zahlen oder Einzelstrategien reduzieren, sondern nur mit dem Begriff *Pflege von Unternehmenskultur* zusammenfassen.

15.10 Personalarbeit – Unternehmenskultur-Strategen am Werk?

Entsprechend der oben vorgetragenen Argumentation sind im Alltag verantwortliche Kulturträger in Management- und Führungsfunktionen entscheidend. Da noch ein weiter Weg bis zur Etablierung entsprechender Kulturen zu gehen ist, erhebt sich die Frage, wer im Unternehmen hier innovative und pflegerische Verantwortung tragen soll. Wer sollte das sein, wenn nicht die Bildungs-, Personal- und Organisationsfachleute, die in der Regel neben der Personalverwaltung im Personalressort angesiedelt sind?

Sollten nicht die Funktionen, die für Unternehmenskulturentwicklung bezogen auf Menschen entscheidend sind, im Personalressort liegen? Dies gilt auch in Zeiten der Integration von Personalbetreuungsaufgaben in die Linie. Obstbäume müssen in den Plantagen gepflegt werden. Richtig! Das macht Baumschulen jedoch nicht überflüssig, sondern schafft Spielraum für kreative Fachkompetenz. Es geht nicht nur um Verschlankung und Dezentralisierung, sondern auch um eine Neuordnung von Zuständigkeiten und Selbstverständnissen im Unternehmen. Auch hier kommt dem Personalressort aktive Kulturverantwortung zu. Fraglich bleibt, ob und in welchem Maß die Verantwortlichen in den Personalbereichen der Unternehmen von einem solchen Selbstverständnis geleitet sind. Sind hier die

Schlüsselfiguren willens und in der Lage, Promotoren und Träger von Unternehmenskulturentwicklung zu sein? Sind die Weichen dafür gestellt, durch entsprechende Unternehmenskulturentwicklung im eigenen Personalbereich Modellhaftes zu entwickeln und Glaubwürdigkeit zu erzeugen? Wenn nicht, ist dies gewollt? Und wer soll dann damit beginnen?

15.11 Schlüsselfiguren im Personalressort – Ressourcenmanager oder/und Fachleute für Menschen in Organisationen?!

In bisher nicht gekanntem Maße stehen die Personalbereiche einer doppelten Herausforderung gegenüber. Einerseits müssen sie aus der fachlichen und wirtschaftlichen Perspektive sparsamer mit Ressourcen umgehen und den eingesetzten Ressourcen zu Wirksamkeit in neuen Dimensionen verhelfen. Dies allein ist schon schwierig genug, aber nur eine Seite der zu gewinnenden Medaille. Auf der anderen Seite steht eine neue Einbeziehung der Menschen. Hierfür müssen neue fachliche Kompetenzprofile und Professionsverständnisse entwickelt werden, nicht nur aus ethischen Gründen, auch allein aus wirtschaftlichen Gründen. Zumindest werden zu hochkomplexen Arbeiten befähigte Menschen aus Unternehmersicht eine genauso kostbare Ressource sein und genauso Gegenstand wirtschaftlicher und strategischer Sorgfalt werden wie Technologien, Produkte und Märkte. Die kostbare Ressource Mensch bedarf ebenso wie kostbare Maschinen und Steuersysteme eines Fach-Know-hows der für sie Zuständigen. Hier müssen im Bereich Humanressourcen bisher unkultivierte Professionsfelder urbar gemacht werden.

Gibt es dafür geeignete Landkarten? Wird der Erfolg der Personalverantwortlichen daran gemessen? Ist ihre Professionalität daran ausgerichtet? Stehen die dafür notwendigen Qualifizierungen zur Verfügung oder sind sie zumindest gewollt? Sehen Personalfachleute in einer solchen Entwicklung Chancen für einen Zuwachs an eigener Würde und Lebenszufriedenheit?

Personalpolitik kann sich auch wirtschaftlich auf Dauer nur bewähren, wenn sie *kluges Ressourcenmanagement* und *Kulturpflege* gleichzeitig betreibt. Ohne ökonomische Vernunft kann Menschlichkeit in der Unternehmenskultur nicht bewahrt oder entwickelt werden. Aufgrund von ökonomischer Misswirtschaft entstehen sogenannte Sachzwänge, die unmenschliche Folgen zuhauf aufweisen. Menschlichkeit ist im Bereich der Wirtschaft daher selbstverständlich auch eine Frage der klugen Ökonomie. Andererseits: Ein Ressourcenmanagement im Personalbereich ohne Kulturvorstellungen, ohne Sensibilität für Lebensqualität und Würde des Menschen verliert seine Wirksamkeit und seine Legitimation als eigenständiges Ressort.

16. Dilemmata, Ökonomie und Ökologie im Umfeld unserer Profession

Wir sind ein Teil der Evolution. Daher sind wir einem ihrer Gesetze unterworfen: Eine Spezies, die nicht lernt, stirbt aus. Mehr denn je hat Lernen etwas damit zu tun, komplexe Zusammenhänge als Orientierung in Bewertungs- und Entscheidungsprozesse einzubeziehen. Solche Zusammenhänge sind oft nicht unmittelbar zu erkennen und sie motivieren nicht durch unmittelbar spürbare Konsequenzen. Hier tun Einsicht und Verstehen, Lernen und Bildung Not. Inmitten dieser Komplexität müssen wir unsere Vorstellungen bilden und Pfade professionellen und privaten Handelns suchen. Es scheint, als habe die Komplexität explosiv zugenommen, und sie verursacht Stress. Auch mitten im Wohlstand wirken viele Menschen gehetzt und freudlos.

Aus verschiedenen Perspektiven heraus stellen sich die zu lösenden Fragen als Dilemmata dar. Einerseits hört und liest man, dass wir Westeuropäer – und besonders auch die Deutschen – die zweite industrielle Revolution, den Aufbruch ins Informationszeitalter verschlafen. Wirtschaftlicher und sozialer Abstieg stünde uns daher bevor. Andererseits macht mich der Gedanke an eine wilde Aufholjagd in Richtung technologischem Fortschritt auch nicht unbedingt froh. Welche Bevölkerungsschichten können sich denn an dieser Jagd mit welcher Lebensqualität beteiligen? Und wenn sie gelingt, laufen wir da nicht in eine *Effektivitätsfalle*? Eine solche Effektivitätsfalle wurde mir kürzlich von einem Bauern der Schwäbischen Alb vor Augen geführt. Obwohl er in den letzten zwei Jahrzehnten, genauso wie viele seiner Kollegen, enorm rationalisiert und die Effektivität gesteigert hat, wird der Stress größer und die wirtschaftliche Bedrängnis auch. Was für jeden einzelnen konkurrenzbereiten Bauern unbedingt notwendig erscheint und von daher Sinn macht, ergibt doch für alle zusammen Unsinn. Die gesteigerten Produktmengen müssen zu immer geringeren Preisen abgegeben werden. Der ruinöse Kreislauf verschärft sich. Eine Pflege der Landschaft, die Erhaltung regionaler und durch die Betroffenen steuerbarer Wirtschaftskreisläufe erscheint immer schwerer.

Im industriellen Bereich scheint Ähnliches zu geschehen. Überall werden Menschen als ein Hauptmittel der Kosteneinsparung entlassen. Doch was für das einzelne Unternehmen unter Kostengesichtspunkten notwendig scheint, zeichnet sich schon jetzt unter volkswirtschaftlichen wie unter politischen und gesellschaftlichen Gesichtspunkten als Milchmädchenrechnung ab. Ganz zu schweigen von den Folgen für die Lebensqualität und die Würde der betroffenen Menschen.

Einerseits können bestimmte Probleme nur noch global gelöst werden, andererseits gibt es in diesem Sinne wohl auch eine *Globalitätsfalle*. Regionale oder nationale Vernunft, etwa im Bereich der Ökologie oder im Bereich der Erhaltung von Arbeitsplätzen, kann bei Marktgesetzen alleine offenbar nicht walten. Die Koordination der Umsicht und der Vernunft scheint angesichts der Konkurrenz zu schwierig zu sein. Zumindest gibt es gegenwärtig keine tragenden Ideen auf den globalen Märkten, aufgrund deren Steuerung geleistet werden könnte. So fällt es schwer, Arbeitsplätze, die in Konkurrenz mit anderen Ländern unrentabel scheinen, zu erhalten, obwohl die nationale oder regionale Vernunft dies gebieten müsste. So fällt es schwer, eine landschaftspflegende Landwirtschaft zu erhalten oder auszubauen, weil sie gemessen an industrieller Importkonkurrenz unrentabel ist.

Wohin es führt, wenn auf zentrale Steuerbarkeit und große Dimensionen ausgerichtete wirtschaftliche Organisationen zusammenbrechen, können wir im Osten, insbesondere in Russland, beobachten. Die Folgeschäden an der Fähigkeit, sich zu regenerieren, sind größer als erwartet.

Ich fürchte, dass wir beim Umgang mit dem Osten und dem Süden im Grunde noch immer nur *kolonialistischen Wirtschaftskonzepten* folgen. Ich kann keine neuen Konzepte erkennen, nach denen in West und Ost, in Nord und Süd erfolgreich und in Verantwortung gegenüber den nicht-erneuerbaren Ressourcen und Lebensgrundlagen gewirtschaftet werden könnte. Es ist sehr fraglich, ob man das Gelingen einer Kopie des Westsystems, wenn wir denn wüssten wie, überhaupt wünschen sollten.

In der ZEIT vom 11. Juni 1993 las ich unter dem Stichwort *»Armutsfalle«* die Aussage, dass selbst bei hohem Wirtschaftswachstum eine Rückkehr zur Vollbeschäftigung nicht möglich sei. Wenig tröstlich, fast erschreckend ist der Hinweis, dass die Suche nach Rezepten immerhin begonnen habe.

Ich gehöre eigentlich nicht zu den Menschen, die gerne schwarz malen, aber ich würde auch nicht gerne dazu beitragen, dass wir High-Consult-Saloons auf dem 1. Klasse-Deck der Titanic ausbauen, ohne uns über die globalen Zusammenhänge Gedanken zu machen.

Ohne Zweifel – und zum Glück – leben wir in Ländern des wirtschaftlichen Wohlstands, was Geld, die Verfügung über Ressourcen und die Möglichkeit zum Konsum betrifft. Gleichzeitig sehen manche Autoren die *Bundesrepublik als Entwicklungsland*, was die Lebensqualität bei der Arbeit und die Gestaltungsfreiheit bezüglich Arbeit und sonstiger Lebenswelt vieler Menschen betrifft. Den einen werden Arbeitsplätze wegrationalisiert, die anderen schuften sich auf den verbleibenden Arbeitsplätzen ab. Die einen versuchen, Hausbau und Kleinkinderzeit und überhitztes Job-Hopping unter einen Hut zu bekommen, die anderen sehen sich verfrüht beim alten Eisen. Bei uns gibt es alles; doch versuchen Sie einmal, gesunde Kinderschuhe zu vernünftigen Preisen zu kaufen. Es gibt Menschen, die sagen, dass wir mit sinnlosem Konsum und anderen Scheinbefriedigungen abgespeist werden, während wir die Chance, Freiheit in der Wahl der Lebensgestaltung zu erwerben, verspielen. Als Sinnbild hierfür dient die auch in Slums reichlich vorhandene Unterhaltungselektronik. Dabei könnte Wohlstand doch meinen: ein Stand, in dem uns und unseren Familien wohl ist und der zum Wohl anderer beiträgt, in dem Arbeit kompetent, maßvoll und familienfreundlich gestaltet werden kann.

Dieser Art von Wohlstand näher zu kommen, ist sicher nur möglich, wenn wir den *Ressourcenverbrauch vermindern* – einerseits durch Verzicht auf Unnötiges, andererseits durch verbesserte Professionalität und Ökonomie bei Beachtung von Lebensqualität.

Es gab Ökonomen, die im erfolgreichen Herstellen und Vertreiben von Produkten allein keine Rechtfertigung für unternehmerische Tätigkeit sahen. Sie sahen die Produkte der Unternehmen als die Menge der darin verbrauchten Ressourcen. Dieser Verbrauch muss sich im Angesicht der durch die Produkte hervorgebrachten Lebensqualität rechtfertigen. Der Verbrauch von Ressourcen vielfältiger Art hat noch längst nicht Eingang in unsere Kostenrechnungen gefunden, auch nicht in unsere persönlichen. Dabei denke ich nicht nur an Frischwasser und Erdöl, sondern auch an seelische Kraft von Vätern und Müttern oder von Lebenspartnern, die dem Leben der Familie und der sonstigen Gesellschaft nicht zur Verfügung steht, weil sie im Unternehmen im Höchstmaß verbraucht wird. Ein hier gegenwirkendes ethisches Prinzip sollte in die Leitsätze jeder Führungskultur aufgenommen werden. *Jeder verpflichtet sich, mit der eigenen Kraft und der der anderen verantwortlich umzugehen.* Dies würde sich z.B. darin zeigen, dass das Engagement jüngerer Mitarbeiter in spontan ausgerufenen, aber nicht kompetent angelegten Projekten nicht gedankenlos verbraucht und die Fähigkeit zur Begeisterung missbraucht würde.

Angesichts unserer krisenhaften Großwetterlage müssten wir *Fachleute im Bereich Humanressourcen* uns schon fragen, ob die Wachstumserscheinungen auf unserem Markt nicht eher ein Krisensymptom als einen sinnvollen Lösungsansatz darstellen. Vielleicht muss grundlegender in Frage gestellt werden, ob und wie wir zu Lösungen überhaupt beitragen können. Was reicht wirklich über unsere Chancen als Krisengewinnler hinaus? Die Frage bleibt uns auch dann nicht erspart, wenn wir jetzt auch unsere eigenen Märkte als krisenhaft erleben. Große Institute melden 40 Prozent Umsatzeinbußen und mehr!

Diese Entwicklungen haben auch ihre Chancen. Einerseits gibt es schmerzhafte Streichungen von Maßnahmen im Bereich Humanressourcen. Doch steht auch viel Fragwürdiges an Ausgaben zur Diskussion. Für unsere Profession bietet es die Notwendigkeit und einen sinnvollen Anreiz, unsere *Professionalität* insgesamt zu erhöhen, insbesondere aber organisationsspezifischer zu werden und zur Unternehmensentwicklung konstruktiv und kritisch beizutragen. Es werden Fragen neu zu stellen sein:

- an unsere Professionalität,
- an die Ethik unserer Profession,
- an die Ökonomie unserer Profession,
- an die Qualität unserer Produkte,
- an die Lebensqualität von uns Produzenten
- und von denen, die unser Leben teilen.

Ich persönlich bin eher skeptisch, ob und in welcher Weise unsere Profession eine Wachstumsbranche bleiben kann, und ob dies überhaupt wünschenswert wäre. Für Stabsfunktionen in diesem Bereich scheint mir die homöopathische Dosierung bester Qualität viel eher angesagt zu sein als die allopathische, also als Gegenmittel wirkende Verabreichungen in großen Mengen. Ohne Zweifel müssen wir ökonomischer arbeiten. Ich habe noch im wirtschaftswissenschaftlichen Studium gelernt, dass Ökonomie die optimale Kombination von Ressourcen meint. Dadurch kann Leistung bei minimalem Ressourcenverbrauch erbracht werden.

Im Sinne eines *ökologischen Ansatzes* müssen wir die Wirkungen unserer Produkte, ihre *Nebenwirkungen* bis hin zu ihrer eventuell *notwendigen Entsorgung* verantworten. Ähnlich wie bei der Produktion von Verpackungen, die später als Plastikmüll zum Problem werden, müssen wir uns z.B. über die Folgewirkungen der durch uns propagierten Vorstellungen Gedanken machen. Die geistigen Produkte können durchaus, nachdem sie ihren Zweck in einem bestimmten Auftrag erfüllt haben, als geistiger Müll schwer zu entsorgen sein. Von daher müsste auf manches ideologische Produkt eigentlich eine Strafsteuer für die Belastung der geistigen Umwelt erhoben werden. Ganz ähnlich wie bei Müll findet auch dann noch ein Export von professionellen Produkten oder Produktionsweisen statt, wenn wir selbst im eigenen Kreislauf längst erkannt haben, dass die Wirkungen und Nebenwirkungen eigentlich nur ihre konsequente Vermeidung zur Folge haben müssten.

Wenn man hört, dass hier bei uns FCKW-freie Produktionsverfahren imagemäßig als superumweltfreundlich vermarktet werden, die ausrangierten FCKW-produzierenden Industrieanlagen aber gleichzeitig in Entwicklungsländer zur dortigen Weiterproduktion exportiert werden, muss man sich schon an den Kopf greifen. Allerdings könnte bei dieser Geste die Frage aufkommen, ob wir Berater dies mit den eigenen Produkten und Produktionsweisen nicht gelegentlich auch tun. Manche Werbung und Darstellung auf Kongressen in unserem Fachbereich erweckt bei mir diesen Eindruck.

In unserem Berufsstand ist noch viel zu tun. Für die wenigsten Fragestellungen können wir umfassende Lösungen vortragen. Doch können wir – auch ohne Antworten zu haben – *einer* Verantwortung gerecht werden, nämlich der, nach bestem eigenen Urteil nicht zum Erhalt oder zum Neuaufbau von Illusionen beizutragen.

17. Möglichkeiten der Dynamisierung von Wandel in Organisationen*

17.1 Die Bedeutung von Theorien der Selbstorganisation

Zur Beschreibung von Veränderungen in Organisationen werden in neuster Zeit zunehmend Theorien der Selbstorganisation herangezogen (KRUSE 1997). Phänomene werden dabei als eingebunden in komplexe, rückgekoppelte Netzwerke, d.h. als nicht-lineare, dynamische Systeme verstanden. Veränderungen werden beschrieben als Übergänge von einem Strukturzustand in einen anderen (sog. Phasenübergänge), die stets durch einen instabilen (chaotischen) Übergang gekennzeichnet sind.

Eine umfassende Theorie zur Beschreibung von Bedingungen und Dynamiken solcher Übergänge von einer Ordnung in eine andere ist die *Synergetik* oder die Lehre vom Zusammenwirken von HAKEN (1981). Entwickelt für die Beschreibung von Vorgängen in der Natur, wird die Konzeption zunehmend auch auf die Analyse in human- und sozialwissenschaftlichen Bereichen angewendet (vgl. KRIZ 1997).

Nach diesem Modell führt die kontinuierliche Änderung von (keineswegs beliebigen) Randbedingungen in diskontinuierlichen Sprüngen zu einer neuen Struktur. Das System kippt an einem kritischen Punkt spontan aus einem ungeordneten Zustand in einen geordneten oder von einem geordneten in einen anderen geordneten Zustand. Dass dieser Übergang ohne ordnende Kraft, die auf das System einwirkt, vonstatten geht, erscheint intuitiv nicht plausibel. Anhand einer Vielzahl von Beispielen aus den Bereichen der Physik, Chemie und Biologie lässt sich aber zeigen, dass spontane Ordnungsbildung in komplexen Systemen entstehen kann, ohne dass eine ordnende Kraft von außen identifiziert werden kann (KRIZ 1997).

Jedes Teilelement trägt dabei zirkulär-kausal einerseits zur Gesamtdynamik des Systems bei, wird aber andererseits durch diese in seiner Dynamik bestimmt (sog. Slaving-Prinzip). Das heißt, dass beispielsweise Organisationskultur durch die beteiligten Menschen erzeugt wird, diese aber gleichzeitig von der Organisationskultur beeinflusst oder bestimmt sind.

---

* In Zusammenarbeit mit Joachim Hipp

Wesentlich ist auch die *Nichtlinearität* des Zusammenhangs zwischen der Veränderung der Umgebungsbedingungen und der des Systems. Je nach Systemzustand (d.h. der bisherigen Geschichte des Systems) können große Umgebungsveränderungen ggf. überhaupt nichts bewirken, während andererseits minimale Einflüsse große Veränderungen auslösen können. Das heißt, die klassische Regel, dass große Wirkungen auf große Ursachen zurückgehen, gilt in dynamisch-komplexen Systemen nicht.

Die Synergetik legt eine kritische Instabilität des Systems als Voraussetzung für eine Neuordnung nahe. Das heißt, die bisherige Ordnung muss hinreichend »verstörbar« sein (sich desintegrieren lassen), um neuen Formen der Ordnung Platz zu machen. Bevor beispielsweise meine Art Tennis zu spielen einen Sprung auf eine neue qualitativ höhere Ebene machen kann, destabilisiert sich meine bisherige Art zu spielen. In der Phase kurz vor dem Übergang ist mein Tennisspiel also deutlich schlechter als mit der bis dahin funktionalen alten Form. Die Elemente sind desintegriert, nichts passt mehr zusammen. Sprunghaft integrieren sich die Elemente dann auf neuem Niveau.

Zur Beschreibung von Phasenübergängen in komplexen Systemen verwendet HAKEN (1991) die Metapher einer Kugel, die sich in der Landschaft mehr oder weniger ausgeprägter Täler und Hügel bewegt. Befindet sich die Kugel in einem Tal, beschreibt dies einen stabilen Ordnungszustand. Die Wirkungen einer Ablenkung der Kugel aus der Gleichgewichtslage führen zu keiner Änderung der Ordnungslage (Abb. 33). Der spontane Übergang von einem Tal zu einem anderen ist gebunden an eine Verflachung des Tals. Die Kugel braucht dann länger, um sich wieder auf dem

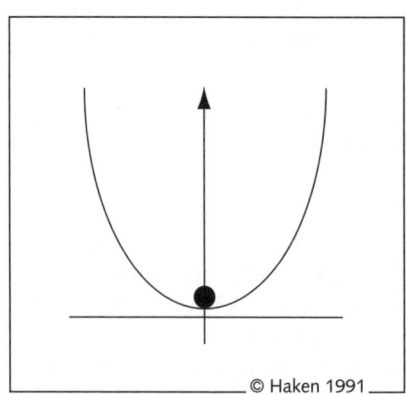
Abb. 33: stabiles Gleichgewicht

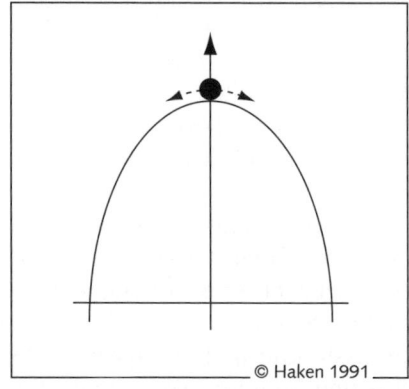
Abb. 34: instabiles Gleichgewicht

tiefsten Punkt zu stabilisieren (Abb. 35). Bei maximaler Instabilität, d.h. auf der Höhe zwischen zwei Tälern, reichen kleinste Bewegungen aus, um entscheidende Veränderungen zu bewirken. Das Verhalten der Kugel wird daher unbestimmbar. Welcher neue stabile Zustand (Attraktor) erreicht wird, hängt von prinzipiell nicht eindeutig bestimmbaren Kräften ab (Abb. 34).

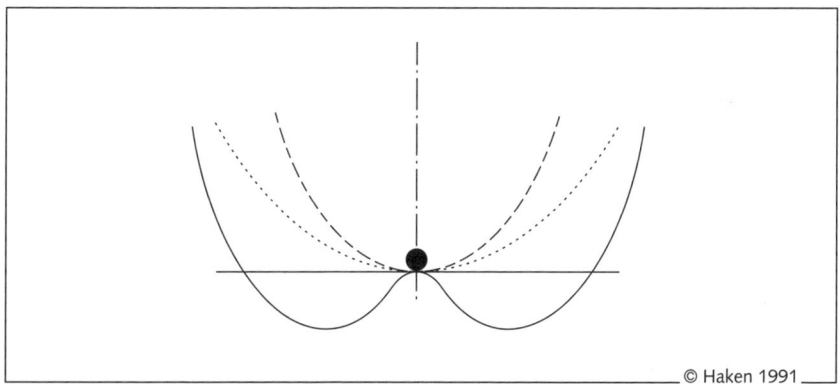

© Haken 1991

Abb. 35: Ordnungsübergänge durch Veränderung der Potenziallandschaften

Ein weiterer Aspekt des Modells ist, dass dem System keine beliebigen Strukturen aufgezwungen werden können. Vielmehr ist es nur möglich, das System zur Bildung ihm inhärenter Ordnungen zu veranlassen. Da das System grundsätzlich eine Phase der (chaotischen) Instabilität durchläuft, hat es in der Regel mehrere »Wahl«-Möglichkeiten, welche inhärente Lösungsmöglichkeit (= stabile Struktur) es aufsucht. Diese sind zwar nicht deterministisch vorhersagbar, bei guter Systemkenntnis ist aber die Unterstützung einer inhärenten Struktur möglich. Diese Grundprinzipien machen deutlich, dass die Synergetik als Selbstorganisationstheorie für lernende Organisationen recht adäquat ist.

Als weitere bedeutsame Selbstorganisationstheorie zur Beschreibung von Wandel in Organisationen kann die für die Psychotherapie entwickelte »personenzentrierte Systemtheorie« von KRIZ (1994) beschrieben werden. Das zentrale Anliegen dieses Modells ist die Einsicht, dass jede Interaktionsstruktur in ihrer Dynamik stets das Nadelöhr individueller Verstehens- und Sinnprozesse durchlaufen muss. Kommunikationen schließen nicht wie bei LUHMANN (1984) an Kommunikationen an, sondern dazwischen steht immer ein Mensch, der die erste Kommunikation mit Verstehen und Sinn füllen muss, bevor er dann als Äußerung die zweite beobachtbare Kommunikation erzeugt. Das heißt, für die Selbstorganisation von Interaktionsmustern einer Organisation sind die kognitiv-emotionalen Sinnstrukturen jedes Beteiligten wesentlich – und umgekehrt. Beide Selbstorganisationsprozesse sind miteinander verbunden. Die personenzentrierte Systemtheorie legt aus diesen Gründen besonderes Augenmerk auf die Entstehung von Sinnattraktoren, d.h. die Entstehung und Veränderung von Sinnstrukturen in Koevolution mit Interaktionen. Interaktionsmuster hängen stark von solchen Sinnattraktoren ab und umgekehrt.

17.2 Konsequenzen für die Konzeption von Wandel in Organisationen

Welche Folgerungen lassen sich aus diesen Modellen für die Veränderung von Organisationen ableiten?

Zunächst wird deutlich, dass neue Strukturen besonders leicht dort entstehen, wo viele Freiheitsgrade (Chaos) und eine gewisse Instabilität temporär ermöglicht bzw. gefördert werden. Organisationen mit stabilen Strukturen erreichen wesentliche Veränderungen demnach nur durch eine Erhöhung der Instabilität. Kritische Instabilitäten und damit die Suche nach neuen Ordnungen werden etwa durch Veränderungen der Marktlage, Umstrukturierungen oder personelle Entscheidungen provoziert. Diese Faktoren, die geeignet sind, kritische Instabilitäten zu erzeugen, wollen wir im Folgenden *Treibsätze* für Veränderung nennen.

Schulung und Bildung können für Veränderungsprozesse nach diesem Modell eine wichtige Rolle spielen, indem sie die Selbstorganisationsprozesse, die durch Treibsätze ausgelöst werden, begleiten und auf einen guten Weg bringen. Sie reichen aber in stabilen Systemen nicht aus, wesentliche Strukturveränderungen anzustoßen. Das heißt, was verändert wird und dass verändert wird, hängt von den Treibsätzen ab. Die dadurch ausgelösten Wandlungsprozesse sind aber relativ unspezifisch in ihrer Richtung. Schulung und Bildung können hier die ballistische Bahn der Treibsätze beeinflussen und in gute Richtungen lenken.

Beispiel: Der Leiter einer Weiterbildungsabteilung beginnt einen Coachingprozess, weil er unzufrieden ist mit den Entwicklungsmöglichkeiten in seinem Unternehmen. Er hat seine kleine Abteilung bisher kollegial geführt und war vornehmlich als Berater im Unternehmen unterwegs. Jetzt wird er zunehmend unzufrieden mit beraterischen Einflussfaktoren und möchte mehr Macht und Verantwortung. *Im Coaching werden verschiedene Szenarien der Entwicklung und damit einhergehende Veränderungen des Selbstverständnisses erarbeitet. Ein konkreter Entwicklungsschub ergibt sich aber erst, als er zwei neue aufstrebende Mitarbeiter bekommt und bemerkt, dass die alte Rolle des kollegialen Beraters nicht länger zu halten ist. Die jungen Mitarbeiter sind in Sachen Beratung engagiert und »erschreckend« kompetent und konkurrieren mit ihm auf dem internen Markt. Zudem fordern sie ihn in seiner Führungsverantwortung, so dass er nach und nach Leitungsfunktion in der Abteilung übernimmt und altersgemäße Formen der Beratung entwickelt.*

Bezogen auf die Selbstorganisationsprozesse von Menschen lässt sich sagen, dass Treibsätze dazu beitragen, Wirklichkeitsgewohnheiten zu verstören. Sie merken, etwas ist anders geworden und sie müssen ihre Welt neu konstruieren. Schulung und Bildung können Menschen darin unterstützen, Orientierung und Sinn in der neuen Wirklichkeit zu finden und damit dazu beitragen, dass die neue Ordnung sich durch den Beitrag der Menschen stabilisiert.

Dabei gilt es nach dem Modell der personenzentrierten Systemtheorie besonders, die Sinn- und Verstehensprozesse der beteiligten Menschen zu berücksichtigen. Neben der Entwicklung einer gemeinsamen Vision und Organisationsidentität können dabei besonders die Lebensmythologien oder Sinnerzählungen der beteiligten Menschen wichtige Sinnattraktoren sein. Die Klärung und Läuterung von persönlichen Mythologien kann zum einen Beitrag zur Verstörung eines dysfunktionalen Zusammenspiels auf der Interaktionsebene sein. Zum anderen ist deren Berücksichtigung wichtig, um vorzubereiten, dass neue Ordnungen entstehen können, die vielschichtig sind und möglichst vielen beteiligten Menschen Sinn machen (vgl. den Begriff des »Lifespender Value« in Kap. 15). Von optimalen neuen Ordnungen kann demnach dann gesprochen werden, wenn für die Organisation wie für die Menschen Sinnentwicklung entsteht. Wenn sie nur für die Organisation *oder* nur für die Menschen Sinn macht, ist die Wahrscheinlichkeit gering, dass die neue Ordnung trägt.

17.3 Zusammenfassung

Es wird deutlich, dass die Beweglichkeit von Organisationen von deren Systemzustand abhängt. Manche Organisationen sind so beweglich, dass über eine Veränderung der Lebensmythologie der beteiligten Menschen neue Ordnungen entstehen. Manche Systeme müssen auf der strukturellen Ebene einen Schicksalsschlag erleiden. In der Praxis ist allerdings zu beobachten, dass die Veränderungen oft schlecht vorbereitet sind und daher wenig sinnvolle neue Ordnungen entstehen. Die Ergebnisse sind dann zufällig oder destruktiv. Oft wird dann versucht, im selben Modus weiterzumachen und Umorganisation an Umorganisation zu reihen, ohne sich Vorstellungen von sinnvollen Kulturentwicklungen gemacht zu haben. Bildung und Beratung können hier die Funktion übernehmen, sinnträchtige Ordnung (Kultur) zu entwickeln, um vorbereitet zu sein, wenn die Organisation kritische Instabilitäten erreicht. Das heißt, Bildung und Personalentwicklung können Netze flicken, um vorbereitet zu sein, wenn von irgendwoher der große Fisch kommt. Bevor die Netze geflickt sind, sollte der Fisch aber auch möglichst nicht auftauchen. Ohne gut funktionierende Netze ist kein erfolgreicher Fang zu erwarten. Sind die Netze dann geflickt, hilft es allerdings auch nicht, die Flotte loszuschicken, solange der Fisch nicht erscheint, weil dadurch nur unnötig Kräfte vergeudet werden. Übersetzt auf Organisationen bedeutet dies, dass sich in diesem Fall zunächst Gewichte verschieben müssen, damit Bewegung entstehen kann. Wenn es sich dann bewegt, kann aber viel getan werden, dass die beteiligten Menschen das mit Sinn füllen können, was sich bewegt oder wohin es sich bewegt.

18. Kult oder Kultur? Was geschieht im Coaching?

Ohne Zweifel: Qualitätssicherung im Coaching ist wichtig, sonst werden der Beliebigkeit und der Scharlatanerie Tür und Tor geöffnet. Daher achten wir im Coaching und in der Weiterbildung zum Coach sowie in der Verbandsarbeit im Bereich Coaching darauf, dass Professionelle über einen soliden Fundus von Konzepten und Vorgehensweisen verfügen und dass sie lernen, Coachingprozesse bewusst zu gestalten. Doch dürfen Zielorientierung und die Kontrollierbarkeit der Prozesse vorrangige Gütekriterien für Coaching werden?

Eric Berne, der Begründer der Transaktionsanalyse formulierte schon Mitte des letzten Jahrhunderts sinngemäß: *Wissenschaftliche Methoden, die mehr Sicherheit bieten und Intuition, die mehr Möglichkeiten eröffnet, sind gemeinsam Grundlage kreativen Handelns.*

Ich hatte 1979 zusammen mit meinem Freund Gunther Schmidt Gelegenheit zu einer Studienwoche bei dem legendären Hypnotherapeuten Milton Erickson. Ich hatte damals schon mehrere Weiterbildungen wie z.B. Gruppendynamik, Transaktionsanalyse und wissenschaftliche Gesprächspsychotherapie absolviert, war also nicht unerfahren bezüglich Methoden und Konzepten im Kommunikationsbereich. Als Hochschuldidaktiker und Lehrtrainer hatte ich auch viele Vorstellungen von Didaktik in komplexen Lernerfahrungen.

Ich möchte nun zwei sehr »unordentliche Erfahrungen« in meinem weiteren Lernen bei Milton Erickson schildern:

Ich war am Vorabend im glühendheißen Phoenix in der Wüste Arizonas angekommen. Das Seminar fand in einem Hinterhaus von Ericksons Privatanwesen statt. Ich betrat den mit ca. 16 Unbekannten besetzen Raum. Niemand interessierte sich für meine Vorstellung, machte einen Kontrakt mit mir, informierte mich über Inhalte oder Abläufe.

Ich setze mich. Milton Erickson begann das Seminar unvermittelt mit Erzählungen über seine Gedanken zur Hypnotherapie. Eingestreut erzählte er Praxisbeispiele oder beriet Teilnehmer, die sich zu Demonstrationen bereit fanden. Aufgrund einer Behinderung sprach er nicht deutlich artikuliert. Ich hatte Eingewöhnungsprobleme und Schwierigkeiten, seinen

Akzent zu verstehen. Dazu kam die Belastung mit all dem Unerwarteten und schlecht Einzuordnenden der Inszenierung zurecht zu kommen. Nach ca. zwei Stunden konnte ich den Inhalt der Worte Ericksons nicht länger identifizieren, hörte nur noch ein Gemurmel mit amerikanischem Sound. Ein freundlicher Techniker bot mir zur Behebung meiner »Hörstörungen« einen Kopfhörer an, über den ich den Ton der laufenden Fernsehaufzeichnung eingespielt bekam. Ich hörte nun akustisch einwandfrei dasselbe Gemurmel, nach wie vor allerdings ohne die Worte verstehen zu können. Ein verlorener Tag?! Hatte ich dafür diese Reise und erhebliche Belastungen auf mich genommen? Schließlich gab ich auf und ließ mich die verbleibenden Stunden dieses Tages von dem unverständlichen Gemurmel berieseln.

Am nächsten Tag war es besser und ich hatte kaum noch akustische Verständnisschwierigkeiten.

Etwa ein Jahr später nahm ich mir die Tonbänder dieses »verlorenen Tages« vor, um nachzuholen, was ich versäumt zu haben glaubte. Doch zu meinem Erstaunen hörte ich nichts auf dem Band, was ich nicht in Erinnerung gehabt hätte. Ja, ich erkannte sogar Arbeitsfiguren, die ich in meiner (damals psychotherapeutischen) Arbeit bereits übernommen hatte. Irgendwie hatte ich alles mitbekommen. Wer aber hatte hier »Hörstörungen« und wer hatte trotzdem alles gehört? Und wer war dieses Ich, das verstanden und nach eigenem Plan gelernt und umgesetzt hatte?

Ein anderes Erlebnis rund um dieses Lehrseminar mit Milton Erickson:

Ich war sehr lernbegierig, doch Erickson gab mir keine Gelegenheit, mit ihm direkt zu arbeiten. Dies führte bei mir zuerst zu Frust und dann zu einem »Beziehungswahn«. Ich sah plötzlich glasklar, dass Erickson sowohl mein Talent als aber auch meine Kontrollbedürfnisse erkannt hatte. Er musste beschlossen haben, mich in besonderer Weise zu fördern, wollte aber wegen meines kontrollierenden Eifers nicht direkt, sondern indirekt und »verschlüsselt« mit mir arbeiten. Ohne mich direkt zu adressieren legte er wesentliche Botschaften an mich in seine Lehrgeschichten und Demonstrationen. Ich war elektrisiert und bezog begierig alles auf mich persönlich. Auch in den Wochen danach hielt dies an und ich war fasziniert davon, wie sich die Lehren des Meisters in mein Denken, in meine methodischen Vorgehensweisen und meine Beziehung zur Vielschichtigkeit meiner Klienten wie von selbst hineinarbeiteten. Oft bemerkte ich dies erst, nachdem es bereits in vollem Gange war. Mein Bewusstsein hatte eher beobachtende Funktionen. Wer aber führte hier Regie? Später in ei-

nem Gespräch mit Jeff Zeig (ERICKSON 1999) wurde mir klar vor Augen geführt, was ich schon geahnt hatte. Das meiste von dem, was ich auf mich bezogen hatte, war nicht speziell für mich bereitet worden. Doch machte das noch einen Unterschied? Ich würde nichts mehr hergeben von dem, was es in mir so angeeignet hatte.

Leider starb Erickson kurz darauf, so dass mir seine Einladung zum Besuch weiterer Lehrseminare als offene Gestalt geblieben ist. Obwohl ich nur fünf Tage mit Erickson in Phoenix verbracht habe, ist er einer meiner wichtigsten Lehrer über Jahrzehnte geblieben.

Warum erzähle ich davon? Sicher nicht, um jedem Hokuspokus Rechtfertigung zu liefern. Eher um anzuregen, das handwerklich Solide im Coaching nicht für das allein Wesentliche zu halten.

Hierzu möchte ich noch etwas aus unserer langjährigen Erfahrung in der Qualifizierung von Professionellen am *Institut für systemische Beratung* in Wiesloch berichten. Die Absolventen unserer Weiterbildungen berichten schriftlich und mündlich über entscheidende Lernerfahrungen in den zwölf Bausteinen des zweijährigen Curriculums. Dabei werden oft Situationen als wesentlich berichtet, die so nicht im Zentrum unserer didaktischen Planung, unserer inhaltlichen Perspektiven oder unserer methodischen Demonstrationen standen. Das von den Teilnehmern als entscheidend berichtete Lernen scheint oft anlässlich beiläufiger Bemerkungen eher am Rande der offiziellen Ereignisse, oft zu einem ganz anderen Zeitpunkt, anhand eines anderen Themas und an einem anderen Ort als geplant stattzufinden.

Dennoch scheinen solche Lernsituationen nicht in beliebigen Prozessen und zufällig stattzufinden, sondern am Rande hochwertiger Lernsituationen und wesentlicher persönlicher Begegnungen.

Man kann sie also einerseits nicht der Beliebigkeit überlassen, kann sie aber andererseits nicht direkt planen oder gestalten. Man muss zwar nach handwerklichen Gütekriterien ordentliche Lernsituationen schaffen und sollte dennoch davon ausgehen, dass das für die Lernenden persönlich Wesentliche unkontrollierbar am Rande geschieht. Eine erziehungswissenschaftliche Beschreibung des Problems wie auch eine darauf bezogene pädagogische Methodik müssen wohl erst noch entwickelt werden. Wir bereiten derzeit ein wissenschaftliches Projekt dazu vor.

Eine paradoxe Situation. Man muss Lernen ordentlich und kontrollierbar organisieren und gleichzeitig davon ausgehen, dass das Wesentliche nicht direkt geplant oder methodisch angegangen werden kann. In der Segelmetapher gesprochen müssen Ausstattung und Kompetenz zwar verfügbar sein, doch kann man damit nur den Wind geschickt einfangen, ihn jedoch nicht erzeugen. Will man sicher gehen, kann man immer unter Motor fahren, nur ist es dann kein Segeln, kein Umgang mit dem prinzipiell Unkontrollierbaren. Dennoch: Bei Flaute oder zum Erreichen besserer Windverhältnisse ist ein Motor nützlich, jedoch in der Funktion einer zusätzlichen Hilfe. Welcher Coach oder Gruppenleiter kennt nicht die Leiden, wenn man zwar nichts Falsches macht, aber auch keine stabile und lebendige Brise aufkommt. Dann ist Rudern oder Motorbetrieb angesagt. Damit geht es auch, doch kann dies sehr anstrengend und wenig inspirierend werden. Wer dieses Risiko meiden möchte, kann zu Ruder- oder Motorfahrten einladen, verzichtet aber darauf, sich von den Elementen tragen zu lassen.

Zurück zum Coaching und zu den Coachingweiterbildungen. Die Prozesse müssen so sein, dass sie vernünftig fokussiert und methodisch geführt werden. Gleichzeitig müssen sie so offen sein, dass im Hintergrund Themen erarbeitet werden und persönliches Lernen stattfindet, das durch die Veranstaltung im Vordergrund zwar inspiriert und gefördert wird, ihr aber im Einzelfall nicht gesichert zugeordnet werden kann. Wir behelfen uns mit Begriffen wie *systemische Didaktik*, um dem didaktischen Mix, der den vielschichtigen Wirklichkeitsbezügen und unterschiedlichsten Lernstilen gerecht zu werden versucht, einen Namen zu geben. Wir sprechen von *fragmentarischem Lernen*, um deutlich zu machen, dass Vollständigkeit eine Illusion ist und Beispiele vorrangig hochwertige Lernsituationen erzeugen sollten, in deren Zusammenhang und an deren Rande dann das Wesentliche geschehen kann. Wir sprechen von *qualitativem Transfer*, um deutlich zu machen, dass die inhaltliche Übertragbarkeit nur bedingt entscheidend ist und es mehr auf die Stimulation von vielschichtigem Lernen und kreativem Transfer ankommt, wenn die Effektivität einer Maßnahme beurteilt werden soll. Am einfachsten zu überzeugen sind die Menschen davon, solange sie in unmittelbarem Kontakt mit solchen Erfahrungen sind. Ein Problem sind die aus unserer Bildungssozialisation entstandenen Kontrollkriterien für Lernen. Der »Bildungskontroller im eigenen Kopf« und die betrieblichen Bildungscontroller draußen können mit ihren üblichen Kategorien solchen Gütekriterien nicht genügend Gewicht einräumen, da sie sich eben »objektiver Kontrolle« verpflichtet sehen. Dann entsteht oft die schwierige Situation, dass fruchtbares Lernen unter ungeeignete Bewährungskriterien gestellt wird. Wenn dies überhand nimmt, wird Lernkultur stranguliert. Es ist also wichtig, sowohl die inneren Bildungscontroller der Lehrenden und Lernenden wie auch die im Unternehmen Tätigen in den Umgang mit der oben beschriebenen Paradoxie mit einzubeziehen, um sie mit besseren Gütekriterien auszustatten. Hierzu bedarf es einer anderen und vielschichtigeren inneren und äußeren Kommunikation über Lernen. Dazu versuchen wir Hilfestellungen zu geben.

Als Beispiel sei erwähnt, dass Teilnehmer unserer Curricula auf die Frage, was denn nun systemisch sei, leicht in stotternden Erklärungsnotstand geraten. Anstatt nun die Frage definitorisch zu beantworten, hat es sich als überzeugender erwiesen, dem Fragenden z.b. den Ablauf einer Beratermarktübung zu schildern.

In der Beratermarktübung in Untergruppen schildert A kurz ein berufliches Problem. B, C und D dürfen nach kurzem Nachfragen eine Problemskizzierung und ein Beratungsangebot aus ihrer Sicht dem Kunden A vortragen. Dieser wählt aus und erhält vom so Beauftragten (sagen wir B) eine Beratung. C und D müssen nun »umschalten«. Ab sofort sind sie für die kollegiale Supervision von B bezüglich seiner Beratung mit A zuständig. Dies erfordert einen nicht nur oberflächlichen Rollen- und Fokuswechsel, damit man nicht hintergründig in der vorhergehenden Konkurrenzsituation hängen bleibt. Nach der Beratung und der darauf bezogenen kollegialen Supervision wird nun das Marktgeschehen nochmals besprochen. Warum hat A den Auftrag an B gegeben? Hat sich dies im Nachhinein betrachtet bewährt? Welches Verhalten von C und D hat dazu geführt, nicht gewählt zu werden. Wie hätten deren Angebote bessere Chancen gehabt? Usw.

Die Praxisnähe, die notwendige Fokus- und Rollendisziplin, das gezielte Wechseln der Kommunikationsebenen, die Verknüpfung von persönlichem Lernen mit sachlichen Fragestellungen sowie die Bewährung in der Kommunikation beim Kunden werden durch eine solche Schilderung in ihrer Vielschichtigkeit unmittelbar spürbar. Das kann meist selbst ungnädige Wachhunde überzeugen, auch wenn diese danach ebenso wenig definieren können, was systemisch ist.

Ähnliche Wege gehen wir in der Evaluation von Weiterbildung und Coaching durch einen zirkulären Ansatz. Das persönliche Gefühl, viel gelernt zu haben, ist kein hinreichendes Kriterium – der »objektive Beweis« aber eben auch nicht. Anstatt die Effektivität von Lernen direkt nachzuweisen, bitten wir kompetente Partner im beruflichen Umfeld um ihre Einschätzung der Lernenden bezüglich deren Lernfortschritte und Umsetzung des Gelernten im Beruf. Hier kommen dann objektivierbare und intuitive Beurteilungen zusammen. Dies hat überdies den Vorteil, dass diese

Evaluation Marktrelevanz hat, da Beurteilung und Empfehlung in der Praxis ohnehin so funktioniert. Natürlich hat man auch hier nicht so viel Kontrolle wie bei einer Objektivierung; dafür aber Vielschichtigeres und Wesentlicheres, was komplexen Organismen eher gerecht wird.

Das Kontrollierbare wird so leicht banal und taugt bestenfalls für Rechtfertigung. Wenn Kontrolle allein nicht geeignet ist, Qualität im Coaching zu sichern, was dann? Wie können wir beliebige Kulte von sinnvoller Lernkultur unterscheiden? Wie können wir uns vor Sekten schützen, ohne selbst zur Inquisitionssekte zu werden?

Auch hierzu eine Story. Allerdings bewege ich mich dabei nicht nur in der Tradition von Milton Erickson, der Erklärungen meist verweigerte und Fragen mit einer neuen Story beantwortete. Ich glaube auch an die Kraft von Erklärungen, wenn sie den gleichen Geist leben.

Meine John Lilly-Story

John Lilly erzählte in den 70er-Jahren auf einem New Age Kongress in den USA von seinen Studien zur Lernfähigkeit von Delfinen. Man wollte die Lernfähigkeit dieser Tiere ausloten, indem man ihnen die sichere Beherrschung von möglichst komplizierten Sprüngen beizubringen versuchte. Irgendwann traf Lilly die blitzartige Erkenntnis, dass die Experimente wenig mit Lernfähigkeit zu tun hatten.

Bei nüchterner Betrachtung kam er zu folgendem Schluss:

- *Die Delfine lernten nichts, was sie nicht auch so gekonnt oder gelernt hätten, wenn es ihnen nur Sinn gemacht hätte.*
- *Sie lernten Dinge der Belohnung wegen zu tun, auch wenn sie aus ihrer Lebenswirklichkeit heraus keinen Sinn machten.*
- *Sie verlernten die Freiheit, diese Dinge zu tun oder auch zu lassen und*
- *sie verlernten spielerische Alternativen, da sie auf Zuverlässigkeit hin dressiert wurden.*

Es handelte sich also weniger um intelligentes Lernen als um Dressur. Ich will nicht sagen, dass Dressur immer schlecht ist. Doch können wir uns wahrscheinlich leicht darauf einigen, dass man sich in kreativen Berufen Scheuklappen aller Art eigentlich nicht leisten kann. Das Problem ist, dass wir – ähnlich wie John Lilly – meist nicht gleich erkennen, ob ein Lernprozess zur Erweiterung eines kreativen Potenzials führt, oder ob wir in eine Scheuklappenmentalität geraten, aus der nicht immer leicht herauszufinden ist.

Es ist also keine einfache Sache, schwierige Windverhältnisse von schlechtem Segeln zu unterscheiden oder das gelassene Aushalten einer Flaute von der Untätigkeit bezüglich Leerlauf oder heraufziehender Probleme. Es ist auch nicht einfach zu unterscheiden, wo zwar schwer beschreibbare Prozesse, aber ein integrer Umgang damit vorliegen und wo magische Schleiertänze von Verblendeten womöglich in ausbeuterischer Absicht veranstaltet werden.

Die Beurteilung ist auch deshalb nicht immer einfach, da ja jede Rattenfängermethode auch etwas Wertvolles verheißt und an ungestillte Sehnsüchte anknüpft, sonst würde ja kein Mensch folgen. Der Unterschied liegt vielleicht auch nicht unbedingt in den Inhalten, Modellen und Vorgehensweisen, sondern in den gleichzeitig gelebten und gelernten Mentalitäten bei ihrem Gebrauch, sprich in der Lern- und Professionskultur.

Wenn es um hohe Komplexität und um schwer definierbare Fragestellungen geht, sind neue, oft ungewohnte Perspektiven angesagt und möglichst in Quantensprüngen zu erreichen, weil der Fußweg viel zu lang und aufwändig wäre.

Um mit neuen Perspektiven in Kontakt zu kommen, sucht man ja ungewohnte Umgebungen, also ein Manager z.B. einen Coach auf, ist man bereit, sich auf fremd Anmutendes einzulassen. Bloß nicht länger im alten Saft schmoren. Gleichzeitig will man sich vor Fehlgriffen hüten, weil man sich solche gerade jetzt ohnehin nicht leisten kann. Besonders für den Unerfahrenen in einer Disziplin oder für jemanden unter Problemdruck ist die Beurteilung ungewohnter Perspektiven erschwert.

Wieder ein Paradoxon

Beim persönlichen Bildungscontrolling tut sich in dieser Situation ein Dilemma auf. Will man sicher sein, versucht man alles mit vorhandenen Vorstellungen und mit gewohnten Kriterien vorzusortieren. Doch dann ist Lernen mühsam. Will man sich erfassen und tragen lassen, muss man im Zweifel gewohnte Selbstverständlichkeit und Kompetenz zur Disposition stellen. Man stellt das eigene Urteil zurück, um sich dem Quantensprung nicht zu verweigern, wird doch gesagt, dass zeitweilige Verwirrung dazugehöre. Auch die Rattenfänger – oder diese sogar verstärkt – setzen auf diese Karte. Das Problem dabei: Man kann schlecht unterscheiden, wann man einer entsprechenden Empfehlung des Coaches oder Lehrtrainers folgen sollte und wann nicht.

Der Umgang mit einer zumindest vorübergehenden Urteilsunsicherheit ist also essentiell für jeden Lernprozess, der auch in neue Dimensionen führen soll. Man ist in solchen Übergängen verführbar, verletzbar.
 Wenn es schlecht läuft, stellt man nach einem längeren Prozess fest, dass man sich auf vieles eingelassen und gerade in schwierigen Zeiten zusätzliche Ressourcen und Spielräume verbraucht und doch kaum profitiert hat oder sogar in die Irre geleitet wurde. Wenigstens kehrt die gewohnte Kompetenz wieder zurück. Manchmal ist man sich unsicher, ob das nun ein Lerneffekt oder das Nachlassen einer Betäubung ist. Katerstimmung macht sich breit. Und da gibt es die, die behaupten, man wäre bloß verstockt. Schwächere Gemüter sind in Gefahr, sich in solche Sackgassen immer weiter zu verrennen, um vielleicht wenigstens noch Mitaktionär dieser Branche werden zu können.

Ich will jetzt Klienten und Lernende nicht allzu schwach und verletzbar stilisieren. Aber wenn man ehrlich ist, steckt in den meisten auch eine große Sehnsucht – generell und in Bedrängnis speziell –, sich an eine größere Weisheit hinzugeben. Je größer und unspezifischer solche Sehnsüchte sind, desto größer ist die Gefahr, bittere Erfahrungen zu machen. Werden diese Erlösungsbedürfnisse kleingehalten, ist zwar die Gefahr der Enttäuschung nicht so groß, aber die Chancen auf eine wirklich erweiternde und beglückende Lernerfahrung sind auch wesentlich geringer.
 Das Problem im Coaching wie in der Weiterbildung zum Coach ist, wach dafür zu bleiben, ob die Maßnahme wirklich stimmig ist, um die Lernprozesse so zu gestalten, dass die Risiken und Nebenwirkungen kontrolliert werden. Orientierung, aktuelle Übersichtlichkeit und Handlungsfähigkeit sollten so hergestellt werden, dass die dabei adoptierten Wirklichkeitsbilder nicht zu Scheuklappen werden.
 Der Umgang mit Ungewohntem und eigener Urteilsunsicherheit gehört also elementar zu kreativen Lernprozessen. Dennoch kann der/die KlientIn/WeiterbildungsteilnehmerIn einiges tun, um sich vor Irrwegen zu schützen und z.B. für Sektendynamiken sensibel zu sein.

Hinweise auf Sektendynamiken

- Teilaspekte werden zu erlösenden Wahrheiten stilisiert.
- Wer es nicht glaubt, hat es bloß noch nicht verstanden.

- Das, worauf es ankommt, wird chronisch in eine nicht überprüfbare Sphäre verschoben.
- Die Wahrheit zu erkennen, bleibt Günstlingen vorbehalten.
- Man fühlt sich zunehmend gehemmt, die entstehenden Wirklichkeitsbilder mit konkreten eigenen Erfahrungen abzugleichen.
- Druck zu Konformität, Ächtung eines fair vorgetragenen Vorbehalts.
- Die Welt teilt sich in Gläubige und Abtrünnige, Erwählte und Verstoßene.
- Gütekriterium ist eine höherwertige Vision statt das konkrete Leben.
- Werte werden gerne verkündet. Es gibt aber höherwertige Gründe, warum sie in den eigenen Reihen nicht gelebt werden.
- Das menschliche Maß wird den höheren Zielen untergeordnet.
- Es werden andere zu Gegnern und Kritik von außen zu feindseligem Verhalten stilisiert.

Nun gibt es nicht die Sekten und bessere Menschen, sondern jeder sollte aufmerksam dafür sein, ob er für Sektendynamiken empfänglich ist. Der beste Schutz dagegen ist eine solide Verankerung im konkreten Leben einer Gesellschaft und ein bewusster Umgang mit eigenen Sehnsüchten.

Worauf kann man konkret achten?

- Mit vernünftigen Menschen außerhalb des engeren Kulturkreises in regem Austausch bleiben, um immer wieder zu prüfen, ob anderen die Entwicklung plausibel ist. Auf die Reaktionen wichtiger anderer achten, am Arbeitsplatz wie im Privatleben.
- Offene Kulturen polarisieren nicht, erzeugen keine Loyalitätskonflikte, sind auf Würdigung anderer Wirklichkeiten und Komplementarität der Sichtweisen angelegt.
- Innerhalb der Kultur sind die Wirklichkeiten auch ohne die Leitfiguren stimmig und werden durch viele auf kreative Weise eigengesteuert weitergetragen.
- Offene Kulturen postulieren keine Höherwertigkeit durch Mitgliedschaft an sich, sondern stellen sich der konkreten Bewährung und Bewertung in den Welten, von und mit denen sie leben.

- Offene Kulturen wollen dienlich sein, nicht vorherrschen. Sie sind auf Komplementarität und Integration ins Ganze und nicht auf Auserwähltheit und Dominanz angelegt.
- Die Erfahrungen in offenen Kulturen gelten nicht nur in der Magie des Augenblicks in bestimmten Umwelten, sondern reichern sich in zeitlicher und örtlicher Ferne eher noch an. Also mittelfristig nimmt Ernüchterung bei Entzug eher ab und die aus Zugehörigkeitserfahrung erwachsende eigene Kraft eher zu. Erste Feuer der Begeisterung gehen eher in ein stilles Leuchten als in immer schillerndere Feuerwerke über.

Ob Kulturen sektenhafte Züge annehmen, hat auch mit der Umwelt zu tun. In rigiden und ihrerseits sektenhaften Umwelten geraten allerdings auch offene Kulturen unter Druck, so dass sie sich mit Mechanismen schützen müssen, die sie in Sektenkultur abgleiten lassen können.

Es gibt im Bereich Coaching zur Frage »Kult oder gesellschaftsfördernde Lernkultur« keine gesicherten Antworten. Doch sollten diese Ausführungen die Wachheit für die immer wieder zu stellenden Fragen fördern. Entscheidend ist wie im Terrorismus, dass zwar den unakzeptablen Ausdrucksformen klare Absagen erteilt werden, doch Fehlentwicklungen mit besseren Antworten auf die Bedürfnisse der Fehlgeleiteten beantwortet werden.

Viele der wilden Entwicklungen auf dem Psychomarkt haben sich doch in solide Beiträge zur Gesellschaft gemausert. Übersensibilität ist also nicht hilfreich.

Eine letzte Story:

Auf meine Frage zur Gefährlichkeit der Teilnahme an einem gruppendynamischen Seminar antwortete in den 70er-Jahren Professor Manfred Sader: »Gruppendynamik ist etwa doppelt so gefährlich wie Alltag und etwa halb so gefährlich wie heiraten.«

19. Wissensmanagement – eine Kulturperspektive

19.1 Gedanken und Fragen von Bernd Schmid

Die Diskussion unter der Überschrift »Wissensmanagement« erzeugt bei mir gelegentlich Stirnrunzeln. Hier werden oft pragmatische und vernünftige Fragestellungen kompliziert neu formuliert, ohne dass dies unbedingt für bessere Antworten entscheidend wäre. Auch scheint mir die Diskussion um Wissensmanagement in technologische Sackgassen geraten zu sein, aus der sie sich herauszuschälen versucht. Im Tausch gibt es das auch bei anderen Themenmoden bekannte Problem, dass bekannte Fragestellungen der Organisations- und Personalentwicklung jetzt als Wissensprobleme neu behandelt werden. Man kannte dies bisher als Fragen der Produktentwicklung, des Benchmarking, der Lernkultur, der Führung etc. Ob letztlich ein Zusatznutzen erkennbar wird, wenn unter veränderten Etiketten weiter diskutiert wird, ist offen. Dennoch mag die Hervorhebung des Aspekts »Umgang mit Wissen« in den bekannten Fragen hilfreich sein.

Näher betrachtet gibt es kaum Bereiche von Organisationen, in denen (Selbst-) Steuerung nicht mit Wissen und dem Umgang damit zu tun hat. Wissensmanagement ist insofern weniger eine eigene Disziplin als eine Perspektive, aus der auf Arbeits- und Kommunikationsprozesse, Führungsbeziehungen, Identitätsfragen, Lernen etc. geblickt werden kann. Diese Perspektive darf kein Eigenleben führen, sondern muss mit anderen Perspektiven sinnvoll verknüpft werden, sollen nicht neue Artefakte von Organisationsfunktionen oder gar neue eigenständige Zuständigkeiten eingerichtet werden. Es besteht die Gefahr, dass diese sich dann wieder verselbständigen, neue Wichtigkeiten und Jargons erzeugen und wegen der Anmaßung, die gerne von neuen Moden ausgeht, Gefahr laufen, mehr Kooperations- und Integrationsprobleme zu schaffen als zu lösen.

Indes fallen mir zu dem Stichwort »Umgang mit Wissen in Organisationen« eine Reihe von Beispielen, Fragen und praktischen Ideen ein, denen ich gerne mehr Chancen auf Gewicht und praktische Verwirklichung geben wollte. Zu oft stoßen einfache und einsichtige Vorschläge auf Besitzstände, Gewohnheiten und Trägheiten, so dass Vernünftiges, das mit geringem Aufwand großen Nutzen stiften könnte, unterbleibt. Das liegt aber bestimmt nicht an fehlenden Konzepten zum Wissensmanagement. Ob diejenigen, die Wissensmanagement auf ihre Fahnen geschrieben haben, diese Vorschläge überhaupt als Fragen des Wissensmanagement zulassen würden, steht zudem auf einem anderen Blatt.

Ich erlaube mir im Folgenden Erfahrungen, Gesichtspunkte, Fragen und Vorschläge aufzureihen. Diese sind nicht in einem System geordnet, sondern werden als Katalog von Anliegen, für die bessere Fragen und Antworten erwünscht sind, aneinandergereiht.

Beispiel 1 stammt aus einem in viele Länder Spezialisten entsendenden Unternehmen. Chronische Klage derer, die sich in fremden Kontexten unter schwierigen Umständen Know-how erworben haben: Nach der Rückkehr interessiert sich niemand für ihre Erfahrungen im Ausland, auch nicht für ihre zu dem speziellen Land erworbene Erfahrung, auch dann nicht, wenn dorthin weitere Entsendungen vorgesehen sind.

Beispiel 2 stammt aus einem Unternehmen, das über Frühpensionierungen seine Personalkostenprobleme zu lösen versucht hat: Es fehlt plötzlich Erfahrung. Modernes Know-how kann Berufs-, Lebens-, Feld-, Branchen- und auch Lebenserfahrung nicht ersetzen. Viele Fehler wurden neu gemacht, weil man gar nicht wahrnahm, wie sie durch Erfahrung vermieden worden waren. Viele der ehemaligen Mitarbeiter werden als Erfahrungslieferanten wieder neu eingekauft. Dennoch gibt es kein richtiges Modell, keine Verantwortlichkeiten dafür, wie diese Erfahrung für das Unternehmen gesichert werden soll.

Beispiel 3 könnte aus vielen Unternehmen stammen. Es wird über mangelnde Information geklagt. Es wird nicht verstanden, wie »die da oben« denken. Doch Informationsveranstaltungen und schriftliche Darstellungen führen zu weiteren Missverständnissen und Verdächtigungen, obwohl durchaus ernsthaft informiert werden soll und prinzipiell keine Krisenstimmung herrschen müsste. Für die Kommunikation auch nach innen ist eine Abteilung zuständig, die in Verlautbarungen denkt, geführt von einem Journalisten. Nun soll alles verstärkt über ein Intranet vermittelt werden. Es wurde vorgeschlagen, von wichtigen Referaten von Schlüsselfiguren und persönlichen Darstellungen bzw. Diskussionen von strategischer bzw. kultureller Bedeutung Tonaufnahmen zu machen. Wer das Haus verlässt, kann sich kostenlos Kopien beim Pförtner holen und unterwegs was hören. Die Vielschichtigkeit des persönlichen Vortrags würde über Glaubwürdigkeit und intuitives Begreifen viel mehr vermitteln als Kommuniques, Protokolle oder sonstige Verlautbarungen. Ober- und Untertöne sind wichtig, das Erleben persönlichen Engagements und Glaubwürdigkeit, auch wenn viele Fragen offen bleiben müssen. Das ist einfach, billig, könnte ohne eigene Veranstaltungen in der »natürlichen Situation« hergestellt werden. Die Mitarbeiter könnten sich ohne eigenen Arbeitszeitverbrauch unterwegs informieren und orientieren. Allerdings gab es in der Geschäftsführung Ängste und Gewohnheitsschwellen: »Ich selbst fände das ja gut, aber ich weiß nicht, wie so was ankäme und was damit geschehen könnte«.

Beispiel 4 *steht sicher auch für häufig gemachte Erfahrungen.*
In einem Projekt wurde in einem Teil der Organisation hierarchieübergreifend strategisch bedeutsam, kreativ und konstruktiv zusammen gearbeitet. Obwohl nur beispielhaft gearbeitet werden konnte, begriffen die Beteiligten, worum es ging und wie ein neuer Stil des Zusammenwirkens aussehen kann. Die Multiplikationsidee war, Betroffene und Mitwirkende im kollegialen Austausch von den gemachten Erfahrungen erzählen zu lassen, anstatt mithilfe teurer Berater in anderen Teilen der Organisation neu zu beginnen. Auch das ist als zu ungewöhnlich im ersten Durchgang nicht zustande gekommen. Stattdessen wollte man Berichte mit aus den Erfahrungen abgeleiteten Ergebnissen. Diese konnten aber die Essenz der gemachten Erfahrung nicht transportieren und blieben steril. Es kam bestenfalls die dürre Melodie, nicht aber die Musik rüber.

Sind das jetzt Beispiele, mit denen sich Wissensmanagement beschäftigt, beschäftigen sollte?
    Gehört zum Wissensmanagement z.B. auch der Umgang mit Metaphern und Labels in Projekten?

Beispiel 5: *Wir mussten in einem Projekt »Strategische Führung« eine Metapher – nämlich »Führungskaskade« durch »Führungskette« – ersetzen, weil die Betroffenen sonst den Wechselwirkungsprozess in Führungsbeziehungen als auf Top-down-Orientierung beschränkt erlebt hätten. Es durften auch nicht zu viele und zueinander unklare Metaphern verwendet werden, da man bei aller Lust an metaphorischer Sprache sonst auf der Metaphernebene die auch sonst vorherrschende babylonische Verwirrung wiederholte, statt durch Metaphern Orientierung und Anschlussfähigkeit zu schaffen.*

Beispiel 6: *Bei uns am Institut arbeiten wir ständig an der Abschaffung von Berichtswesen. Protokolle und Berichte, die nicht wirklich von Über-*

zeugung seitens des Berichtenden und von elementarem Interesse der Berichtsempfänger für ihre Arbeit getragen ist, verbrauchen Kraft und verkomplizieren Abläufe. Zu leicht schleicht sich ein, dass mehr Information zwar als wünschenswert bejaht wird, dann aber doch nicht oder nicht mit Überzeugung mit Leben gefüllt und nachhaltig gepflegt werden kann. Also sind Aufrichtigkeit bezüglich Alltagstauglichkeit und Berücksichtigung der Unterschiedlichkeit der Kommunikationsstile und Arten der eigenen Arbeitsorganisation angesagt. Sind Fragen der Aufrichtigkeit bezüglich tatsächlicher Praktiken Teil der Wissensmanagementdiskussion?

Beispiel 7: *Wir verwenden am Institut nur solche Konzepte, die höchstens drei bis vier Gesichtspunkte haben. Die Erfahrung: nur dann fallen sie den Teilnehmern in konkreten Situationen ein, haben sie praktische Bedeutung. Sie sind übersichtlich genug, dass sie bei genügend pragmatischer Eignung des Konzepts durch die Situationen selbst aus der Erinnerung abgerufen werden. Außerdem verwenden wir fast nur Konzepte, die sinnvolle Fragen für das Individuum, für ein Team, für eine größere Organisation, ja sogar für die Gesellschaft zulassen. Beispiel: Kernkompetenz. Dadurch gibt es weniger Brüche in der Konzeptualisierung wegen unklarem Anschluss an andere Beschreibungsebenen. Eine solche Konzeptpolitik verzichtet auf die großen Systematiken und arbeitet eher mit Perspektiven, Katalogen, metaphorischen Figuren und Beispielen. Dies ist im Sinne eines geringen Ressourcenverbrauchs ökonomisch, weil weniger Konzepte mit größerem Gültigkeitsrahmen gelernt werden.* Ist Konzeptpolitik ein Bereich der Wissensmanagementdiskussion?

Beispiel 8: *Wie könnten erfahrenere Mitarbeiter und jüngere Mitarbeiter motiviert werden, ihr Know-how auszutauschen? Von den Älteren kommt Kulturwissen und Augenmaß, von den Jüngeren neueres Know-how und Unbefangenheit. Am besten wäre ein solcher Austausch Teil eines Mentoringprogramms, bei dem die Jüngeren auch zu Bewahrern des Wissens der Älteren berufen würden. Dass hier gemauert würde, scheint in einem akzeptablen Arbeitsklima wenig glaubhaft, denn der Mensch tut nichts lieber, als anderen seine Geschichte zu erzählen und andere an eigenen Erfahrungen teilhaben zu lassen, wenn er sich dabei gewürdigt fühlt. Zu einer solchen Wissenskultur gehören natürlich Respekt, ja Liebe, damit Jüngere zum wandelnden Verstehenschip für die persönlich-professionelle Erfahrung Älterer in der Organisation werden wollen. Stellvertretend anderen zu erzählen, was die besondere Sicht und Erfahrung des Älteren ist und Dialog mit diesem dazu, wie er sich widergespiegelt sieht, wären in-*

teressante Übungen. Das kann allerdings nicht losgelöst von einer Kultur des Respekts funktionieren.

Auch beste Wissensbestände müssen zu einer Wissenskultur zusammengefügt werden, wenn sie für selbstgesteuertes komplexes Handeln und Unternehmensentwicklung bedeutsam werden sollen. Daher sind viele Fragen des Wissensmanagements Fragen der Unternehmenskultur.

Hierzu gehören z.B. die metaphorische Verankerung von Wissen. Wissen kristallisiert sich um Identitäten herum. Ein sinnvoller Projektaufbau, vernünftige und durchdachte Drehbücher für ein Projekt, plausible Rollen darin und passende Besetzungen dieser Rollen sind eine Voraussetzung dafür, dass im Projekt das richtige Wissen gewonnen, gepflegt, geteilt und weitergegeben wird. Die Übertragung von Professionswissen ist ein kognitiv-emotionaler, sozialer sowie identitätsorientierter Prozess. »Ich weiß, was ich sein will und sein darf.«

Sind Glaubenssätze, Erwartungen, Sinnverständnisse Wissen im Sinne des Wissensmanagements? Rollen- und Kontextwissen wird generiert und konfiguriert durch seelische Ausrichtung auf Inszenierungen. Wer kennt das nicht, dass einem manchmal Wissen verfügbar ist und manchmal nicht? Wer kennt es nicht, dass Wissen sich manchmal sinnvoll fügt und dann geeignet ist, Kraftfelder zu erzeugen? Manchmal bringt Wissen andere dazu, komplementäres Wissen einzubringen und bedeutungsloses Wissen auszublenden. Und dieselben Inhalte bleiben manchmal schal und bedeutungslos. Sind solche Fragen Gegenstand von Wissensmanagement oder sollten sie es sein?

Wissen ist eine Frage der Selektion und Fokussierung, in zunehmend mehr Fällen eine Frage der Urteilsfähigkeit und der Unternehmenskultur einschließlich der persönlichen Hintergründe der beteiligten Menschen. Soweit Wissen also nur bedingt aufgrund objektiver Kriterien (z.B. mithilfe von Suchmaschinen) gemanagt werden kann, darüber hinaus viel mit Einstellungen, Motivationen und Sinn zu tun hat, wie soll das aus der Perspektive Wissensmanagement erfasst werden? Falls solche Fragen unberücksichtigt bleiben, weil man dafür nicht die richtigen Instrumente zu haben glaubt, was ist dann Wissensmanagement wert? Geht es nicht viel mehr um eine Kultur des Umgangs mit Wissen, die natürlich nur im Zusammenhang mit anderen Kulturfragen in Organisationen sinnvoll behandelt werden kann?

20. Unsere Arbeit in der Zukunft?! – Was ist zu erwarten? Was wäre zu wünschen?

Zukunftsprognosen sind immer schwierig, weil sie meist die Fortschreibung der gegenwärtigen Entwicklung sind. Sind die wichtigsten Entwicklungen nicht Systemsprünge, die man über Fortschreibung eben gerade nicht vorhersehen kann? Sind hier Wechselwirkungen aktiv, die wir ohnehin viel zu unvollkommen erfassen können? Möglicherweise ja.

Und was sind die gegenwärtigen Entwicklungen? Man schätzt das sicher verschieden ein, je nachdem wo man in erster Linie unterwegs ist und wohin man blickt. Wer in einer Branche tätig ist, in der die Konsolidierung (wie das so schön heißt) noch in den Anfängen steckt und jetzt erst mal gespart wird – koste es, was es wolle –, der wird sicher einen anderen Eindruck haben als jemand, der in Bereichen tätig ist, in denen Bewährtes sich als krisentauglich gezeigt hat und Neues greift. Es sieht erfreulicherweise so aus, als könnten wir uns mit dem Institut in die letzte Kategorie einordnen. Allerdings darf man da nicht so sicher sein.

Ich bemerke auch die Schwierigkeit, dass ich bei Prognosen gefühlsmäßig schlecht unterscheiden kann zwischen dem, was möglicherweise kommen wird und dem, was ich für notwendig oder wünschenswert halte. Manchmal scheint es, als wäre das öffentliche Bewusstsein von Nachrichten aus den Prozessen der zunehmend offenen Desintegration von Organisationen bestimmt. Mir scheint, jedenfalls möchte ich das glauben, dass in vielen Bereichen bereits Neuintegration stattfindet. Sie bleibt vielleicht eher verdeckt, weil unsere Wahrnehmungsraster sie erst mit Verzögerung erfassen und weil gute Nachrichten nicht leicht Aufmerksamkeit auf sich ziehen.

➤ 5.2 Definition »Team«

20.1 Markt

Dennoch: die Marktentwicklung im Bildungs- und Beratungsmarkt zeigt Anzeichen einer Krise. Unsere Branche hat inflationäre Entwicklungen genommen und mancherorts ist die heiße Luft schon mit einer Verpuffung entwichen. Ähnlichkeiten zum Neuen Markt sind durchaus gegeben. Umsatzprobleme mit dem Endkundengeschäft, immer mehr Anbieter gehen ins komfortabler anmutende Multiplikatorengeschäft. Dort läuft es noch eine Weile ganz gut, weil eine positive Stimmung noch aus guten Zeiten im Endkundengeschäft vorherrscht bzw. die Alternativen schlechter werden, so dass man – ähnlich manchen Umschulungsprogrammen des Arbeitsamtes – erst einmal dem Prinzip Hoffnung eine Form gibt. Doch auch dort stehen dann viele IT-Geschulte letztendlich auf der Straße. Der Effekt ist absehbar. Auf dem Endkundenmarkt konkurrieren noch mehr Anbieter um noch weniger Möglichkeiten. Schließlich wird das unübersehbar und auch der Multiplikatorenmarkt bricht ein. Wenn der marktwirtschaftliche Reinigungseffekt greift, heißt höhere Qualität der Dienstleistungen bei sinkenden Preisen mehr Entwicklungs- und Leistungsdruck bei den Anbietern und das Sterben der weniger potenten Anbieter, vielleicht auch neue Entwicklungszweige und Märkte.

20.2 Zeitperspektiven

Auf der anderen Seite sind viele positive Entwicklungen zu beobachten und weiterhin plausibel. Ich bin ein optimistischer Mensch. Allerdings habe ich meine Zeithorizonte verändern müssen. Vieles scheint zu träge und nicht reformierbar. Allerdings finden gesellschaftliche Entwicklungen oft nicht in dem Zeitrahmen statt, der dem Erwartungsbogen von Individuen und erst recht nicht von Pionieren entspricht.»Eigentlich kommt von ungeduldig erwarteten Entwicklungen letztlich doch recht viel, nur halt 10 oder 50 Jahre später.«

Die Verschwendung der Evolution und das Leid, das sie Individuen und ganzen Generationen zumutet, scheint nicht zu zählen. Sie findet irgendwie dennoch ihren Weg und hat ihre eigenen, hat andere Zeitmaßstäbe. Uns bleibt die Aufgabe, das in Demut zu respektieren und dennoch aktiv zu sein und uns Lebenswege zu suchen, bei denen wir zu Lebzeiten Befriedigung erfahren. Und in Zeiten der Vierteljahreskennzahlen an die Mentalität von Waldbauern zu erinnern, schadet sicher nicht. Es braucht einen weiten Horizont, wenn das Behauen der ersten Steine würdevoll und mit Erfüllung desjenigen geschehen soll, der eine Kirche baut, obwohl er diese nie sehen wird.

Bevor ich jetzt zu philosophisch werde, möchte ich an Prognosen erinnern, die ich 1995 formuliert und in der Zeitschrift für Organisationsentwicklung veröffentlicht habe (vgl. SCHMID 1991d; 1995; 2003f, Kap. 8).

Aus meiner Sicht hat sich seither nicht fürchterlich viel erledigt, so dass das Meiste weiterhin zurecht auf der To-expect-Liste und auf der To-do-Liste verbleiben kann. Gleichzeitig macht dies auch deutlich, wie langsam sich das Rad nachhaltiger Entwicklungen dreht. Dennoch ist aus heutiger Sicht vieles deutlicher geworden und einiges ist auch zu ergänzen.

Ich möchte jetzt nur ein paar Stichwörter oder Kernsätze wiedergeben, um den damaligen Tenor zu vergegenwärtigen:

- »Viele Hoffnungen auf Stabsfunktionen und Projektmanagement werden sich als Illusionen erweisen. Management als Ausweg aus der Beratungskrise und Ressortverantwortung als Ausweg aus der Projektkrise werden die Schlagwörter von morgen sein. Der Markt der Projekte sowie der Bereichs- und Organisationsentwicklung für Stabsfunktionen wird eher schrumpfen. Eine Stabsaufgabe hingegen wird systemintelligente Personenqualifizierung bleiben. Sie ist für das Gelingen von Systemqualifizierung durch das Management unentbehrlich.« *An anderer Stelle:* »OE wird entweder Chefsache oder findet nicht statt.«

- »Standard-Seminare zu Führung und Management sind noch weit verbreitete Auslaufmodelle des Bildungsmarktes. Wir werden in vieler Hinsicht an uns selbst und an andere mehr qualitative Ansprüche haben müssen. Noch ist das Geld mit einfach gestrickten Programmen, die an noch wenig erfahrene neue Kundenkreise verkauft werden, leichter zu verdienen.«

- »Wir haben lange zu wenig Rechenschaft darüber abgelegt, welche kulturökologischen Folgen das gewohnte Bildungsgeschäft, aber auch viele unserer Experimente hatten, z.B. durch Verwirrung der Maßstäbe. Entromantisierung ist angesagt. Aber: »Auf der anderen Seite vom Pferd gefallen, ist auch nicht geritten.« Die Gegengefahr ist die Banalisierung. Unternehmensentwicklung wird nur noch durch die Kosteneinsparungs- oder Umsatzwirtschaftungsbrille gesehen.«

- »Dem Professionstraining in persönlicher professioneller Selbststeuerung anhand von Praxisherausforderungen gehört die Zukunft. Das hat mit Feldkenntnissen zu tun, mit Rollen- und Methodenkenntnissen. Wir brauchen allerdings innere archimedische Punkte, von denen aus Perspektiven entwickelt und Handlungsweisen organisiert werden können.«

- »BildungsmanagerIn ist ein Beruf mit Zukunft. Bei der Einführung von arbeitsplatznahen Lernsystemen sind sie als Strategie-, Konzept- und Fachverantwortliche, als Einkäufer für externe Supervisionsfachleute und als Botschafter einer neuen Lernkultur gefragt.«

- »Gute Ideen müssen zu Produkten sowie Produktimplementierungs- und Maintenance-Programmen entwickelt werden. Aufwendungen für Implementierung und Pflege sollten von vornherein angemessen konzeptionalisiert und bezüglich des Ressourcenverbrauchs kalkuliert werden.«

- »Systemlösungen: Wie soll sichergestellt werden, dass das, was wir jeweils anbieten, mit einem System, einer Produktpalette, einer Philosophie zusammenpasst und einen wirksamen Beitrag für die Kundenorganisation und deren Kultur leisten kann?«

- »Schlanke Eigenorganisation: Hier wurde dafür plädiert, in der eigenen Dienstleisterorganisation solide unternehmerische Prinzipien walten zu lassen.«

- »Dezentralisierung: Ein größerer Teil von Personal- und Organisationsentwicklung soll wieder als elementarer Bestandteil von Management und Führung vor Ort begriffen werden. Gleichzeitig dürfen die zentralen Abteilungen nicht geplündert werden.«

- »Wir brauchen designgesteuerte Innovationsansätze. Sie müssen top-down gesteuert werden, angemessene Bottom-up-Beteiligung aufweisen und vom Management vorrangig durch Führung und tägliche Kommunikation umgesetzt werden.«

- »Wir müssen Erschließungsstrategien entwickeln und die Entscheider und Nutzer schrittweise an eine sinnvolle Nutzung unserer Dienstleistung heranführen.«

- »Ko-Dramaturgie: Wir müssen den Verantwortlichen in den Unternehmen gestalterisch zur Hand zu gehen, um überhaupt einmal etwas zu etablieren.«

- »Breitenprogramme sind solche, die von den Organisationen übernommen und zum regelmäßigen Bestandteil ihrer Kultur gemacht werden können. Dies muss dann ohne erhebliche Dienstleistungen Externer möglich sein. Externe sind hier vorrangig Implementierungsexperten. Diese Programme müssen schlank, arbeitsplatznah, in ihrer Logik verständlich sowie von der Organisation leicht erlernbar und aus eigenen Kräften pflegbar sein.«

- »Ökologie: Über die Entsorgung unserer Weisheiten, wenn sie sich als nicht oder nicht mehr gebrauchsfähig erweisen, machen wir uns selten Gedanken. Wenn wir versuchen, unsere Werte nicht in Reinform zu propagieren, sondern in umweltverträgliches professionelles Handeln einzubetten, bemerken wir erst die enormen Herausforderungen, die mit wertorientiertem Handeln verbunden sind.«

- »Die Kompetenz, Kulturbegegnung bewusst zu steuern und zum Gegenstand unserer Management- und Beratungsstrategien zu machen, ist eine zunehmend wichtige Perspektive professioneller Qualifikation.«
- »Die Verantwortung der Experten und Entscheider, die Architektur dessen, was sie bauen wollen, zu bestimmen, wird oft genug nicht hinreichend wahrgenommen.«
- »Neben Prozess- und Beteiligtenorientierung muss es wieder erlaubt sein, das eigene Expertentum in die Waagschale zu werfen. Direktiv sein heißt, Richtung und Orientierung bieten. Daran haben wir dringenden Bedarf.«
- »Hierarchische Steuerungen sind oft die einzige Chance, in sehr komplexen Situationen, die durch Entscheidungen geordnet werden müssen, Überschaubarkeit und Handlungsfähigkeit herzustellen.«
- »Es fehlen einige Begriffe in unserer Bildungslandschaft: so z.B. Urteilswillen und Urteilsfähigkeit. Hinzu käme die Urteilskraft.«
- »Es geht um die Kunst, uns auf menschenfreundliche Weise mit Komplexität auseinander zu setzen, ohne uns in der Überkompliziertheit zu verlieren, aber auch ohne Überschaubarkeit durch illusionäre Ausblendung herstellen zu wollen.«

20.3 Bildung und Beratung – Kompensation oder Fermente?

Ich habe mich oft gefragt, ob die Tatsache, dass Unternehmen viele Berater beschäftigen, als ein Zeichen für Weltoffenheit und Vitalität oder für Orientierungslosigkeit und Niedergang zu verstehen ist. Deutlich wird allemal, dass das Heilmittel Beratung eher aus einer homöopathischen Haltung entwickelt und verabreicht werden sollte. Homöopathie geht davon aus, dass die Störung eine Suche des Organismus nach dem richtigen Heilprinzip auf die falsche Weise darstellt. Die richtige Weise des gesuchten Prinzips zu erkennen und dieses dem Organismus in möglichst geringer Menge von Trägersubstanzen zu verabreichen, ist dann die professionelle Kunst. Allopathie versucht stattdessen durch Gegenmaßnahmen und Ersatz ein verlorenes Gleichgewicht wieder herzustellen. Beide Prinzipien sollten sich sinnvoll ergänzen.

Beratung oder generell eingekaufte kulturorientierte Dienstleistungen sind auch Ausdruck für das, wovon sich Organisationen entfremdet haben. Beratung hat hier eine Kompensationsfunktion. Was Organisationen fehlt, begegnet ihnen über Beratung wieder. Aber ob Beratung die richtige Verortung ist, ist fraglich. Wir sind auf der Suche nach unternehmerischer Verantwortung, z.T. nach der verlorenen, z.t. nach der neuerdings erforderlichen – überall, nicht nur in den Ich-AGs.

Der Beratermarkt nimmt die verlorenen Fäden auf – im Guten wie im Schlechten.

Im Guten können wir – im Sinne einer verlängerten Werkbank – Pionierfunktionen wahrnehmen oder Ergänzungen dort liefern, wo eigene Funktionen zeitweilig nicht zur Verfügung stehen.

Solche Märkte werden Externen erhalten bleiben.

Im Schlechten helfen wir bei der Vermeidung der Übernahme von Verantwortung. Wir stehen als Dauerkrücken zur Verfügung. Doch dort, wo eigene Verantwortung dünn geworden ist und externe Dienstleistungen sie ersetzen sollen, wird dies irgendwann als untauglich, ja schädlich erkannt werden.

Solche Märkte werden Externen verloren gehen und Internen wieder zuwachsen.

20.4 Aneignung der Verantwortung

Rückverschiebung von Verantwortung

- von den Stabs- zu den Führungsfunktionen,

- von den Projekten in die Hierarchie, deren Selbstverständnis allerdings neu zu fassen sein wird, und Rückverschiebung von Externen zu Internen. Der Prophet wird dann doch wieder im eigenen Land gefragt sein, wenn auch nicht mit überhöhten Bedeutungen und Honoraren.

- Verschiebung hin zu stärkerer Würdigung von Funktionsträgern und Internen. Also fraglich scheint, ob die Idee so vieler Interner, zu Freiberuflern werden zu wollen, so zukunftstauglich ist.

20.5 Neue Profile im Zuschnitt von Beratung, von Identitäten und Qualifikationen

- Man wird weniger Überfremdung durch Beratungskulturen zulassen. Man wird sich klarer darüber werden wollen, welche Kultur man sich ins Haus holt.
- Die Internen müssen sich vermehrt als Garanten der Unternehmenspassung und der Nachhaltigkeit ausweisen.
- Interne werden in ihrer Drehscheibenfunktion stärker gefordert werden.
- Die Externen müssen sich klarer durch Expertise für etwas profilieren, was man nicht bereits im Hause hat.
- Dabei werden Branchen-, Markt- und Unternehmenstypkenntnisse eine größere Rolle spielen.
- Und interne wie externe Berater werden mehr für die Implementierung und nachhaltige Pflegbarkeit ihrer Produkte verantwortlich gemacht werden. Man wird von der Dienstleistungsmentalität mehr in Richtung einer Werklieferungsmentalität in Anspruch genommen werden. Das hat seine Probleme, denn eine Teamentwicklung ist etwas anderes als die Komplettlieferung eines Bremssystems mit Einbau in einer Fertigungsstraße. Dennoch bringen Herausforderungen in diese Richtung auch Anreize in Richtung größere Gesamtnutzenverantwortung.
- Vielleicht wird die ikonenartige Dauer-Identität »BeraterIn« relativiert und mehr zu einer Rollenbezeichnung werden, zu einer Definition einer Funktion, die jeder einmal einnehmen kann. Schon heute würde unsere Websiteadresse besser als Institutsnamen zu uns passen: »Institut für Systemische Professionalität« – doch wäre das jetzt noch zu abstrakt. Unsere Teilnehmer wollen Berater, Coaches, Teamentwickler usw. werden. Tatsächlich erwerben sie unter diesen Etiketten eine Art von Professionalität, die sie in verschiedenen, auch schnell wechselnden Rollen ausleben können.
- Hierfür brauchen wir Meta-Professionalität. Meta-Professionalität steht zu klassischen Berufidentitäten wie Spiritualität zu klassischen Glaubenszugehörigkeiten. Nichts gegen letztere, wenn sie die frei wählbare aktuelle Form darstellen, in der Spiritualität gelebt wird.

20.6 Schwerpunktverlagerungen und Entwicklungsbedarf in unseren Kundenorganisationen

- Außer für das Betreiben des eigenen Geschäfts wird man die gleichzeitige Entwicklung des eigenen Geschäfts verlangen – als Konsequenz des Dauerwandels.

- Innovationsökonomische Überlegungen werden eine größere Rolle spielen. Stichwörter sind hier: Neuinszenierung vorhandener Ereignisse, statt für jede neue Idee neue Ereignisse zu kreieren. In mancher Workshopkultur sind wir nicht weit vom Prinzip: »Und wenn Du nicht mehr weiterweißt, dann gründe einen Arbeitskreis.« Die Umbauten müssen bitte schön bei laufendem Geschäft bewerkstelligt werden.

- Kernprozesse etablieren, statt auf unterhaltsame und heilsversprechende Abenteuer zu setzen. Klassische Tugenden und Lebbarkeit von Ideen und Ansprüchen sind zu vertreten.

- Prozesse der kontinuierlichen Verbesserung (KVP) werden als Kernprozesse des Wandels wieder mehr gewürdigt werden. Hierbei hilfreich zu sein, wird das tägliche Brot, der Hauptumsatz von Beratern werden und die größte Daseinsberechtigung liefern. Spektakuläre Entwicklungsideen wird man dagegen neu auf die Goldwaage legen.

- Wir brauchen Modelle dafür, wie personale und unpersönliche Zusammenarbeit in gemeinsamer Sache und Zugehörigkeit möglich ist. (Virtuelle Teams sind hier ein extremer Begriff).

- Wir müssen hier selbst Vorstellungen entwickeln und verständlich darstellen, was *intelligente Zentralisierung* und *Dezentralisierung* im Bereich Humanressourcen meinen und leisten kann. Dann können weise Mittelwege gefunden werden.

- Dann sollte wohl Führungsgestaltung im Umgang mit Teams besser integriert werden. Also vertikale Optimierung sollte mit horizontaler Optimierung kombiniert werden, damit jede Führungskraft lernt, als kompetente Drehscheibe in Teams auf gleicher Ebene und in vertikalen Teams, also in Führungsbeziehungen zu fungieren.

- Es bedarf neuer Komplementarität, Integrationsfähigkeit und Systemoptimierung an Stelle von Partikularoptimierung. Ganzheitlichkeit statt abwechselndes inflationäres Aufblähen von Teilperspektiven.

- Entsprechend brauchen wir neue Verständnisse von Führung in solchen dezentralen Organisationen. Wir brauchen nicht weniger, sondern andere und bessere Führung: Führung durch Kultur.

- Insgesamt sind komplexe Organisationen nicht durchkonzipiert und durchkontrolliert zu führen, sondern anhand von Beispielen sollen die Schlüsselfiguren ein »Fahrgefühl« für die richtige Fortbewegung bekommen, damit sie bei eigenständigen Entscheidungen spüren, ob sie richtig unterwegs sind. Das heißt, Verschiebung hin zu Kulturverantwortung und zu Verantwortungskultur. Beiträge zu einem »Verantwortungsmultilog« und zu Konfrontationskultur.

- Auch und gerade vom Topmanagement muss in Sachen Organisationskultur Topkompetenz und Topverantwortlichkeit erwartet werden und das im konkreten Tun Tag für Tag.

Speziell im Bereich Management und Führung ist längst nicht alles getan. Der Bedarf ist riesig. Er war es wohl auch bisher, doch fiel das in Boomzeiten nicht so auf. Es war die Zeit des Schönwettersegelns. Der warme Wind des Wachstums blies in Fahrtrichtung. Handgestricktes Mittelmäßiges reichte aus, um voranzukommen und sich als großer Seemann zu fühlen. Seit schwereres Wetter angesagt ist, wird sichtbar, wie gering die Steuerungskompetenz wirklich ist. Eine Pisa-Studie des Managements und der Führung wäre sicher interessant. Eine solche für Berater allerdings auch. Psychotherapeuten waren schockiert, als großflächige Studien im großen Ganzen nicht mehr Nutzen ihrer Dienstleistungen diagnostizierte als Laienberatung im privaten Umfeld.

20.7 Stärkung der Führungskräfte in ihrer eigenen Kompetenz und die Renaissance eines darauf ausgerichteten Bildungswesens

Ich sehe in der Führungsqualifikation einen längst nicht versorgten Markt. Allerdings sind hier einige Entwicklungen auch auf unserer Seite angesagt.

- Zunächst sollte klarer in Managementkompetenz und Führungskompetenz (im engeren Sinne) unterschieden werden (Drehbuch und Regie). Da Führungskräfte meist für beides Verantwortung haben, ist es wichtig, dass sie beide Kompetenzen erwerben oder zumindest komplementär um sich versammeln.

- Die Qualifikation für Führungsbeziehungen meint nicht nur Verhaltenskompetenz für die Führenden, sondern gleichermaßen für die Geführten, sollte also Bestandteil jeder professionellen Qualifikation sein.

- Wenn das Unternehmertum als Leitbild für Führungspersonen ausgebaut und bedient werden soll, müssten die verschiedenen unternehmerischen Perspektiven, die von eigenständig agierenden Führungsfiguren beherrscht werden müssen, in Schulungsprogrammen integriert berücksichtigt werden. Heute fällt das noch ziemlich auseinander. Ob die Führungskraft im Konzern in Abgrenzung zu einer im Mittelstand hier Modell stehen sollte oder ob beide nicht unterschiedlichen Logiken folgen sollten, wäre zu überlegen.

20.8 Neues Ineinandergreifen von Stabs- und Führungsfunktionen

- In *Metamorphosen der Teamentwicklung* (SCHMID 1992c) habe ich ja schon auf die Funktion der Ko-Dramaturgie hingewiesen. Ein/Eine BeraterIn spielt »HilfsregisseurIn« bei einer Führungskraft in der strategischen Ausrichtung eines Teams. Ich habe darauf hingewiesen, dass einerseits die konkrete Gestaltung von diesem gemacht wird, weil sonst die Komplexität der Neuinszenierung nicht in den Griff zu bekommen ist.
  Gleichzeitig dürfte ja ein/eine BeraterIn wegen fehlender Autorisierung im System nicht in die Verantwortung der Führungskraft eintreten. Dennoch geschieht dies häufig in der Praxis, oft mit den bekannten Verwicklungen, aber auch häufig durchaus irgendwie erfolgreich, wenn auch nach dem Beraterlehrbuch unsauber. Es gibt ja auch den Projektmanager, der eine neue Inszenierung bis zur Übergabereife führt und dann in den Regelbetrieb der Organisation übergibt. Oder es gibt das Management auf Zeit, meist als Not- oder Übergangslösung konzipiert.

- Neu zu konfigurieren sind Trennlinien und das Zusammenspiel zwischen Funktionen, die ich mit dem Begriff »Kultivator« umschreiben möchte. Damit ist eine Fachfunktion von außen gemeint, die – wie ein/eine GastregisseurIn – für einige Zeit zur Etablierung einer Neuinszenierung engagiert wird.

- Man wird vielleicht von Unternehmensberatern mehr erwarten, dass sie das eigene Geschäft im Prinzip kennen, z.B. selbst ganzheitlich unternehmerisch denken und handeln können – so wie man das vom Manager, von der Führungskraft auch erwartet. Da spielt es schon eine Rolle, ob die Berater unternehmerisch und kulturell in eigener Sache kompetent handeln (Familientherapeut ohne Kinder?). Nicht Wasser predigen und sich selbst wegen Selbstüberhöhung und weil das Wachstum es hergibt inflationäres Wirtschaften erlauben. Genau daran sind mittlerweile genügend zugrunde gegangen. Ich selbst halte mich an ein Wirtschaftsverständnis, das ich im 1. Semester VWL gehört habe: Wirtschaften heißt, Produktionsfaktoren so zu kombinieren, dass ein Mehrwert entsteht. Nur dieser ist dann verdient und kann soliderweise verteilt werden. Alles andere ist Zockerei. Allerdings habe ich seither die Bedeutung der Marktkompetenz besser kennen gelernt. Mit Markt zu wirtschaften gehört dazu, ist aber schwerer in seiner Solidität zu beurteilen.

20.9 Leitbilder

- Vielleicht müssen wir weg vom Übergewicht der heutigen Großorganisationen in unserem Denken. Dort herrscht zu leicht die Magie der Unvernunft. Seltsamerweise werden von dieser Krankheit auch Menschen befallen, die im sonstigen Leben ganz gut wissen, was oben und was unten ist. Doch wenn sie in Unternehmens-, Branchen- oder Berufstrancen verfallen, führen sie einen seltsamen Tanz auf. Und jeder von uns weiß, wie schwer diese Trance abzuschütteln ist, wenn sie erst einmal Besitz von uns ergriffen hat.

- Auch gesellschaftlich treten das Kleinunternehmen und der Mittelstand zu sehr in den Hintergrund, obwohl überschaubares Management durch Eigentümer viele der Vernunftorientierungen ganz von selbst aktiviert. Ich ziehe in meiner Arbeit ständig die Parallelen zu mir als Unternehmer und zu unserem Institut. Zwar liegen unsere Märkte (noch) im Bereich der Großunternehmen, doch dürfen wir in unseren Leitbildern nicht *groß* mit *vital* verwechseln. Bei den Dinosauriern hat das auch nicht gestimmt. Zu unrecht wird *klein* mit *provinziell* assoziiert. Wenn unsere Beratungsprodukte so gut sind, dass ein kompetenter Mittelständler sie kauft, ist schon viel erreicht. Und, Hand auf's Herz: Welche unserer eigenen Produkte würden wir selbst kaufen? Und zu welchem Preis?

20.10 Weltoffenheit *und* Identität

- Wie man weiß, können Großorganisationen ausgesprochen »provinziell minded« sein. Und kleinere Organisationen sehr weltoffen und international. In Zeiten der Globalisierung wird dies zunehmen. Allerdings müssen wir dabei auf Identität achten. Otto Kernberg beschreibt als wichtigstes Merkmal schwerer Persönlichkeitsstörungen »Identitätsdiffusion«. Man spaltet die Welt und damit sich selbst in mehrere, nur diffus zusammengefügte Teile. Diese führen ein abgespaltenes Leben, sind zur Komplementarität und zur Integration unfähig. Beides ist aber für die Gesundheit von Individuen wie für Kulturen elementar wichtig.

- Wir müssen also unsere Dialogfähigkeit nach außen, zwischen den Persönlichkeitsteilen und Kulturen verbessern, was nur mit einer notwendigen Identitätsstärkung nach innen zusammen gehen kann.

Wahrscheinlich brauchen wir dazu neue Angelpunkte für Identität, wenn es schon bei EDEKA Mozartkugeln und in Tibet Coke gibt. Ich vermute, dass die entscheidende Identitätsfrage künftig heißen wird »*Wie bin ich?*« Auf Organisationen übertragen wird vielleicht der Stil des Wirtschaftens und die Kultur, die darin zum Ausdruck kommt, künftig die Angebote und »global Players« unterscheiden. Was wird dann Wirtschaften, was wird dann Professionalität »made in Germany« sein können?

Literatur

Arendt, H. (1987/1998): Eichmann in Jerusalem. Ein Bericht von der Banalität des Bösen, 8. Aufl.; München u.a.: Piper.

Bohm, D./Nichols, L. (Hg.) (1998): Der Dialog. Das offene Gespräch am Ende der Diskussion; Stuttgart, Klett-Cotta.

Dehner, U. (2004): Mensch ärgere mich nicht – Psychologische Spiele im Coaching. In: *Managerseminare* 73, Febr. 2004.

Dietz, G. (1998): Integrierte Personalarbeit – Bericht über das Projekt Integrierte Personalarbeit. Studienschrift 701 des Instituts für systemische Beratung; Wiesloch (erhältlich über www.systemische-professionalitaet.de).

Erickson, M.H. (1999): Meine Stimme begleitet Sie überallhin. Ein Lehrseminar. Hg. u. komm. von Jeffrey K. Zeig; Stuttgart, Klett-Cotta.

Erikson, E.H. (1966/1990): Identität und Lebenszyklus; Frankfurt/M., Suhrkamp.

Haken, H. (1981): Erfolgsgeheimnisse der Natur. Synergetik: Die Lehre vom Zusammenwirken; Frankfurt/M., Ullstein.

Jung, C.G./Franz, M.-L. von/Henderson, J.L./Jacob, J./Jaffe, A. (1968): Der Mensch und seine Symbole; Olten u.a., Walter.

Kriz, J. (1997): Systemtheorie – Eine Einführung für Psychotherapeuten, Psychologen und Mediziner; Wien, Facultas.

Kruse, P. (1997): Selbstorganisationskonzepte in der Unternehmensführung. In: Schiepeck, G./Tschacher, W. (Hg.): Synergetik in Psychologie und Psychiatrie; Braunschweig, Vieweg, S. 308-325.

Kruse, P. (2002): Videoclip (www.nextpractice.de/useware/pkvideos/pkvideos.asp)

Luhmann, N. (1984): Soziale Systeme – Grundrisse einer allgemeinen Theorie; Frankfurt/M., Suhrkamp Taschenbuchverl.

Messmer, A. (2001): Kernkompetenzen und Kerngeschäfte. Studienschrift 48 des Instituts für systemische Beratung; Wiesloch.

Schiff, J.L. (unter Mitarb. von A.W. Schiff, K. Mellor, E. Schiff, S. Schiff, D. Richman, C. Fishman, D. Momb) (1975): Cathexis reader: Transactional treatment of psychosis; New York, Harper & Row.

Veröffentlichungen *Bernd Schmid*

Schriften zur Nationalökonomie:

(1972): Arbeitsbuch zu Stobbe, Volkswirtschaftliches Rechnungswesen; Berlin u.a., Springer 1970.

(1973) – zus. mit W. Ross u. E. J. Thien: Arbeitsbuch Makro-ökonomische Theorie; Berlin u.a., Springer.

(1973) – zus. mit B. Engel u. F. Häuser: Arbeitsbuch Geld und Kredit. Berlin u.a., Springer.

(1973) – zus. mit Jürgen Thiel: Preistheorie. Berlin u.a., Springer.

Pädagogische, psychologische und organisationsbezogene Themen:

(1972): Zwei Beiträge in der Zeitschrift *Gruppendynamik* im Bildungsbereich – zum sozialen Lernen in der Gruppendynamik und zur Didaktik praxisfeldorientierter Gruppendynamik.

(1973a): Lernfragen – eine Möglichkeit zum Abbau von Konsumentenhaltung in Lehrveranstaltungen. In: Arbeitsgemeinschaft für Hochschuldidaktik – AHD (Hrsg.): *Information zur Hochschuldidaktik* 5, Hamburg, 50-53.

(1973b): Zur Verwendung gruppendynamischer Methoden bei der Erarbeitung vorstrukturierten Pflichtlehrstoffs in Kleingruppen. In: Arbeitsgemeinschaft für Hochschuldidaktik – AHD (Hrsg.): *Information zur Hochschuldidaktik* 6, Hamburg, 82-88.

(1973c) – zus. mit W. Zöller: Lernfragen – Erfahrungen mit dem hochschulmethodischen Konzept der Heidelberger Arbeitsbücher; Berlin u.a.

(1973d): Schwierigkeiten mit dem Thema – Sachliche Diskussion im themenzentrierten Training. In: *Gruppendynamik* 4, 261-265.

(1973e): Gruppendynamische Betreuung lehrstofforientierter Arbeit – Konzept und Material für den Hochschulunterricht. In: *Gruppendynamik* 6, 408-421.

(1976a) – zus. mit G. Portele: Brechts Verfremdungseffekt und soziales Lernen. In: *Gruppendynamik* 6, 454-464.

(1976b): Arbeitsstiländerungen durch ein gruppendynamisches Übungsprogramm und Auswirkungen auf die lehrstofforientierte Gruppenarbeit im wissenschaftlichen Grundstudium. Diss. Universität Mannheim.

(1976c) – zus. mit G. Portele: Verminderung von Entfremdung durch praxisfeld-orientierte Gruppendynamik. In: *Gruppendynamik im Bildungsbereich* 3, 1, 1-26.

(1980): TA ist vielseitig und nützlich. *Gruppendyamik im Bildungsbereich* 1, 20-27.

(1984a): Theory, Language and Intuition. In: TA – The state of the art – a European contribution (Ed. Erika Stern); Dordrecht/Holland u.a., 61-65 (dt. 1986a).

(1984b) – zus. mit Klaus Jäger: Breaking through the Dilemma-Circle. In: TA – The state of the art – a European contribution (Ed. Erika Stern); Dordrecht/Holland u.a., 107-118 (dt. 1986b).

(1984c): Die Ausbildung in Transaktionsanalyse. In: *Zeitschrift für Transaktionsanalyse* 1, 1, 50-55.

(1986a): Theorie, Sprache und Intuition. In: *Zeitschrift für Transaktionsanalyse* 3, 2, 73-77.

(1986b) – zus. mit Klaus Jäger: Zwickmühlen. Oder: Wege aus dem Dilemma-Zirkel. In: *Zeitschrift für Transaktionsanalyse* 3, 1, 5-16.

(1986c): Systemische Transaktionsanalyse – Anstöße zu einem erneuten Durchdenken und zur Diskussion transaktions-analytischer Konzepte aus systemischer Sicht; Wiesloch.

(1986d) – zus. mit G. Weber: Systemische Therapie. In: Seifert, T./Waiblinger, A. (Hrsg.): Therapie und Selbsterfahrung – Einblick in die wichtigsten Methoden; Stuttgart, 341-348.

(1987): Gegen die Macht der Gewohnheit. Systemische und wirklichkeitskonstruktive Ansätze in Therapie, Beratung und Training. In: *Zeitschrift für Organisationsentwicklung* 4, 21-42.

(1988a): Überlegungen zur Identität als Transaktionsanalytiker. In: *Zeitschrift für Transaktionsanalyse* 5, 2, 75-77.

(1988b): Soziale Netzwerk-Intervention und zirkuläres Fragen am Beispiel des gallischen Dorfes Klein-Bonum. In: Colportage (Internationale Gesellschaft für systemische Therapie), Ausg. 5, 9-13.

(1988c): Theory and identity in the TA-Community. In: Newsletter (European Association for Transactional Analysis) 33, 5; 34, 5 u. 7; 36, 7 u. 8; 37.1990, 8 u. 10 (dt. 1989).

(1988d) – zus. mit Gunthard Weber: Fallbeispiel, Transskript einer Sitzung und Therapieverlauf. In: Simon, F.B. (Hrsg.): Lebende Systeme – Wirklichkeitskonstruktion in der systemischen Therapie; Heidelberg u.a., 66-80.

(1988e) – zus. mit H. von Foerster, N. Luhmann, H. Stierlin und G. Weber: Diskussion des Fallbeispiels. In: Simon, F.B. (Hrsg.): Lebende Systeme – Wirklichkeitskonstruktion in der systemischen Therapie; Heidelberg u.a., 81-94.

(1988f) – zus. mit Gunthard Weber: Familientherapie mit einer »Psychose-Familie«: ein kasuistischer Beitrag zum Problem von Deutung und Beziehung in der systemischen Familientherapie. In: Reinelt, T/Dattler, W. (Hrsg.): Beziehung und Deutung im psychotherapeutischen Prozess; Berlin u.a., 238-250.

(1989a) – zus. mit Peter Fauser: Kontextbewusstsein und Fokusbildung in einem Trainingsseminar. In: *Zeitschrift für Transaktionsanalyse* 6, 1, 33-45.

(1989b): Gegen die Macht der Gewohnheit. In: *Zeitschrift für Transaktionsanalyse* 6, 2/3, 68-91.

(1989c): Acceptance speech: Programmatische Überlegungen anlässlich der Entgegennahme des I. EATA-Wissenschaftspreises für Autoren (Blackpool 1988). In: *Zeitschrift für Transaktionsanalyse* 6, 4, 1941-1963.

(1989d): Acceptance speech: Een concept om met theorie en identiteit in de T.A.-gemeenschap om te gaan. In: *Strook, Tydschrift voor Transactionele Analyse* 2, 49-58.

(1989e): Unternehmenskultur: Man muss Macht, Verantwortung und Können richtig zuordnen. Titelgespräch der KOM, Hauszeitschrift der SEL-Gruppe 39, 4, 3-6.

(1989f): Die wirklichkeitskonstruktive Perspektive – systemisches Denken und Professionalität morgen. In: *Zeitschrift für Organisationsentwicklung* 2, 49-65.

(1989g): Die reife Führungskraft – geschätzt oder geduldet? In: *Plansee* (Werkszeitung der Metallwerke Plansee) 3, 14.

(1989h): Geschlechtsidentität – eine seelische Perspektive. Studienschrift des Instituts für systemische Beratung; Wiesloch.

(1990a): Professionelle Kompetenz für Transaktionsanalytiker – das Toblerone-Modell. In: *Zeitschrift für Transaktionsanalyse* 7, 1, 32-41.

(1990b) – zus. mit Peter Fauser: Supervision nach dem Toblerone-Modell im Praxisfeld Organisation. In: *Zeitschrift für Transaktionsanalyse* 7, 2, 61-74.

(1990c): Eine neue TA: Leitgedanken zu einem erneuerten Verständnis unseres professionellen Zugangs zur Wirklichkeit. In: *Zeitschrift für Transaktionsanalyse* 7, 4, 156-172.

(1990d): Persönlichkeits-Coaching – Beratung für die Person in ihrer Organisations-, Berufs- und Privatwelt. In: Hernsteiner 1, 12-15 (2002 neu in: Coaching-Magazin; www.coaching-magazin.de).

(1990e): Management-Training, Personal- und Organisationsentwicklung als Linien- und Projektmanagementaufgabe. In: Hernsteiner 2, 25-29.

(1990f): Der Einfluss von Mannsein und Frausein auf das therapeutische System. Die Therapeuten-Persönlichkeit. In: 2. Weinheimer Symposion 1989 Hrsg. E. J. Brunner, D. Kreitemeyer); Wildberg (auch in: *Themenzentrierte Interaktion/Theme-centered Interaction* 8, 1, 73-80).

(1991a): Kritische Gedanken zu Eric Bernes Aufsätzen über Intuition, klinische Diagnosen, Ich-Zustände und Transaktionen. In: Berne, E.: Transaktionsanalyse der Intuition; Paderborn, 201-220.

(1991b): Kaum Unterschiede, die Unterschiede machen. In: *Zeitschrift für systemische Therapie* 9, 1, 93-99.

(1991c): Die professionelle Begegnung — Nachdenken aus der systemischen Perspektive. In: *Zeitschrift für Transaktionsanalyse* 8, 3, 140-151.

(1991d): Auf der Suche nach der verlorenen Würde – Kritische Argumente zur Ethik und zur Professionalität in Organisationen. In: *Zeitschrift für Organisationsentwicklung* 3, 47-54.

(1991e): Intuition of the possible and transactional creations of reality. In: *Transactional Analysis Journal* 3, 144-154.

(1991f) – zus. mit Peter Fauser: Teamentwicklung im Bildungswesen. Studienschrift des Instituts für systemische Beratung; Wiesloch.

(1992a): Herstellen und Erhalten eines Rapports. In: *Zeitschrift der Deutschen Gesellschaft für Transaktionsanalyse* 1, 3f.

(1992b): Ganzheitlichkeit und Komplexitätssteuerung. In: *Zeitschrift für systemische Therapie* 2, 135-138.

(1992c): Wirklichkeitsverständnisse und die Steuerung professionellen Handelns in der Organisationsberatung. In: *Managerie – Systemisches Denken und Handeln im Management* 1, 116-128.

(1992d): Plagegeister. In: *Ganz. Schön. Einfach. Jahrbuch des Management Center Vorarlberg*; Dornbirn, 1993, 78-79.

(1993a) – zus. mit Peter Boback: Gedanken zur Kulturbegegnung und Wirtschaftszusammenarbeit mit Russland. In: *Außenpolitik – Zeitschrift für internationale Fragen* 44, 1, 88-96.

(1993b): Professionelle Kompetenz und verantwortliches Management. In: *I.I.D.- Innovationsdienst für Unternehmer, Führungskräfte und Trainer;* Hamburg, 2, 63-87.

(1993c): Menschen, Rollen und Systeme – Professionsentwicklung aus systemischer Sicht. In: *Zeitschrift für Organisationsentwicklung* 4, 19-25.

(1993d): Dilemmata, Ökonomie und Ökologie im Umfeld unserer Profession. Studienschrift des Instituts für systemische Beratung; Wiesloch.

(1994a): Die Rolle der Eigentherapie in der Ausbildung zum Transaktionsanalytiker. In: Flühmann, R/Petzold, H. (Hrsg.): Lehrzeit der Seele; Paderborn (zuerst 1986c, 108-120).

(1994b) – zus. mit Peter Fauser: Systemlösungen im Bereich Humanressourcen. Studienschrift des Instituts für systemische Beratung; Wiesloch.

(1994c): Wo ist der Wind, wenn er nicht weht? Professionalität und Transaktionsanalyse aus systemischer Sicht; Paderborn.

(1995): Wege in die Zukunft? – Gedanken zur Situation im Bereich Personal- und Organisationsentwicklung, Training und Beratung. In: *Zeitschrift für Organisationsentwicklung* 1, 44-53.

(1996): Kulturverantwortung. Studienschrift des Instituts für systemische Beratung; Wiesloch.

(1997a): TA – auch eine professionenübergreifende Qualifikation – Stellungnahme zu Leonhard Schlegels Aufsatz »Was ist Transaktionsanalyse?« In: *Zeitschrift für Transaktionsanalyse* 14, 1-2, 31-42.

(1997b) – zus. mit Sabine Caspari: Wege zu einer Verantwortungskultur oder symbiotische Beziehungen. Studienschrift des Instituts für systemische Beratung; Wiesloch.

(1997c) – zus. mit Joachim Hipp: Innovationen in Szene setzen – Design und Regie für Management und Beratung am Beispiel integrierter Personalarbeit. Studienschrift des Instituts für systemische Beratung; Wiesloch.

(1997d): Hat die Personalarbeit den Menschen aus den Augen verloren? In: *Zeitschrift für Transaktionsanalyse* 14, 4, 180-193.

(1998a) – zus. mit Joachim Hipp: Macht und Ohnmacht in Dilemmasituationen. Studienschrift des Instituts für systemische Beratung; Wiesloch.

(1998b): Arbeit mit geleiteten Phantasien. Studienschrift des Instituts für systemische Beratung; Wiesloch.

(1998c) – zus. mit Sabine Caspari: Merkmale der Jung'schen Psychologie. Studienschrift des Instituts für systemische Beratung; Wiesloch.

(1998d) – zus. mit Sabine Caspari: Ebenen der Wirklichkeitsbegegnung. Studienschrift des Instituts für systemische Beratung; Wiesloch.

(1998e) – zus. mit Sabine Caspari: Beziehung und Begegnung. Studienschrift des Instituts für systemische Beratung; Wiesloch (2002 neu überarbeitet in: *Coaching-Magazin* www.coaching-magazin.de).

(1998f) – zus. mit Joachim Hipp: Fünf Perspektiven für Organisations- und Personalentwicklung. Studienschrift des Instituts für systemische Beratung; Wiesloch.

(1998g) – zus. mit Wolfram Jokisch: Ich-Du und Ich-Es-Typen. Studienschrift des Instituts für systemische Beratung; Wiesloch.

(1998h) – zus. mit Reiner Hehmann: Vertikale Teamentwicklung als ein Beitrag zur Organisationsentwicklung. Studienschrift des Instituts für systemische Beratung; Wiesloch.

(1998i) – zus. mit Joachim Hipp: Anwesenheit und Kraftfeld. Studienschrift des Instituts für systemische Beratung; Wiesloch (2002 neu überarbeitet in: *Connection spezial* www.connection-medien.de).

(1998j) – zus. mit Stefan Wahlich: Beratung als kulturorientierte und sinnschöpfende Kommunikation. Studienschrift des Instituts für systemische Beratung; Wiesloch (2002 neu überarbeitet in: *Coaching Magazin* www.coaching-magazin.de).

(1998k) – zus. mit Joachim Hipp: Anforderungen an Persönlichkeit und Dienstleistungen in einer komplexen Welt. Studienschrift des Instituts für systemische Beratung; Wiesloch (2002 neu überarbeitet in: *LO – Lernende Organisation* 8, 2002).

(1998m) – zus. mit Joachim Hipp: Gedanken zu Möglichkeiten der Dynamisierung von Wandel in Organisationen. Studienschrift des Instituts für systemische Beratung; Wiesloch.

(1998n) – zus. mit Joachim Hipp: Vertikale und horizontale Fokussierungen. Studienschrift des Instituts für systemische Beratung; Wiesloch.

(1998p): Die Generationenperspektive in der Kulturentwicklung. Manuskript des Instituts für systemische Beratung; Wiesloch.

(1998q) – zus. mit Sabine Caspari: Professionalität im Bereich Humanressourcen. Manuskript des Instituts für systemische Beratung; Wiesloch.

(1998r) – zus. mit Joachim Hipp: Fraktale Beratung. Manuskript des Instituts für systemische Beratung; Wiesloch (2002 u.d.T.: Perspektiven fraktaler Beratung. In: *LO – Lernende Organisation* 10).

(1998s) – zus. mit Sabine Caspari: Zugänge zur Wirklichkeit. Manuskript des Instituts für systemische Beratung; Wiesloch.

(1998u): Umgang mit einschränkenden Identitätsüberzeugungen. Manuskript des Instituts für systemische Beratung; Wiesloch.

(1998v) – zus. mit Joachim Hipp: Antreiber-Dynamiken. Studienschrift des Instituts für systemische Beratung; Wiesloch (2002 u.d.T.: Antreiber-Dynamiken – Persönliche Inszenierungsstile und Coaching. In: *Zeitschrift für systemische Therapie* 2, 82-92)

(1998w): Originalton. Sprüche aus dem Institut für systemische Beratung; Wiesloch (Bezug des Heftes dort möglich).

(1999a) – zus. mit Joachim Hipp: Individuation und Persönlichkeit als Erzählung. In: *Zeitschrift für systemische Therapie* 1, 33-42.

(1999b) – zus. mit Sabine Caspari und Joachim Hipp: Intuition in der professionellen Begegnung. In: *Zeitschrift für systemische Therapie* 2, 1999, 101-111.

(1999c) – zus. mit Joachim Hipp: Metamorphosen der Teamentwicklung. In: *Zeitschrift für Organisationsentwicklung* 3, 66-72 (auch in: *Perspectivas Degestion (span. Ausgabe der ZOE)* 1/2000, 46-52 u.d.T.: Metamorfosis del desarollo de equipos).

(2000a): Der systemische Ansatz in Training und Beratung. In: *Trainer – Kontakt – Brief* Nr. 30, 3.

(2000b) – zus. mit Arnold Messmer: Macht und Autorisierung. Studienschrift des Instituts für systemische Beratung; Wiesloch.

(2001a) – zus. mit Katja Wengel: Die Theatermetapher: Perspektiven für Coaching und Personalentwicklung. In: *Profile – Internationale Zeitschrift für Veränderung, Lernen, Dialog* 1, 81-90.

(2001c) – zus. mit Peter Boback: Wirklichkeitskonstruktive Traumarbeit – der schöpferische Dialog anhand von Träumen. Studienschrift des Instituts für systemische

Beratung; Wiesloch (2002 neu überarbeitet in: *Zeitschrift für systemische Therapie* 4).

(2001d): Internet und Begegnung. Erfahrungen in einem Beraternetzwerk. In: *Profile – Internationale Zeitschrift für Veränderung, Lernen, Dialog* 2, 85.

(2001e): Persönlichkeit im Beruf als Erzählung. Vortrag anlässlich des Weltkongresses für systemisches Management (1.-6. Mai, Wien). Studienschrift des Instituts für systemische Beratung; Wiesloch.

(2001f): Professionelle Begegnung und Persönlichkeitsentwicklung im Beruf – eine systemische Sicht. In: *Zeitschrift für systemische Therapie* 4.

(2001g): Coverstory LO: Arbeitstitel: Persönlichkeitsentwicklung, Professionelle Begegnung und Kulturentwicklung. In: *LO – Lernende Organisation. Zeitschrift für systemisches Management und Organisation* 2.

(2001h): Portraitinterview mit Bernd Schmid: »Ich lerne, also bin ich.« In: *LO – Lernende Organisation. Zeitschrift für systemisches Management und Organisation* 4.

(2002a]: Das Eigene finden – Professionelle Begegnung und Persönlichkeitsentwicklung im Beruf – eine systemische Sicht. In: *Coaching-Magazin* (www.coaching-magazin.de) (Auszug aus: 2001f).

(2002b) – zus. mit Joachim Hipp: Fünf Perspektiven für erfolgreiches Coaching. In: *Coaching-Magazin* (www.coaching-magazin.de).

(2002c) – zus. mit Joachim Hipp: Varianten des Coachingbegriffs. In: *Coaching-Magazin* (www.coaching-magazin.de).

(2002d): Organisationskultur und Professionskultur – Überlegungen zu Zeichen am Horizont. In: *Profile – Internationale Zeitschrift für Veränderung, Lernen, Dialog* 4, 58-67.

(2002e) – zus. mit Joachim Hipp: Perspektiven fraktaler Beratung. In: *LO – Lernende Organisation. Zeitschrift für systemisches Management und Organisation* 10.

(2002f) – zus. mit Joachim Hipp: Kontraktgestaltung im Coaching. In: *Organisationsberatung, Supervision, Coaching* 1/2003 (erscheint 2003 auch in: *Coaching-Magazin* (www.coaching-magazin.de).

(2002g): Integration ist Trumpf. In: *Coching-Newsletter* 11/12 (in: *Coaching-Magazin*, Artikel von und für Coachs, www.coaching-magazin.de).

(2002h): Stimmungsbalance. Manuskript des Instituts für systemische Beratung; Wiesloch.

(2003a): Ebenen der Begegnung in der Beratung. Studienschrift des Instituts für systemische Beratung; Wiesloch (u.d.T.: Organisationsberatung als Begegnung von Wirklichkeiten und Kulturen. In: *Wirtschaftspsychologie* 1/2003).

(2003b) – zus. mit Arnold Messmer: Perspektiven von Systemlösungen im Bereich OE/PE. In: *LO - Lernende Organisation. Zeitschrift für systemisches Management und Organisation* 12.

(2003c): Wissensmanagement. In: *Profile – Internationale Zeitschrift für Veränderung, Lernen, Dialog* 6, 3-6.

(2003d) – zus. mit Arnold Messmer: Perspektiven von Teamentwicklung. In: *LO – Lernende Organisation. Zeitschrift für systemisches Management und Organisation* 13.

(2003e) – zus. mit Arnold Messmer: Metaperspektiven und Arbeitsformen der Teamentwicklung. In: *LO – Lernende Organisation. Zeitschrift für systemisches Management und Organisation* 14.

(2003f): Systemische Professionalität und Transaktionsanalyse. Mit einem Gespräch mit Fanita English; Bergisch Gladbach, EHP (EHP-Handbuch Systemische Professionalität und Beratung. Hg. von Bernd Schmid).

(2003f) – zus. mit Arnold Messmer: Dialogische Kommunikation – die Ausbalancierung von Sach- und Beziehungsorientierung im Unternehmen. In: *LO – Lernende Organisation. Zeitschrift für systemisches Management und Organisation* 15.

(2003h): Gegenwart und Zukunft der Beratung. In: *LO – Lernende Organisation. Zeitschrift für systemisches Management und Organisation* 15.

(2003i) – zus. mit Arnold Messmer: Die Passung von Person und Organisation. In: *LO – Lernende Organisation. Zeitschrift für systemisches Management und Organisation* 16.

(2003j): Persönlichkeit und Kommunikation – der Umgang mit Modellen im Coaching. Vortrag anlässlich des ersten Coaching Kongresses in Wiesbaden 2003 (Bezug möglich über: www.systemische-professionalitaet.de; auch veröffentl. in: *Wirtschaftspsychologie* 02/2004 u.d.T.: Coaching als Perspektive – Vom Umgang mit Modellen im Coaching).

(2003k): Management und Beratung – Künftig ein Fall für zwei? In: *Coaching-Magazin* (www.coaching-magazin.de; auch veröffentl. über den Coaching-Newsletter des Coaching-Magazins 12/03.

(2003k): Marathon. Manuskript des Instituts für systemische Beratung; Wiesloch (s. a. 2004d).

(2004a) – zus. mit Arnold Messmer: Phasen der Krisenentwicklung im Unternehmen. In: *LO – Lernende Organisation. Zeitschrift für systemisches Management und Organisation* 17.

(2004b) – zus. mit Arnold Messmer: Auf dem Weg zu einer Verantwortungskultur in Unternehmen. In: *LO – Lernende Organisation. Zeitschrift für systemisches Management und Organisation* 18.

(2004c): Der Einsatz der Theatermetapher in der Praxis. In: *LO – Lernende Organisation. Zeitschrift für systemisches Management und Organisation* 18.

(2004d): Marathon. In: *Connection Spezial* 2 (s. a. 2003l).

(2004e) – zus. mit Arnold Messmer: Macht und Politik in Unternehmen. In: *LO – Lernende Organisation. Zeitschrift für systemisches Management und Organisation* 20.

(2004f): Systemisches Coaching – Konzepte und Vorgehensweisen in der Persönlichkeitsberatung; Bergisch Gladbach, EHP (EHP-Handbuch systemische Professionalität und Beratung. Hg. von Bernd Schmid).

(2004g) – zus. mit Peter Fauser: Teamentwicklung aus systemischer Perspektive; Bergisch Gladbach, EHP (EHP-Praxis).

(2004h) – zus. mit Arnold Messmer: Innovationen definieren und steuern mit dem Perspektiven-Ereignismodell. In: *LO – Lernende Organisation. Zeitschrift für systemisches Management und Organisation* 21.

(2004i): Zwischen Kult und Kultur – oder: ist »Coaching-Qualität« sicherungsfähig? In: *LO – Lernende Organisation. Zeitschrift für systemisches Management und Organisation* 19.

(2004j): Bis hierhin gerne! Doch wie weiter? In: Deissler, K.G./Gergen, K.J. (Hg.): Die Wertschätzende Organisation; Bielefeld, Transcript-Verl., 148-155.

(2004k): Sinnstiftende Hintergrundbilder professioneller Szenen. In: Rauen, C. (Hg.): Coaching Tools. Erfahrene Coaches präsentieren 60 Interventionstechniken aus ihrer Coaching-Praxis; Bonn, Managementseminare-Verl.

Veröffentlichungen *zur Person Bernd Schmid*

(1992): Die dreizehn bunten Fäden des Dr. Bernd Schmid – MDI-Seminar Persönlichkeitsentwicklung. In: *meeting – Kongress-, Messe- und Seminarjournal, Fachmagazin für Weiterbildung* Okt. 1992, 41-43.

(2001): Portraitinterview mit Bernd Schmid: »Ich lerne, also bin ich.« In: *LO – Lernende Organisation. Zeitschrift für systemisches Management und Organisation* 4.

(2004): Auf drei Beinen stehen – Interview zu Intuition als Basis von Kommunikations- und Führungskompetenz. In: *management & training – Magazin für Human Ressouces Development* 4 (www.managementundtraining.de).

INHALT HANDBUCH-BAND:
»Systemische Professionalität und Transaktionsanalyse«

EINLEITUNG

I. DER SYSTEMISCHE ANSATZ UND DIE TRANSAKTIONSANALYSE

1. DER SYSTEMISCHE ANSATZ IN TRAINING UND BERATUNG
1.1 Die »Mobile-Perspektive«
1.2 Die Perspektive der Wirklichkeitskonstruktion
1.3 Ressourcen- und Lösungsorientierung
1.4 Komplexität und Selbstorganisation
1.5 Kybernetik zweiter Ordnung
1.6 Evolution und Kulturbegegnung
1.7 Systemlösungen
1.8 Komplexität und Professionskultur
1.9 Systemische Lernkultur
1.10 Klassische systemische Vorgehensweisen
1.11 Klein-Bonum – ein Beispiel für klassische Systeminterventionen

2. DIE TRANSAKTIONSANALYSE
2.1 Die Perspektive der Persönlichkeit
2.1.1 Ich-Zustände
2.1.2 Das Strukturmodell der Persönlichkeit
2.1.3 Funktionen
2.1.4 Die Person in realen Lebenssituationen
2.1.5 Störungen der Organisation einer Persönlichkeit
2.1.5.1 Trübung
2.1.5.2 Beschreibung von Störungen der Integration
2.1.6 Persönlichkeitsgewohnheiten
2.1.7 Transaktionen aus der Perspektive der Person
2.2 Die Perspektive der Beziehungen
2.2.1 Transaktionen und professionelle Beziehungen
2.2.2 Transaktionen und Intuitionen über Beziehungen
2.2.3 Psychologische Spiele in Beziehungen
2.2.4 Ausbeutungs- und Symbioseaspekte von Beziehungen
2.2.5 Beziehungen und das Strukturmodell der Persönlichkeit
2.2.6 Beziehungen und Funktionen

2.2.7	Nicht-private Aspekte von Beziehungen
2.3	Die Perspektive der Wirklichkeitskonstruktion
2.3.1	Der Schlüsselbegriff »Information«
2.3.2	Wirklichkeitskonstruktionen und transaktionsanalytische Praxis
2.4	Perspektiven der Entwicklung
2.4.1	Entwicklungspsychologische Fragestellungen
2.4.2	Die Lebensskriptanalyse
2.5	Nützliche methodische Figuren

II. PERSPEKTIVEN PROFESSIONELLER STIMMIGKEIT

3.	PROFESSIONALITÄT, PERSÖNLICHKEIT UND BEGEGNUNG
3.1	Professionalität
3.1.1	Professionen
3.1.2	Professionalität
3.1.3	Professionelle Begegnungen
3.1.4	Professionelle Kompetenz
3.1.5	Professionelle Identität
3.1.6	Persönlichkeitsentwicklung
3.1.7	Personalentwicklung
3.1.8	Kulturentwicklung
3.2	Persönlichkeit
3.2.1	Persönlichkeit begreifen
3.2.2	Die Theatermetapher
3.2.3	Das Drei-Welten-Modell der Persönlichkeit
3.2.4	Balancen zwischen den Lebenswelten
3.2.5	Machbarkeit und Stimmigkeit
3.2.6	Die Coaching-Perspektive
3.3	Begegnung
3.3.1	Kommunikation als Kulturbegegnung
3.3.2	Intuition in der Begegnung
3.3.3	Intuitives Zusammenspiel
3.3.4	Hintergründiges in der Begegnung
3.3.5	Das Dialogmodell der Begegnung
3.3.6	Das Eigene finden
3.3.7	Professionelle Individuation
3.3.8	Spiegelung
3.3.9	Genius, Daimon und seelische Bilder
3.4	Übungen
3.4.1	Intuitive Bilder und berufliche Szenen
3.4.2	Bilder zur eigenen Entwicklung und zur Entwicklung in Organisationen

4. SOZIALE ROLLEN
4.1 Persönlichkeit als Rollenmodell der Person
4.1.1 Die Rolle
4.1.2 Rollenintegration
4.1.3 Die Würdigung von Rollen und ihren Trägern
4.1.4 Autonomie und »Ressourcenpolitik«
4.1.5 Stimmigkeit von Rollen
4.1.6 Rollenaktivierung
4.1.7 Rollenkompetenz
4.1.8 Rollenökonomie
4.1.9 Beeinträchtigungen
4.1.9.1 Rollenfixierung und Rollenausschluss
4.1.9.2 Rollentrübung
4.1.9.3 Rollenverwirrung
4.1.9.4 Rollengewohnheiten
4.1.9.5 Funktionelle Einschränkungen
4.1.9.6 Rollenmodell und Strukturmodell der Persönlichkeit
4.2 Rollenmodell und Wirklichkeit in Beziehungen
4.2.1 Transaktionen
4.2.2 Vordergründige und hintergründige Transaktionen
4.2.3 Spiele
4.2.4 Ausbeutungs- und Symbioseaspekte von Beziehungen

5. DIE KONSTRUKTION VON WIRKLICHKEITEN
5.1 Der Bezugsrahmen
5.2 Definieren, Kodefinieren und Redefinieren
5.3 Wertung und Abwertung
5.4 Fokusbildung
5.4.1 Fokusbildung durch den Therapeuten
5.4.2 Störungen in der Fokusbildung
5.4.2.1 Inadäquate Spezifizierung
5.4.2.2 Inadäquate Konkretisierung
5.4.2.3 Inadäquate Text-Kontext-Relationen
5.4.2.4 Inadäquate Polarisierungen
5.4.2.5 Inadäquate Integration von Unterschieden
5.5. Pragmatische Unterscheidungen von Wirklichkeiten
5.5.1 Konsistenz
5.5.2 Stabilität
5.5.3 Konstanz
5.5.4 Inhalt
5.5.5 Gehalt
5.5.6 Belegbarkeit
5.5.7 Bewegkraft

5.5.8	Entstehung
5.5.9	Konsequenz
5.5.10	Sprache
5.5.11	Vernetzung von Texten und Kontexten
5.5.12	Vernetzung von Subjekten und Systemen

III. ENTWICKLUNGSDIMENSIONEN PROFESSIONELLEN HANDELNS

6.	SUPERVISION UND PROFESSIONELLE KOMPETENZ
6.1	Supervisionsperspektiven
6.1.1	Kontext
6.1.2	Konzeptualisierung
6.1.3	Praxis
6.1.4	Integration der Supervisionsperspektiven
6.2	Supervision für Entwürfe und Selbstpräsentation
6.2.1	Designkompetenz
6.2.2	Marktkompetenz
6.2.3	Experimentelles Vorgehen
7.	DIE STEUERUNG DER PROFESSIONELLEN BEGEGNUNG IN THERAPIE UND BERATUNG
7.1	Definition der Klientensysteme und der Klientenrollen
7.2	Problemdefinition und Fokuswahl
7.3	Das professionelle Handeln
7.4	Stimmige professionelle Figuren
7.5	Aneinanderkoppeln und Begegnung
7.6	General- und Spezialschlüssel
8.	GEDANKEN ZUR SITUATION IM BEREICH PERSONALENTWICKLUNG, ORGANISATIONSENTWICKLUNG, TRAINING UND BERATUNG
8.1	Professionalisieren
8.2	Entromantisieren
8.3	Ansprüche und professionelle Bescheidenheit
8.4	Systemlösungen
8.5	Kulturinvestition und längerfristige Amortisierung
8.6	Schlanke Eigenorganisation
8.7	Topographie der Zuständigkeiten
8.8	Dezentralisierung
8.9	Der systemische Ansatz und der Aufbau von Kulturen
8.10	Erschließungsstrategien
8.11	Kodramaturgie und die Qualifizierung der Kunden

8.12	Breiten- und Spezialprogramme
8.13	Ökologie
8.14	Neue Schwerpunkte in der Eigenqualifikation
8.15	Bewusste Kulturbegegnung
8.16	Professionsverbände
8.17	Veränderung geistiger Haltungen
8.18	Überforderung?

IV. ÜBERGEORDNETE BETRACHTUNGEN UND EIN BEISPIEL

9.	ANFORDERUNGEN AN PERSÖNLICHKEIT UND DIENSTLEISTUNGEN IN EINER KOMPLEXEN WELT
9.1	Kulturorientierung
9.2	Kultur und Inhalt
9.3	Dilemmakompetenz
9.4	Persönlichkeit und Bildung
10.	ANWESENHEIT UND KRAFTFELD
10.1	Das Wesentliche erkennen
10.2	Anwesenheit und Kraftfelder
10.3	Der Aufbau von Kraftfeldern
11.	PERSPEKTIVEN FRAKTALER BERATUNG
11.1	Perspektive der Parallelprozesse
11.2	Die Analogie des Hologramms
11.3	Verborgen oder ungesehen?
11.4	Ist mehr Information bessere Information?
11.5	Die Perspektive der Fraktale
11.6	Vertikale und horizontale Fokussierung von Wirklichkeiten
11.7	Sinn und der fragmentarische Ansatz
11.8	Randscharfe und kernprägnante Betrachtungen
11.9	Vitale und sterbende Systeme
12.	DIE BEDEUTUNG DES KONTEXTES.
	Ein Praxisbeispiel: Das Beratungsseminar »Auslandsmontage«
12.1	Die Teilnehmer und das erklärte Seminarziel
12.2	Auftragskontexte (und verdeckte Seminarziele)
12.3	Das Seminar im Kontext der beruflichen Rahmenbedingungen
12.4	Hierarchiebeziehungen und Abteilungsrituale
12.5	Dysfunktionale Symbiose
12.6	Persönlichkeitsentwicklung
12.7	Lebensentwurf und berufliche Position

V. DIE PROFESSIONELLE GEMEINSCHAFT

13. VERBANDSKULTUR DER TA
13.1 Neudefinition der TA-Identität
13.2 Weiterbildungen des TA-Verbandes
13.3 Fachverband verschiedener Professionen
13.4 Institutionen des Fachverbandes
13.5 Weiterbildungsbeziehungen
13.6 Die Prüfungen
13.7 Notwendige Neuerungen

14. SELBSTERFAHRUNG UND PROFESSIONELLE QUALIFIKATION
14.1 Warum Eigentherapie für Ausbildungskandidaten?
14.2 Verschiedene Rhythmen und Organisationsformen von Eigentherapie
14.3 Analyse des Kontextes von TA-Ausbildung und Eigentherapie
14.4 Eigentherapie vor oder während der Ausbildung?
14.5 Die Ausbildung in einer eigentherapeutischen Bedeutung
14.6 Therapie beim eigenen Ausbilder?
14.7 Therapie in verschiedenen Ausbildungsverfahren

VI. FANITA ENGLISH UND BERND SCHMID IM DIALOG

15. FANITA ENGLISH IM DIALOG MIT BERND SCHMID: GRÜNDUNG UND ENTWICKLUNG EINER SCHULE
15.1 Die Anfänge
15.2 Die Gründerpersönlichkeit
15.3 Ein vergessener Mitgründer
15.4 Angelegte Entwicklungen
15.5 Kraftfelder der Nachfolger
15.6 Die Organisation
15.7 Nach dem plötzlichen Tod des Gründers
15.8 Fragen an die Verbandskultur
15.9 Gewohnheiten und Erneuerungen

16. ICH LERNE, ALSO BIN ICH: EIN INTERVIEW MIT BERND SCHMID
16.1 Wie haben Sie zu Ihrem heutigen Beruf gefunden?
16.2 Was an Ihrer Arbeit schätzen Sie besonders, was motiviert Sie?
16.3 Woraus haben Sie in Ihrem Leben am meisten gelernt?
16.4 Welche »Meilensteine« gibt es in Ihrem Leben?
16.5 Welche Menschen betrachten Sie als richtungsweisend in Ihrem Leben, und warum?
16.6 Erinnern Sie sich an ganz besondere Momente in Ihrem Leben?

16.7 Welcher Leitsatz begleitet Ihr Leben?
16.8 Welche Ziele und Visionen haben Sie für die Zukunft?

INHALT HANDBUCH-BAND:
»Systemisches Coaching und Persönlichkeitsberatung«

Vorwort

I. KONZEPTE UND VORGEHENSWEISEN

1. Antreiber-Dynamiken – Persönliche Inszenierungsstile und Coaching
1.1 Einleitende Gedanken
1.2 Antreiber 1: »Ich bin OK, wenn ich perfekt bin!«
1.3 Antreiber 2: »Ich bin OK, wenn ich stark bin!«
1.4 Antreiber 3: »Ich bin OK, wenn ich anderen gefällig bin!«
1.5 Antreiber 4: »Ich bin OK, wenn ich mich anstrenge!«
1.6 Antreiber 5: »Ich bin OK, wenn ich mich beeile!«
1.7 Beratungsstrategien bei Antreiber-Dynamiken
1.8 Wurzeln des Antreiber-Konzepts

2. ICH-DU- und ICH-ES-Typen
2.1 Ich-Du-Typ
2.2 Ich-Es-Typ
2.3 Wenn Ich-Du-Typ und Ich-Es-Typ zusammentreffen
2.4 Ein Beispiel
2.5 Die Balance von Thema und Bezogenheit in persönlichen und professionellen Beziehungen
2.6 Zusammenfassung

3. Symbiotische Beziehungen
3.1 Verantwortung
3.2 Symbiotische Beziehungen
3.3 Symbiotisches Verhalten
3.4 Bedeutung für die Beratungspraxis
3.5 Schuld und Würde

4. Zwickmühlen
4.1 Definitionen und Zwickmühlenlogik
4.2 Beispiele für Zwickmühlen-Zusammenhänge
4.3 Der Dilemmazirkel
4.4 Dilemmadynamik beim Umgang mit Zwickmühlen-Konstellationen

4.5	Lebensgeschichtlicher Hintergrund
4.6	Entdecken von Zwickmühlen
4.7	Therapeutischer Umgang mit der Dilemmadynamik
4.8	Der Gebrauch von Bildern und Metaphern

5. Komplexität, Dilemmata und Sinn
5.1 Herausforderungen in Zeiten des Wandels
5.2 Effektivitätsfallen
5.3 Die Entstehung von Dilemmata durch nicht bewältigte Komplexität
5.4 Der Dilemmazirkel
5.5 Der Sinnzirkel
5.6 Kultur als Medium der Komplexitätssteuerung
5.7 Integration und Integrität als Kernbegriffe von Kulturbildung

6. Kontrolldynamik, Treibsand und fiktive Wirklichkeiten
6.1 Kontrolldynamik
6.2 Treibsand
6.3 Fiktive Wirklichkeiten
6.4 Ein mehrdimensionales Fallbeispiel

7. Wirklichkeitskonstruktive Traumarbeit
7.1 Einleitung
7.2 Die Relevanz von Träumen
7.3 *»Wo bin ich hier eigentlich?«* – Beispiel einer Traumarbeit
7.4 Warum Traumarbeit in der Beratung?
7.5 Traumarbeit als Medium für kulturorientierte Kommunikation
7.6 Bedeutungsanreicherung am Beispiel der Traumarbeit
7.7 Der Traum als Inszenierung

8. Zur Architektur von Traumwirklichkeit
8.1 Der Traum: eine Erzählung
8.2 Der Traumkorpus
8.3 Der Traum im Kontext
8.4 Beispiele für Wirkungen
8.5 Träume in der Professionalisierung

9. Arbeit mit geleiteten Phantasien und Trance
9.1 Mein gegenwärtiges Verständnis von Beratung und wachstumsfördernder menschlicher Beeinflussung
9.2 Gestaltungsschema und methodische Aspekte bei der Leitung von Phantasien
9.3 Anwendungsmöglichkeiten

10. Umgang mit einschränkenden Identitätsüberzeugungen
10.1 Identifikation einschränkender Identitätsüberzeugungen
10.2 Ein Beispiel zum Umgang mit einschränkenden Identitätsüberzeugungen
10.3 Methodischer Umgang (Passamtsarbeit)
10.4 Identität verstanden als Mosaikspiegel

11. Geschlechtsidentität – eine seelische Perspektive
11.1 Traumserie einer Frau
11.2 Animus und Anima als Perspektive
11.3 Spiegelung
11.4 Entwicklung geschlechtlicher Identität
11.5 Homo- und Heterosexualität
11.6 Wesensschau – eine Übung
11.7 Traumserie eines Mannes

II. COACHING

12. Coaching im Bereich Organisationen
12.1 Coaching als Begriff
12.2 Coaching als Berufswunsch
12.3 Coaching als Markt
12.4 Horizonte für Coachingweiterbildungen

13. Persönlichkeitscoaching
13.1 »Das ist ein weites Feld ...«
13.2 Verantwortung
13.3 Orientierung
13.4 Drei Welten und Persönlichkeiten
13.5 Horizonte und Perspektiven
13.6 Persönlichkeit und Lebensqualität
13.7 Beraterqualifikation und Lebensweisheit

14. Fünf Perspektiven für erfolgreiches Coaching
14.1 Coaching als persönliche Dienstleistung
14.2 Coaching als gemeinsame Sinnerzählung
14.3 Coaching als Medium für kulturorientierte Organisations- und Personalentwicklung
14.4 Coaching als professionelle Identität
14.5 Die systemische Perspektive im Coaching

15. Varianten des Coachingbegriffs
15.1 Die Führungskraft als Coach
15.2 Der Berater als Coach

15.3 Konzepte für Persönlichkeitscoaching
15.4 Coaching als Perspektive

16. Kontraktgestaltung im Coaching
16.1 Der Dreiecksvertrag im Coaching
16.2 Beispiel eines Coachingverlaufs
16.3 Häufige Fragen im Zusammenhang mit Kontrakten

17. Coaching als Begegnung von Wirklichkeiten und Kulturen
17.1 Zweckorientierte Inhalte und Kultur der Begegnung
17.2 Kommunikation als Kulturbegegnung
17.3 Konfrontation
17.4 Vier Stufen der Übereinkunft im Bezugrahmen

18. Seelische Leitbilder im Coaching und in der Organisationsentwicklung
18.1 Einleitung
18.2 Das Konzept der seelischen Leitbilder
18.3 Lebenserzählung und Coaching
18.4 Mein Rahmen für Coaching
18.5 Falldarstellung: Coaching und Unternehmensentwicklung

III. ENTWICKLUNG DER PROFESSIONALITÄT

19. Erfahrungen und Hintergründe einer Weiterbildung (1984-1989)
19.1 Vorwort: Fiktives Interview – warum?
19.2 Interview
19.3 Zwischen-(Ein)fälle
19.4 Das Traumseminar (1986/87)
19.5. Im Prozess des »Erwachsenwerdens« (1987/88)
19.6 Das letzte Ausbildungsjahr (1988/89)
19.7 Die Prüfungsvorbereitungszeit
19.8 Das Examen
19.9 Die Zeit danach

LITERATUR

INHALT HANDBUCH-BAND:
»Systemische Professionalität und Transaktionsanalyse«